Klaus Holitzka * Jochen Niemuth

Das Mandala als Grundstruktur des Universums

Das
MANDALA
als Grundstruktur des Universums

Klaus Holitzka ✳ Jochen Niemuth

ch. falk-verlag

deutsche Erstausgabe
© by Ch. Falk-Verlag, Seeon 1994

Umschlaggestaltung: Klaus Holitzka

Satz: B. Dorignac, Erbach/Odw
Druck: F. Steinmeier, Nördlingen

Printed in Germany
ISBN 3-924161-95-X

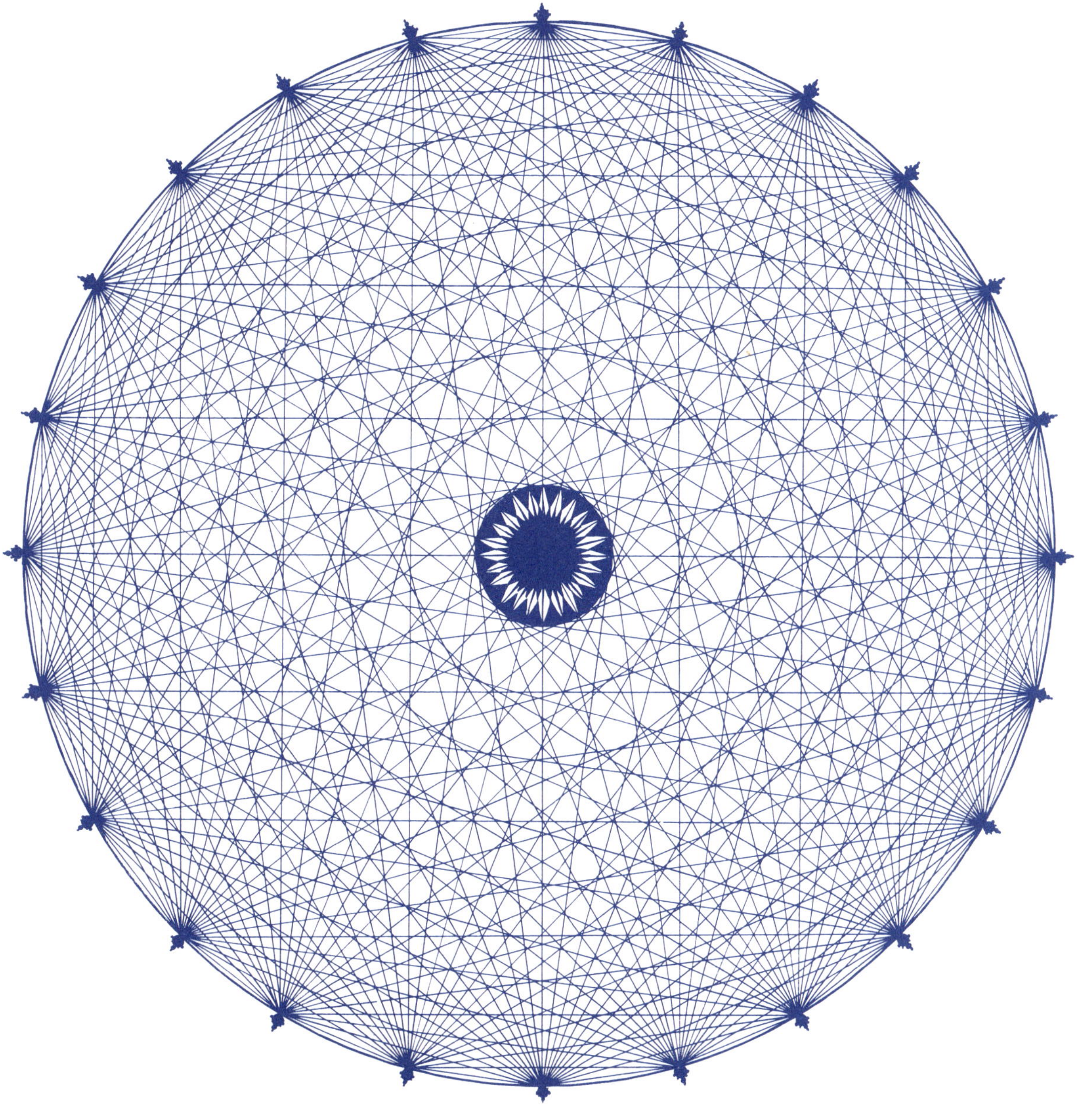

DAS MANDALA ALS GRUNDSTRUKTUR DES UNIVERSUMS

S. 8   Vorbemerkung
S. 10 "Spirituelle Kunst" und Kreativität

Einführung

S. 14 Das Mandala als die Grundstruktur der Schöpfung

Hauptteil

S. 18 Die Mandalastruktur in Natur und Kunst
S. 32 Das Mandala als Träger des Bewußtseins
S. 44 Der Kosmos: Ordnung und Chaos im Mandala
S. 50 Die Grundsymbole der Mandalas

S. 54 Der Kreis
S. 56 Die Mandorla
S. 58 Das Kreuz
S. 64 Das Swastika-Zeichen
S. 66 Das Quadrat
S. 68 Das Pentagramm
S. 72 Das Hexagramm
S. 74 Sterne
S. 80 Die Rosette
S. 84 Die Spirale
S. 88 Die Mäanderstruktur
S. 90 Das Labyrinth
S. 94 Die OM-Struktur

Dunkel, Licht und Farben

S. 104 Licht und Dunkel
S. 109 Die Farben

S. 112 Die Universalität des Mandala in den Kulturen der Menschheit

S. 114 Die frühen Kulturen
S. 120 Die Stammeskulturen der Kelten und Germanen
S. 124 Schamanismus
S. 136 Hinduismus
S. 144 Buddhismus
S. 156 Chinesische Kultur
S. 164 Judaismus
S. 168 Christentum
S. 180 Islam
S. 188 "New Age" und Interkulturalität

S. 206 Meditation mit Mandalas
S. 220 Die Heilwirkung von Mandalas
S. 232 Das persönliche Mandala

S. 240 Schlußbemerkung
S. 246 Das Arbeiten mit Mandalas: Kurze Selbstdarstellung
S. 260 Danksagung
S. 262 Anmerkungen und Literaturverzeichnis

Vorbemerkung

In der Literatur gibt es zwei unterschiedliche Auffassungen zum Thema *Mandala*: Zum einen werden Mandalas oft von einem kulturhistorischen Gesichtspunkt aus beschrieben. Man versucht, die Herkunft der Mandalas kunst- oder religionsgeschichtlich abzuleiten. Dabei werden manchmal nur indische und tibetische Mandalas als "echte" Mandalas angesehen, die sich dann in anderen Kulturkreisen ausgebreitet haben. Insbesondere der tibetische Buddhismus hat eine regelrechte Mandalakultur und Mandalawissenschaft entwickelt, die ein teilweise äußerst komplexes Wissen und zuweilen bestimmte geheime Initiationen erfordert, um den wahren Kern und das Wesen des Mandala wirklich zu begreifen.

Auf der anderen Seite gilt das Mandala als eine Grundgestalt der Schöpfung selbst, zu der jeder Mensch von vornherein einen intuitiven Zugang hat. Der Schweizer Psychologe C. G. Jung sprach in diesem Zusammenhang von einem Archetyp und einer "*unbewußten Disposition von geradezu universaler Verbreitung*".(1) Jung deutete die Mandalastruktur also viel offener und weiter und erkannte, daß sie eine für alle Menschen aller Kulturen fundamentale Grundfigur darstellt - unabhängig von deren jeweiliger kultureller Ausprägung (wobei allerdings jede Kultur ihre *jeweiligen* Mandalas geschaffen hat). Tatsächlich kann man auch überall Zeichen und Symbole finden, welche eine mandalaartige Struktur haben, und auch die Natur selbst bringt solche Formen in einem überfließenden Reichtum hervor. In dieser Sichtweise sind Mandalas also nicht eine Erfindung bestimmter Kulturen Asiens, sondern ein vollkommen universales Erbe aller Lebewesen.

Dieser Grundgedanke soll auch hier in diesem Buch zum Ausdruck kommen. Dabei soll es jedoch keineswegs darum gehen, den Versuch einer hinreichenden Definition des Begriffes "Mandala" zu liefern, noch kann hier ein wirklich erschöpfender Überblick über die Vielseitigkeit der Mandalastruktur angeboten werden. Der Text und die Bilderauswahl halten weder naturwissenschaftlichen, religions- bzw. kunstgeschichtlichen noch philosophischen Ansprüchen stand und wollen dies

auch gar nicht. Viele Detailinformationen und wissenschaftliche Fakten können in diesem Rahmen nicht geliefert werden. Das Buch sollte vielmehr spielerisch zur Hand genommen werden:
Der Leser mag sich durch die angeführten Beispiele inspirieren lassen und Anregungen aufgreifen, die er für sich selbst nutzen kann. Vielleicht kann alleine die Betrachtung der Mandalas schon dazu beitragen, unseren Geist zu öffnen und freier und lebendiger zu machen.

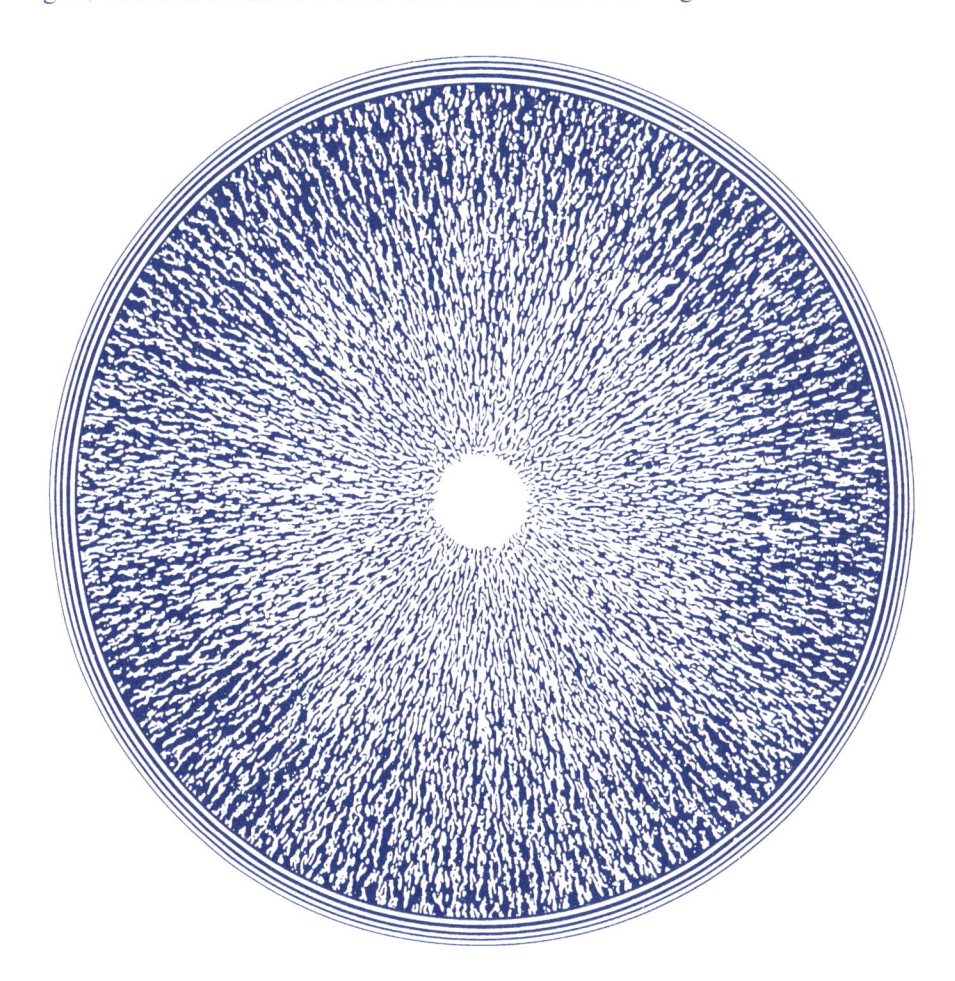

"SPIRITUELLE KUNST" UND KREATIVITÄT

Wär' nicht das Auge sonnenhaft,
Die Sonne könnt' es nie erblicken;
Läg nicht in uns des Gottes eigne Kraft,
Wie könnt' uns Göttliches entzücken.
J. W. von Goethe

Ich lasse nicht ab von meiner großen Aufgabe -
die ewigen Welten zu erschließen,
die unsterblichen Augen des Menschen nach innen zu öffnen
in die Bereiche des Denkens, in die Ewigkeit,
die menschliche Imaginationskraft,
die sich im Herzen Gottes immer mehr erweitert.
William Blake

Die Spiritualität des neuen Zeitalters wird sich dadurch auszeichnen, daß sich die einzelnen Kulturen der Menschheit unter Wahrung und Entfaltung ihrer jeweiligen Identität freundschaftlich und harmonisch in einen Gesamtorganismus einfügen. Viele gegenwärtige Entwicklungen weisen bereits in diese Richtung, und die Kunst einer jeden Kultur hat diesen Prozeß schon immer nachhaltig unterstützt. Tatsächlich verbindet die Kunst, weil sie Gegensätze zu vereinen vermag, die im sozialen, politischen, wirtschaftlichen und auch konfessionell-religiösen Leben als unvereinbar gelten. Woran mag das liegen? Was ist die besondere Magie und Kraft, die hinter dem künstlerischen Ausdruck liegt?

Es ist vielleicht die Kreativität selber, das Aufleuchten des Lebens, das letztlich in allen Kulturen und bei allen Menschen und in der gesamten Natur ein einziges Leben ist, das sich jedoch in unterschiedlichen Gestalten zeigt. Ein Kunstwerk wird immer auf dieses Leben verweisen, auf die allem zugrunde liegende schöpferische Kraft, auf das Tao, auf Gott. Selbst wenn der Tod und das Sterben als Thematik gewählt werden, so wird in der spirituellen Kunst aller Kulturen und Epochen doch immer nur auf die Erhabenheit und Größe des göttlichen Lebens hingewiesen. Dieser Nährboden bildet die gemeinsame Grundlage, und hier - in ihrer Wurzel - verstehen sich auch die unterschiedlichsten Richtungen spontan und intuitiv.

Der Menschheitsbaum hat viele Äste hervorgebracht, und jeder Ast wiederum Blätter und Blüten, die sich durchaus sehr voneinander unterscheiden mögen. Und doch ist es *ein* Lebensstrom, der durch alle Verzweigungen hindurch seine Kraft spendet und auch wieder zurückerhält.

Diese innere Quelle aller Kulturen ist der Ursprung der Menschlichkeit, und die Menschlichkeit ist letztlich der Grundpfeiler eines jeden Kulturgutes, wie es ein Kunstwerk ist. Eine spirituelle Kunst wird daher also in erster Linie menschlich sein und zu wahrer Menschlichkeit inspirieren.

Wahre *Menschlichkeit* und *Göttlichkeit* können hier als synonyme Begriffe verstanden werden. Das Göttliche wird in einem wahren Menschen unweigerlich aufleuchten, und nur ein wirklich menschlicher Mensch verdient es, göttlich genannt zu werden. Hier sind die Gegensätze verschmolzen.

Ein Kunstwerk ist dann gelungen, wenn es die Menschlichkeit in uns erweckt oder, anders gesagt, wenn es den göttlichen Raum für uns erschließt. Ein Bild oder eine Skulptur vermag zuweilen unser Herz zu öffnen und uns mit seiner Schönheit eine neue Möglichkeit des Lebens zu zeigen. Wir atmen plötzlich eine andere Luft; wir sehen alles in einem anderen, neuen Licht, das uns verzaubert und unser Bewußtsein erweitert. Ein Kunstwerk kann ein Fenster oder eine Tür in eine neue Dimension sein; eine Dimension, die zwar immer schon lebendig und für unser Leben tatsächlich jederzeit die eigentliche Grundlage gewesen ist, die wir aber in der Regel nicht deutlich wahrnehmen können, da eine dunkle, verschleiernde Schicht von Konzepten, Gedanken, Schwierigkeiten und alltäglichen Problemen uns scheinbar von ihr trennt. Es ist möglich, daß beim Betrachten und Sich-Einlassen auf ein Kunstwerk ein klarer Lichtstrahl unser Bewußtsein erhellt, der uns nun die Dinge sehen läßt, für die wir vorher zu kurzsichtig gewesen sind. Das ist die Aufgabe und der Sinn einer jeden Kunst, und insbesondere einer Kunst, die sich spirituell und visionär nennt.

Der Grundzug geistiger Kreativität ist also nicht eine reine Aneinanderreihung religiöser Symbole und Bildmotive, sondern die Öffnung des Raumes und der Zeit. Spirituelle Kunst hat die Kraft, Qualitäten erfahrbar zu machen, die mit Worten nur angedeutet werden können. In dem Betrachter wird eine meditative Atmosphäre erzeugt, eine dynamische Stille, in der Schönheit wirken kann.

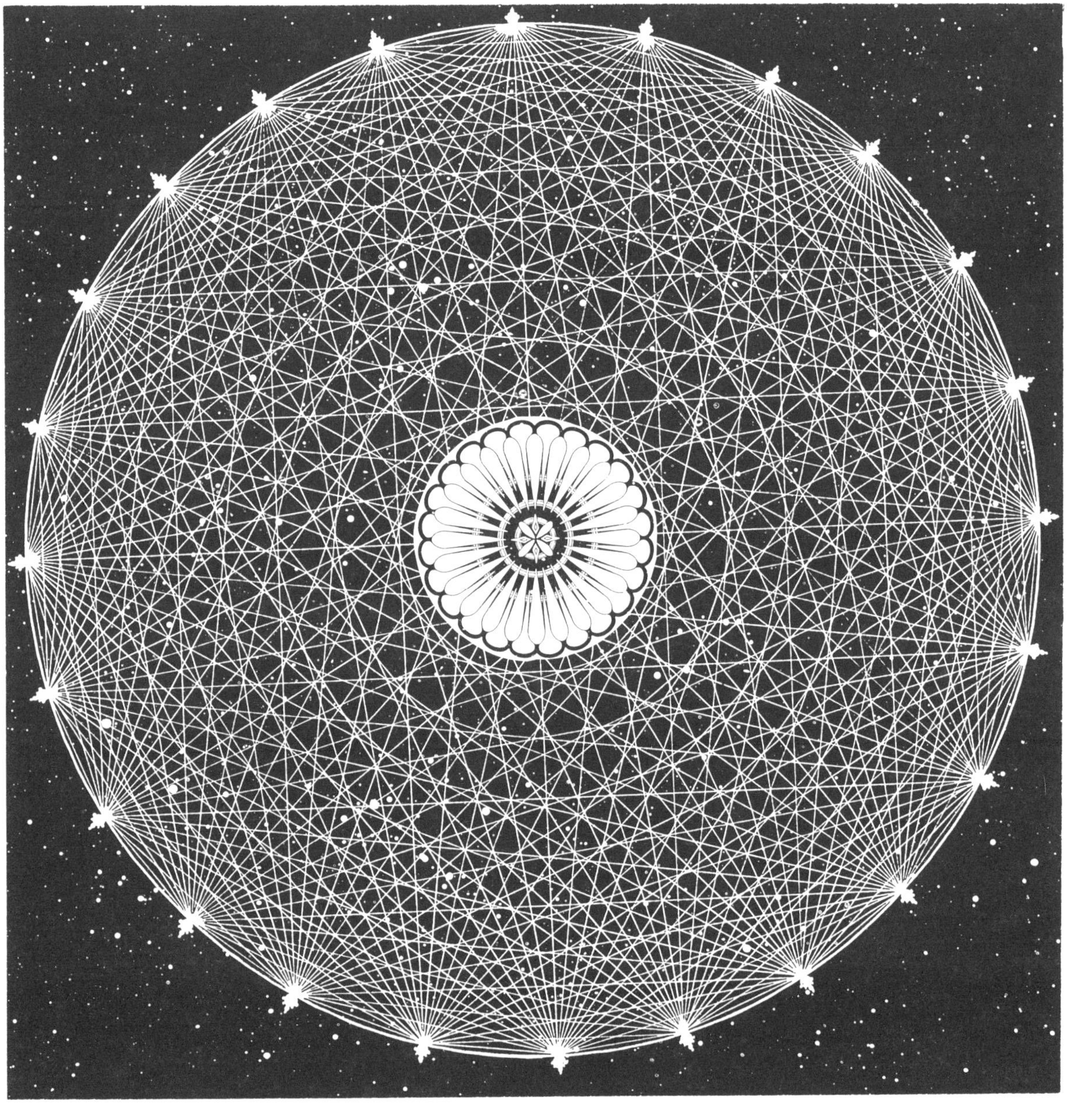

Einführung

DAS MANDALA ALS DIE GRUNDSTRUKTUR DER SCHÖPFUNG

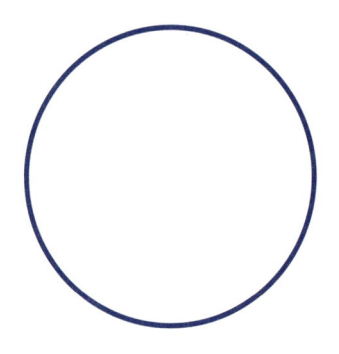

*Ich lebe mein Leben in wachsenden Ringen,
die sich über die Dinge ziehn.
Ich werde den letzten vielleicht nicht vollbringen,
aber versuchen will ich ihn.*

*Ich kreise um Gott, um den uralten Turm,
und ich kreise jahrtausendelang;
und ich weiß noch nicht: bin ich ein Falke, ein Sturm
oder ein großer Gesang.*
Rainer Maria Rilke (2)

Der Begriff *Mandala* kommt ursprünglich aus dem Sanskrit und bedeutet einfach "Kreis" (bzw. "heiliger Kreis"). Der Kreis war seit Urbeginn das Symbol der Einheit. Ein leeres Zentrum reiner Energie und eine klar umrissene Grenze. ("Grenze" ist hier jedoch nicht als absolute Grenze im Sinn von Undurchdringbarkeit und Isolation zu verstehen, sondern vielmehr als ein konkretes, sichtbares Zeichen. Ebenso wie die Sonne strahlt jedes Mandala in die Unendlichkeit des Raumes aus und ist somit auch an jedem Ort präsent.)
Die Leerheit des Zentrums differenziert sich im Laufe der Evolution in die tausend Formen aus, die alle in der grundsätzlichen Einheit geborgen und integriert bleiben - auch wenn sie für sich auseinanderzugehen scheinen und sich zuweilen sogar widersprechen mögen. Das Mandala in diesem weiteren Sinne ist also die archetypische fundamentale Struktur der sich entfaltenden Einheit. Es ist das Urbild für Welt, oder wie der Künstler Michael Vetter sagt: *"Mandalas sind Ikonen des Universums."* (3)

In jedem Mandala offenbart sich eine Welt, und jede Welt lebt ihrem Wesen nach als Mandala.

Die Einheit von Ungeschaffenem und Manifestem ist das Grundcharakteristikum jeder Welt, und dies kommt im Bild des Mandala in einzigartiger Weise zum Ausdruck. Das Ungeschaffene, die Quelle der Schöpfung wird im Zentrum des Mandala symbolisiert, und von dort ausgehend entwickelt sich eine immer einzigartige Welt mit ihrer unvergleichlichen Atmosphäre und Bedeutung.

Der Kreis ist das ursprüngliche Zeichen, das Ur-Symbol für Nichts und All; das Symbol für den Himmel und das Antlitz der Sonne, die all-umfassende Form, hinter der und durch die hindurch der Mensch sich selbst findet und verliert. Dies ist das ursprunglose Mandala. Es gibt keine Kultur, die es nicht hätte, denn es umschließt das All, Anfang und Ende.
Jose und Miriam Argüelles (4)

Das Mandala ist die Grundstruktur der Schöpfung schlechthin. Es wurde nicht erst vom Menschen erfunden oder erdacht; die Natur selbst entwickelt sich und entfaltet sich ständig in Kreisbewegungen und Mandalagestalten. Es ist ein ganz grundlegendes Prinzip der Schöpfung und des Lebens selbst, und so verwundert es nicht, wenn man es sowohl im Makrokosmos des Weltalls wie auch in der belebten Natur des Planeten Erde wie auch in den zahlreichen Werken des Menschen wiederfindet.

Zu allen Zeiten waren Menschen von kreisförmigen Symbolen fasziniert, den Mandalas, wie sie in Indien genannt werden: Fensterrosetten in gotischen Münstern, byzantinischen Mosaiken in Domkuppeln, den leuchtenden strahlenförmigen Blütenblättern mancher Blumen, dem Aufbau von Schneekristallen, Edelsteinfassungen aus vielfarbigen Juwelen und echten Mandalas auf tibetischen Bildern - kreisförmigen Paradiesgärten mit köstlichen Pflanzen und Bäumen um einen inneren Kreis von Dhyani-Buddhas und ihnen dienenden Bodhisattvas. Auch in Dantes Beschreibung seiner Vision am Ende des Paradiso ist Gott von Heiligen und Engeln umringt.

Nach C. G. Jungs Meinung ließe sich diese Faszination möglicherweise durch eine Übereinstimmung der Mandala-Form mit der elementaren Energieform der Psyche erklären. In der Tat trifft man beinahe überall auf das Phänomen, daß das Göttliche als strahlendes Licht beschrieben wird. ...
Alan Watts (5)

Die Bedeutung des Mandala liegt in seiner bewußtseinsbildenden Kraft, die die Kraft des Lebens selber ist. Es zeigt uns unsere eigene Struktur und macht uns die Fülle und den Reichtum unseres Lebens bewußt. Deutlich können wir das strahlende Zentrum der eigenen Kreativiät - unserer Schöpferkraft - wahrnehmen, aus dem heraus sich unser Leben einen Ausdruck gibt. Diese beiden Aspekte - die geheimnisvolle, ungeschaffene Quelle der Kreativität einerseits und die ausdifferenzierte, phantastische und konkrete Gestalt andererseits - sind im Mandala vereint zu einem Ganzen, und wenn es uns gelingt, uns selbst als ein solches Mandala wiederzuerkennen, dann haben wir mit unserem Bewußtsein die ganze Welt, das heißt die Schöpfung und den Schöpfer, umfaßt. Wir selbst sind dies, und die Erkenntnis der Einheit dieser Doppelnatur ist ein Akt der Heilung und Ganzwerdung, der uns in das tiefste Geheimnis des Lebens blicken läßt.

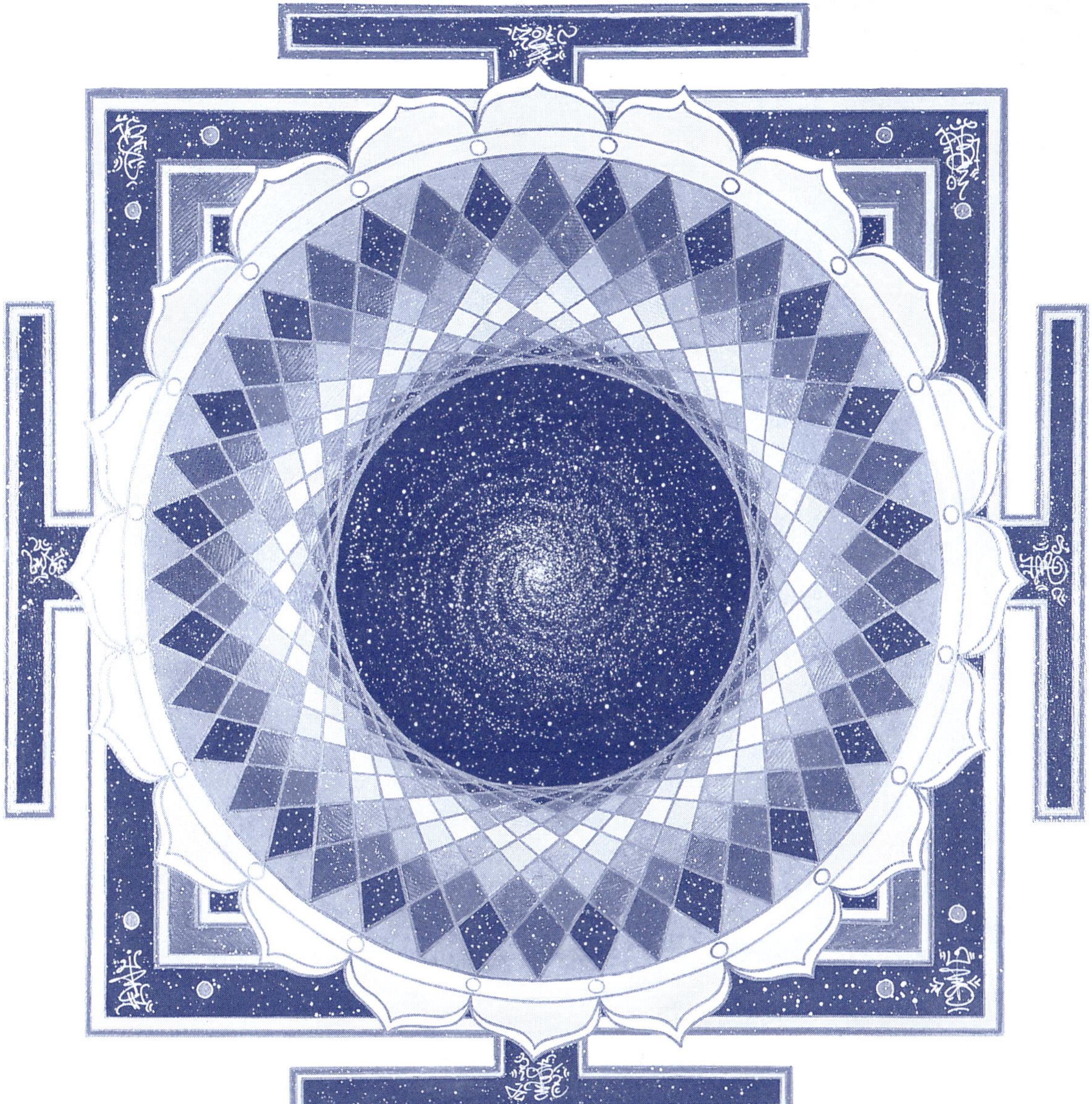

Hauptteil

DIE MANDALASTRUKTUR IN NATUR UND KUNST

Die alte naturwissenschaftliche Vorstellung, nach der die Natur und der ganze Kosmos wie eine aus beliebigen Zufällen und unveränderbaren Naturgesetzen entstandene Maschinerie "funktionieren" soll, ist heute zu ihrem Ende gekommen. Das Paradigma der mechanistischen Naturbetrachtung geriet - auch in den Naturwissenschaften - zunehmend in Verruf und kann heute nicht länger aufrechterhalten werden, wenn man die Erkenntnisse der modernen Physik und Biologie berücksichtigt. 1970 hatte der große Genetiker Jacques Monod noch lapidar erklärt:

"Man kann alles auf einfache, klare mechanische Interaktionen zurückführen. Die Zelle ist eine Maschine; das Tier ist eine Maschine; der Mensch ist eine Maschine." (6)

Seitdem hat sich die Weltsicht der modernen Naturwissenschaft entscheidend gewandelt.

Mehr und mehr besinnen sich die Forscher heute auf ihr eigentliches Erbe, das Arthur Eddington einmal auf die kurze Formel gebracht hat:

"Grob ausgedrückt - alles Weltliche ist geistig." (7)
Der Physiker Max Planck kam zu derselben Einsicht:

"Als Physiker, also als Mann, der sein ganzes Leben der nüchternsten Wissenschaft, nämlich der Erforschung der Materie diente, bin ich sicher frei davon, für einen Schwarmgeist gehalten zu werden, und so sage ich Ihnen nach meinen Erforschungen des Atoms dieses: Es gibt keine

Materie an sich! Alle Materie entsteht und besteht nur durch eigene Kraft, welche die Atomteilchen in Schwingung bringt und sie zum winzigsten Sonnensystem des Atoms zusammenhält. .... So müssen wir hinter dieser Kraft einen bewußten intelligenten Geist annehmen. Dieser Geist ist der Urgrund der Materie! Nicht die sichtbare, aber vergängliche Materie ist das Reale, Wahre, Wirkliche, sondern der unsichtbare unsterbliche Geist ist das Wahre! Da es aber Geist an sich allein ebenfalls nicht geben kann, sondern jeder Geist einem Wesen gehört, müssen wir zwingend Geistwesen annehmen." (8)

Man akzeptiert heute wieder eine vielschichtige Kreativität, die als bewußte Kraft die mannigfaltigen Formen der Natur hervorbringt und so erst den Entfaltungsprozeß des Universums ermöglicht.
Die Grundaspekte der Wirklichkeit wie "Kreativität", "Freundschaft", "Schönheit" oder "Geist" waren lange Zeit im naturwissenschaftlichen Denken verpönt, da man keine wissenschaftlichen Methoden in der Hand hatte, um diese Tiefendimensionen zu erfassen. Heute beginnen die Naturwissenschaftler wieder, ihre Augen für diese fundamentalen Grundlagen zu öffnen. So meint der Biologe Rupert Sheldrake:

"Ich bin der Meinung, die Schöpfung hängt letztlich von einer nicht-physischen Wirklichkeit ab, einer geistigen Wirklichkeit in der Natur." (9)

Der Physiker David Bohm wiederum betont die grundlegende Bedeutung der Schönheit - auch in der naturwissenschaftlichen Forschung -, wenn er sagt:

"Fast alles, was wir in der Natur vorfinden, offenbart eine gewisse Form von Schönheit sowohl in der unmittelbaren Wahrnehmung wie bei der intellektuellen Analyse." (10)

Die "Schönheit" ist sicherlich einer der Hauptbeweggründe der natürlichen Evolution. Die Natur - das Leben selbst - zeigt sich in immer neuen Gewändern, in Gestalten, die an Einfallsreichtum und innerer

Bedeutung nicht zu überbieten sind. Es ist gerade dieser "innere Sinn", der überall in der Natur zur Entfaltung kommt; der uns bisweilen tief im eigenen Herzen anrührt und uns mit einem kindlichen Staunen erfüllt.

Die Natur ist das einzige Buch, das auf allen Blättern großen Gehalt bietet.
J. W. von Goethe

In den Formen der Natur kann der Mensch seine eigene Tiefe entdecken oder zumindest dazu ermuntert und inspiriert werden. Wir sind nicht getrennt von dieser Schönheit und natürlichen Kreativität. Wir sind ein Teil davon und immer voll einbezogen in das Leben der Natur, in den schöpferischen Reichtum, der uns allen zur Verfügung steht. Dies klar zu erkennen, scheint eine der wichtigsten Aufgaben der heutigen Zeit zu sein, denn ein Verstehen der natürlichen Kreativität bedeutet auch immer ein Verstehen unseres eigenen Potentials - unseres eigenen Wesens.

Wir alle bilden das Universum, das sich selbst erforscht.
Alan Watts (11)

Die Natur ist kein gigantischer Streitplatz, auf dem ein absurd-mörderischer "Kampf um's Überleben" (Struggle for survival) (12) ausgetragen wird, bei dem nur der "Stärkere" oder "besser Angepaßte" eine Chance hat, wie man noch vor hundert Jahren dachte. Man erkennt heute deutlicher denn je, daß das Konzept der "Konkurenz" und des gegenseitigen Überlistens keine wirkliche Basis im natürlichen Geschehen hat und daß die Evolution nach vollkommen anderen, im Grunde geradezu entgegengesetzen Prinzipien verläuft.

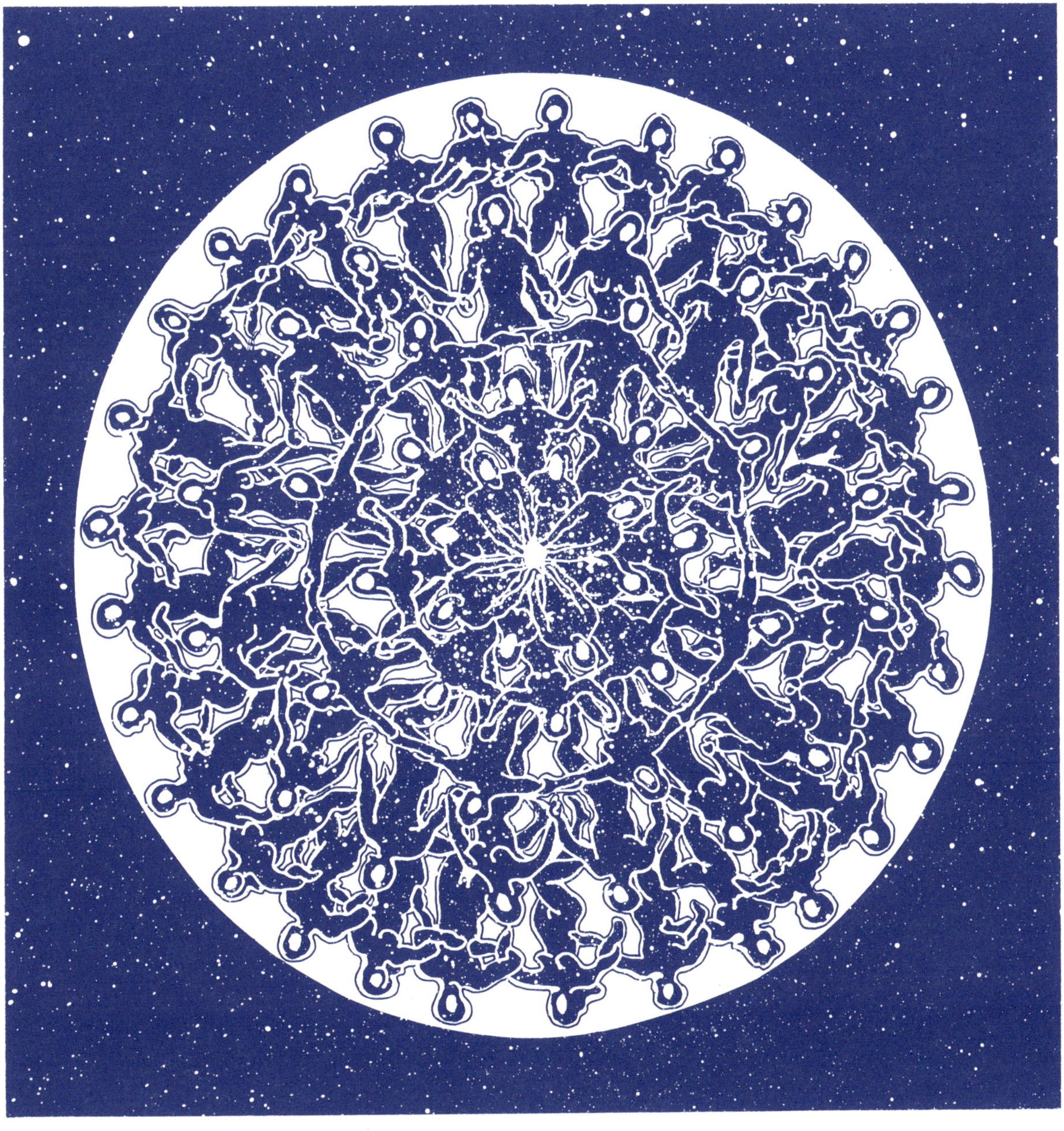

Die Idee der Ökologie hat den Biologen die grundlegende Bedeutung des *Zusammenwirkens* der Natur eröffnet. Alles entfaltet sich *gemeinsam, unterstützt sich gegenseitig* und arbeitet zusammen und nicht gegeneinander. Eine Spezies schafft einer anderen Spezies erst deren einmalige Daseins- und Entfaltungsmöglichkeit und umgekehrt. So steht die ganze Natur letztlich miteinander in einer freien und freundschaftlichen Weise in Beziehung, und in dieses Netzwerk ist der Mensch selbstverständlich voll miteinbezogen. Nichts kann herausfallen, und alles hat Bedeutung.

Das Grundbild für dieses Netzwerk ist das Mandala. Es ist offen für verschiedene Räume und Lebensbereiche, die in einen sich entfaltenden Kosmos eingefügt sind. Kosmos in seiner ursprünglichen Bedeutung heißt "Ordnung". Ein Mandala ist die lebendige Ordnung einer Welt, in der alle Aspekte dieser Welt in ihrer ureigensten Weise wirken und ihre Impulse geben und so das Mandala kreativ miteinander erschaffen.

Auf allen Ebenen manifestiert sich die Mandalastruktur in der Natur: im Makrokosmos wie im Mikrokosmos; in der organischen wie in der sognannten anorganischen Natur. Betrachtet man die astronomischen Aufnahmen unseres Universums, so begegnen uns Mandalastrukturen auf Schritt und Tritt. Jede Galaxie entfaltet sich von einem Zentrum aus in seine Randgebiete, dehnt sich ständig aus und gebiert so Welten über Welten. Das ganze Universum - der astronomische Kosmos selbst - wird in den klassischen Vorstellungen als eine sich von einem unerklärbaren Zentrum ausgehende, sich ausdehnende Schöpfung betrachtet. Die Wissenschaftler nehmen an, daß es Millionen und Milliarden von Galaxien gibt, die sich nach dem Abkühlen der Urenergie gebildet haben, von denen alle wiederum die grundsätzlichen Mandalaprinzipien aufweisen: eine von einem Zentrum her sich entfaltende Einheit. Man erkennt Spiralen und swastikaähnliche Sternenhaufen oder auch einfache von innen her glühende Lichtgestalten, die sich in scheinbarer Ruhe in die Weiten des Alls verstrahlen.

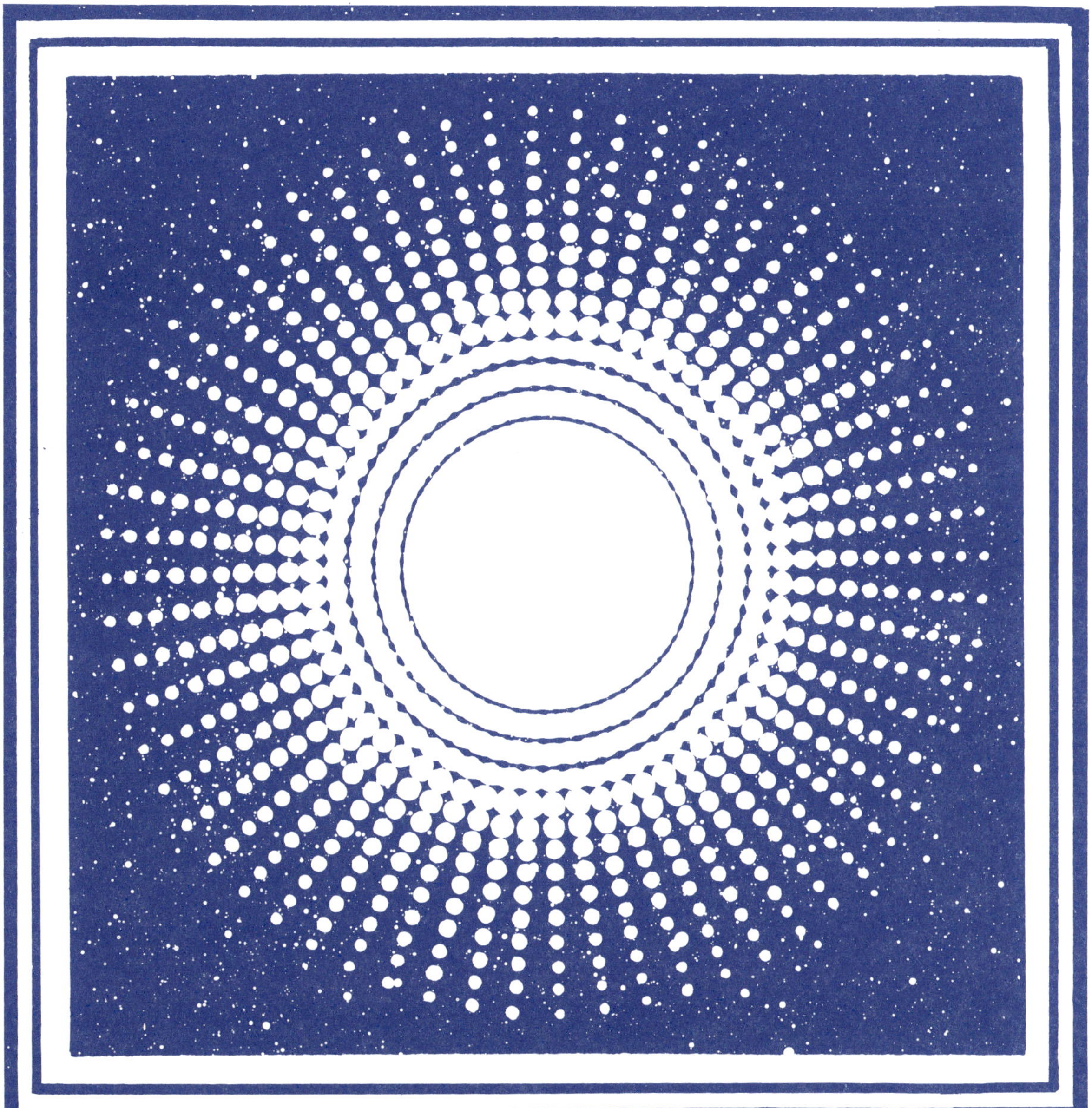

Auch die Sternensysteme zeigen mit ihren Planetenbahnen mandalaartige Grundcharakteristika, und die Sonne selbst ist sicherlich eine der bedeutendsten Kreisgestalten überhaupt. Sie ist das Zentrum unseres Planetensystems und die Spenderin des Lichts und der Wärme. Ohne ihre Kraft wäre es undenkbar, daß sich auf der Erde, dem drittnächsten Planeten, dieses reichhaltige Leben, das wir heute kennen, hätte entwickeln können. Sie ist daher für viele Völker das Ursymbol des Lebens schlechthin, und die Mandalagestalt der Sonne mit ihren lebensspendenden Strahlen wird in unzähligen Riten und Zeremonien auf der ganzen Welt verehrt.

Auch die Erde ist rund wie alle Planeten. Sie hat von den griechischen Sehern den Namen "Gaia" erhalten. Als "Erdmutter" nimmt sie die Energie der Sonne auf, speichert sie, wandelt sie um und nährt so auf wunderbare Weise die Myriaden von Lebensgestalten, die sie hervorbringt. Gaia hat aber auch selber einen heißen, glühenden Kern aus Licht und Kraft, der sich an der Oberfläche soweit abgekühlt hat, daß die biologischen Lebensformen sich auf ihr ansiedeln und entwickeln konnten. Der ganze Prozeß ist ein endloses Wunder, das sich noch heute immer wieder selbst gebiert.

Doch zunächst findet man in der anorganischen, nichtbiologischen Erdenwelt Tausende von erstaunlichen und zuweilen bizarren Mandalagestalten. So zeigen viele wachsende Mineralien ungeheuer komplexe Mandalas. Die Kristallbildung vollzieht sich hier nach einfachen geometrischen Grundcharakteristika, die jedoch - bedingt durch die jeweilige Chemie der Kristalle - in den unterschiedlichsten Spielweisen zur Anwendung kommen. Aber nicht nur Gesteine, Mineralien oder Edelsteine, auch die ganz alltäglichen Kristalle der Schneeflocken zeigen faszinierende Mandalagestalten. Dabei ist kein Schneekristall dem anderen gleich.
Das Grundprinzip wiederholt sich in endlos vielen Varianten und zeigt, daß der Erfindungsreichtum der Natur tatsächlich unerschöpflich ist. Schneekristalle sind dabei streng symmetrisch aufgebaut. Sie sind

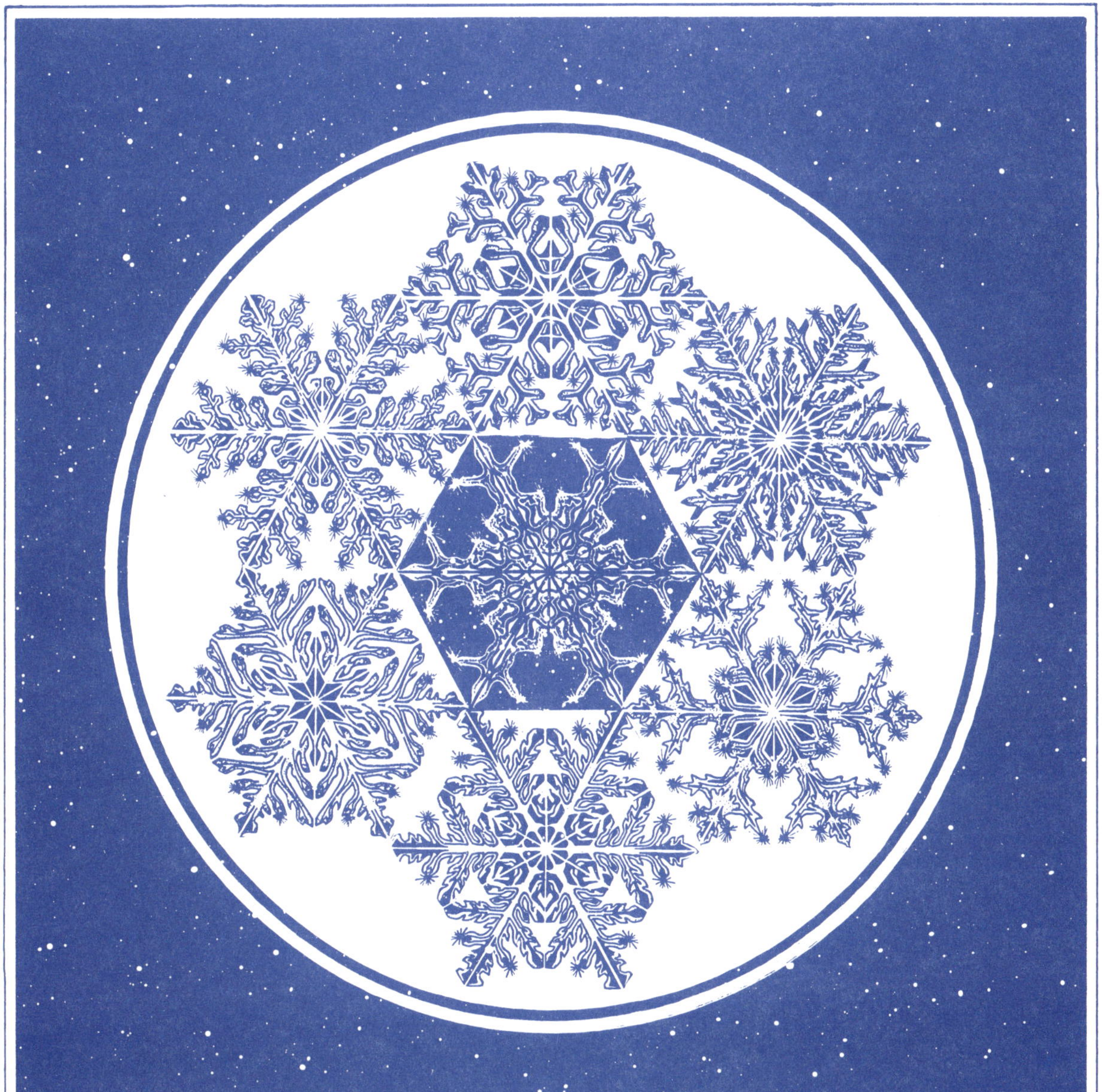

sechsstrahlig, wobei sich ein "Musterdreieck" in einem Schneeflockenkristall zwölfmal wiederholt.(13)

Auch einzelne Atome zeigen in ihrer bildlichen Darstellung eine deutliche Mandalaform. Die manchmal als "Miniatursonnensystem" beschriebenen Urteilchen besitzen "Energiehüllen", die den dichteren Kern umgeben. Die elektromagnetischen Felder, die für Atome charakteristisch sind, können mit den Feldern anderer Atome in Wechselwirkung treten, wodurch eine energetische Kommunikation dieser kleinen Bauteile der Materie gewährleistet ist. Die optisch darstellbare Schwingungscharakteristik der einzelnen Elemente zeigt zuweilen faszinierende Mandalagestalten, die manchmal sogar eine typische Vierteilung erkennen lassen.

In den Polen eines Magneten zentriert sich Kraft und strahlt von dort nach allen Richtungen aus. Es handelt sich um ein sogenanntes Magnetfeld, das sich aufgebaut hat. Hier wird - ausgehend vom Zentrum des Pols - der umgebende Raum durch zunächst unsichtbare Kraftlinien geordnet. Das Kraftfeld eines Stab- oder Hufeisenmagneten baut sich dann zwischen dem positiven und negativen Pol auf. Die Kraftlinien des Feldes lassen sich leicht sichtbar machen, indem man sogenannte Eisenfeilspäne (kleinste Eisensplitter) auf ein festes Blatt Papier streut und dieses über den Magneten hält. Die Eisenfeilspäne ordnen sich nun ganz nach der Struktur der Kraftlinien, die vom Pol des Magneten ausgehen. Handelt es sich um einen runden Magnetpol, so ergibt sich eine typische Mandalagestalt mit einem Zentrum, das von einem geordneten Kraftfeld umgeben ist.

Verblüffend schöne mandalaartige Strukturen ergeben sich auch, wenn man Klangschwingungen durch eine mit einem Violinbogen angestrichene horizontal liegende Metallplatte erzeugt, die man zuvor mit feinem Sand bestreut hat. Je nach Frequenz und Obertönen des entstehenden Klanges ordnen sich die feinen Sandkörner zu einem charakteristischen Schwingungsmuster, das man nun optisch wahrnehmen

Struktur einer Distelblüte

Kraftfeld eines Stabmagneten

kann. Wenn die Scheibe ins Tönen gerät, beginnt sich der aufgestreute Sand zu bewegen: Von all den Stellen der Platte, die sich in einer starken Schwingungsbewegung befinden (Schwingungsbäuche), wird der aufgestreute Sand fortgetrieben zu den Stellen hin, welche in Ruhe bleiben (Schwingungsknoten). Die entstehenden Sandstrukturen hat man nach ihrem Entdecker *Chladnische Klangfiguren* genannt.(14)

In der "belebten" Natur lassen sich Mandalastrukturen seit Beginn der biologischen Evolution finden. Die Grundbausteine des biologischen Lebens, die Zellen, sind ihrer Natur nach Mandalas. In der Mitte einer Zelle liegt die Erbinformation zumeist in einem bestimmten Zellorganell, dem "Nukleus" oder Zellkern, vor. Hier ist ein Großteil der genetischen Information in Form von DNS (= DNA = Desoxyribonukleinsäure) gespeichert. Die Zelle kann mit diesem Wissen, das in chemischer Form verschlüsselt ist, ihre Grundmoleküle aufbauen und so ihre physiologische Struktur weitgehend aufrechterhalten. In neuerer Zeit hat man entdeckt, daß alle Zellen auch Lichtimpulse aus der DNS aussenden, die für eine sogenannte interzelluläre Bio-Kommunikation dienlich sind.(15) Darüber hinaus sind den Zellen auch andere Strahlungsarten möglich, die unter dem allgemeinen Begriff "Zellstrahlung" zusammengefaßt werden. - Der Zellkern ist nun wiederum vom Zellplasma umgeben, das mit einer Zellmembran abgegrenzt wird. Es ist der Grundtypus des Mandala. Die schönsten "Zellmandalas" sind sicherlich bei den sogenannten Einzellern zu finden. Das sind Lebewesen, die nur aus einer einzigen Zelle bestehen. Radiolarien, Sonnentierchen und verschiedene einzellige Algen lassen hier unter dem Mikroskop zauberhafte Mandalas erkennen.

Aber nicht nur die Gestalt einer einzelnen Zelle zeigt klassische Mandalastrukturen; vielmehr kann auch die Entwicklung eines vielzelligen Lebewesens und sogar die Evolution einer ganzen Spezies (und letztlich der Natur überhaupt) als ein Mandala dargestellt werden. Dabei wird das Hervorgehen einer Lebensgestalt aus einer einfachen Urzelle bis hin zu einem komplexen Organismus in der Biologie als

Chladnische Klangfigur

Einzellige Alge

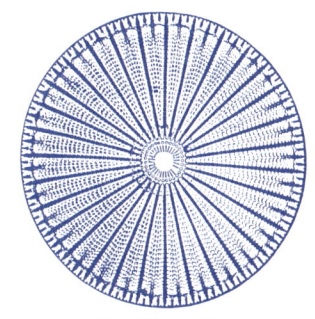

"Differenzierung" beschrieben. Hierbei kommt die Dynamik des Zeitelementes im Mandala zum Ausdruck. Ein Mandala beschreibt immer auch einen Prozeß, ein dynamisches Geschehen, einen Entwicklungsvorgang.

Nun tritt die Mandalagestalt in der biologischen Natur ganz regelmäßig und in überschäumender Fülle auf. Die bekanntesten "Natur-Mandalas" sind sicherlich die mannigfaltigen Blütenformen. Fast alle Blüten lassen sich grundsätzlich auf eine konzentrische Grundgestalt zurückführen, wenngleich diese in der Natur zuweilen auch extrem abgewandelt wird. Jedoch zeigen die meisten Blüten eine klassische und für uns Menschen im allgemeinen ganz bezaubernde Mandalaform. In unzähligen Erfindungen offenbart sich hier die Schönheit des sich entfaltenden Lebens, und der Archetyp der Blüte wird von allen Kulturen positiv aufgenommen und als Bereicherung empfunden.
Im Pfanzenreich tritt das Mandala jedoch auch in den Querschnitten von Stengeln, Ästen und Wurzeln auf. Allgemein bekannt ist die konzentrische Form der Jahresringe der Bäume. Auch viele Samen und Früchte weisen Mandalastrukturen auf.

Im Tierreich wiederum findet man ebenfalls unzählige Beispiele dieses Urbildes. Jeder kennt die Seesterne, die mit den Seeigeln die bekanntesten Vertreter des Stammes der Stachelhäuter (Echinodermata) sind. Das auffälligste Merkmal der Stachelhäuter ist die typische fünfstrahlige Symmetrie (wobei es auch Ausnahmen gibt).
Auch Schneckenschalen, manche Muscheln, Spinnennetze und Vogelnester lassen in ihrer Grundstruktur das Mandala erkennen (bei Schnecken zuweilen in einer typischen Spiralform).

Betrachten wir ein menschliches Auge, so sehen wir nichts anderes als ein Mandala, und wer dieses Bild lesen kann - wer sich tatsächlich darauf einläßt und den Mut aufbringt, sich in das geheimnisvolle Dunkel der Pupille eines Menschen fallen zu lassen -, der wird etwas von der Welt dieses Menschen begreifen.

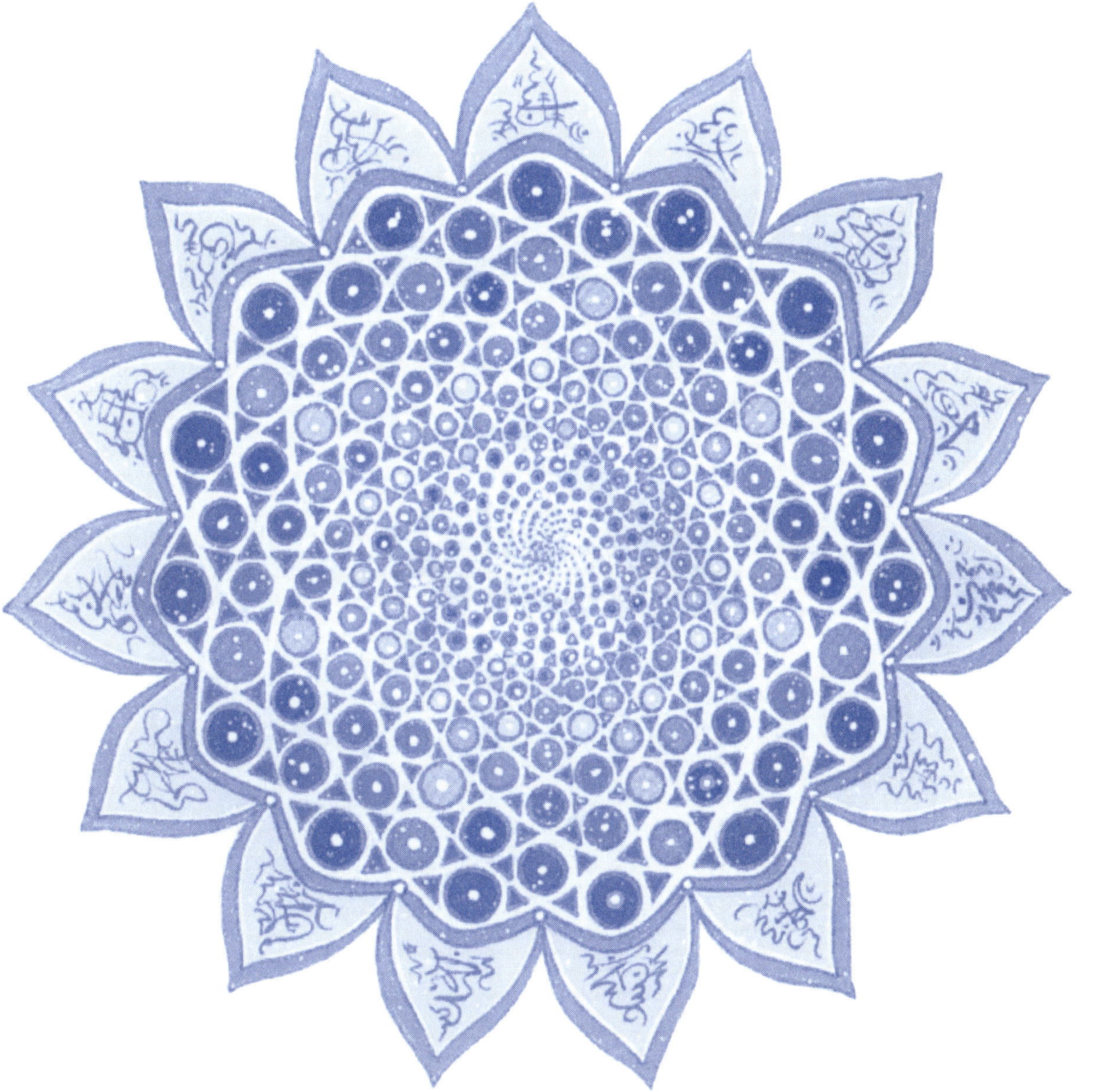

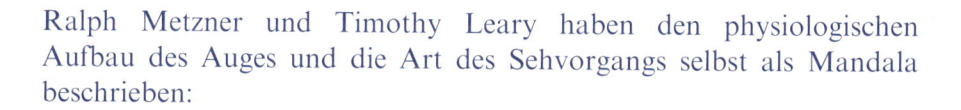

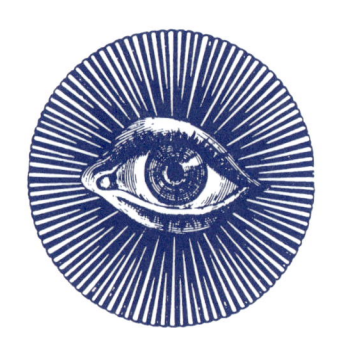

Ralph Metzner und Timothy Leary haben den physiologischen Aufbau des Auges und die Art des Sehvorgangs selbst als Mandala beschrieben:

"(Der) Mechanismus des Mandala kann auch in Begriffen aus der Neurophysiologie des Auges verstanden werden .... (So wie) das Mandala eine Zeichnung von der Struktur des Auges ist, so entspricht der Mittelpunkt des Mandala dem 'blinden Fleck'. Da der 'blinde Fleck' der Ausgang aus dem Auge zum Sehzentrum des Gehirns ist, so gehst du, wenn du durch den Mittelpunkt 'hinaus'-gehst, in das Gehirn hinein. Der Yogi findet das Mandala in seinem eigenen Körper wieder. Das Mandala ist ein Werkzeug, um die Welt der visuell wahrnehmbaren Erscheinungen zu überschreiten, indem sie zunächst auf einen Mittelpunkt hin gelenkt und nach innen gekehrt werden." (16)

In der Psychologie hat C. G. Jung entdeckt, daß selbst die menschliche Psyche die Grundgestalt eines Mandalas hat. Es ist daher nicht verwunderlich, daß überall, wo der Mensch aufgetaucht ist, mit ihm auch stets die Mandalaform als Urbild neu zum Ausdruck kam. Das Mandala zeigte dem Menschen in einer einfachen Weise die Grundstruktur seiner eigenen inneren Natur und verband ihn mit der Natur, die ihn von allen Seiten umgab und in die er eingebettet war. Es zeigte seine Zugehörigkeit zur Schöpfung und seinen besonderen Platz, den er im Schöpfungsprozeß einnahm. Der urspüngliche Mensch war niemals von der Natur getrennt, und der Weltcharakter des Mandala wies deutlich auf den allumfassenden Reichtum und die Schönheit der Natur hin, von der der Mensch ein Teil ist.

Unsere Psyche ist ein Teil der Natur und ebenso unbegrenzt wie diese.
C. G. Jung (17)

Indem der Mensch nun in seiner Kunst immer wieder von neuem Mandalas hervorbringt, versucht er, seines eigenen Wesens und des Wesens der Schöpfung selbst inne zu werden. Jedes Mandala, das in der Kunst der Völker und der Menschheit entwickelt und gefunden wurde, zeigt neue Aspekte des Wunders, das der Mensch - ebenso wie die Welt, in der er lebt - selbst ist. Der Mensch ist nicht zu trennen von seiner Welt, sondern im Gegenteil ihr Mittelpunkt, von dem aus die sich gestaltende Welt gesehen und gedeutet wird. Wie jedes Lebewesen ist jeder Mensch das Zentrum des Universums, das sich selbst als großes Mandala entfaltet.

DAS MANDALA ALS TRÄGER DES BEWUSSTSEINS

.... Mir ist außergewöhnlich bewußt, daß alles, was meine Sinne erfassen, auch mein Körper ist - daß Licht, Farbe, Form, Klang und Struktur Bedingungen und Eigenschaften des Gehirns sind, die der Außenwelt verliehen werden. Ich sehe die Welt nicht an, bin ihr nicht gegenübergestellt; ich erfahre sie dadurch, daß ich sie ständig in mich selbst umwandle, so daß alles um mich herum, der ganze Globus des Raums, nicht mehr abseits von mir empfunden wird, sondern in der Mitte.
Alan Watts (18)

Ein Mandala ist der Wegweiser zum Geheimnis einer Welt, zum Geheimnis der Existenz schlechthin. Das leuchtende Zentrum des Mandala besteht zumeist aus reinem Licht - oder auch aus tiefem Dunkel, aus dem sich dann - zunächst vielleicht ganz zart und schwach - die Strukturen bilden, die dieses Universum zum Ausdruck bringen. Es ist daher immer eine organische Welt, auch wenn sie mathematisch exakte Proportionen und Relationen aufweisen kann. Das ist kein Widerspruch. Es wächst von innen heraus, dehnt sich aus, entfaltet sich und schafft sich seinen eigenen, einzigartigen, unverwechselbaren Raum.

Jede Welt hat ihren eigenen Charakter, ihr eigenes "Aroma". Diese innere *Qualität* ist es, welche die Gesetzmäßigkeiten, Besonderheiten und Zusammenhänge einer Welt bestimmen. Es gibt einen "Weltgeist", der sich zwar in den konkreten Dingen und Ereignissen äußert, der selbst aber immer ungreifbar und frei bleibt. Er ist das innere Leben einer Welt, das Bewußtsein dieser Welt. Ein Mandala ist in ganz besonderem Maße ein Träger von Bewußtsein, in dem der Geist seinen Platz findet und Wohnung nimmt. Es ist eine *Geistgestalt*, eine *Gestalt* des *Bewußtseins*, und wer ein Auge dafür besitzt, kann sich diese Welt erschließen.

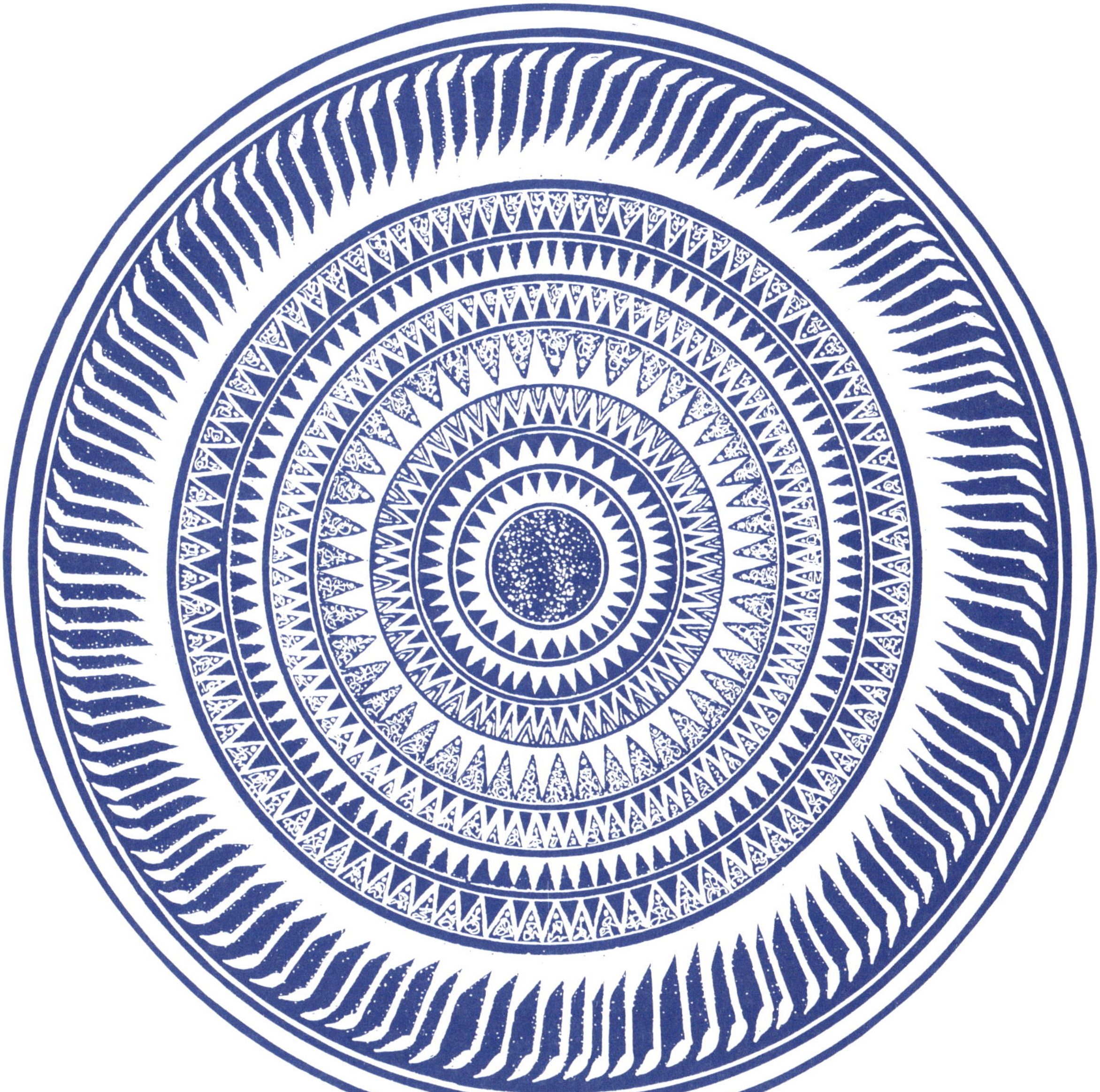

Man kann ein Mandala als eine Eingangstür oder ein Fenster zu einer ganz bestimmten Welt erfahren. Der Betrachter wird eingeladen zu einem Ausflug - einer Reise - in ein neues, vordem vielleicht unbekanntes Reich, in dem eigene Formen und eigene Farben aufleuchten. Es mögen sich bestimmte Stimmungen und Atmosphären manifestieren, welche durch die jeweiligen Symbole und Strukturen des Mandala in uns ausgelöst werden.

Wie bei jedem Bild oder Kunstwerk sollte der Betrachter seine alten Vorstellungen und Gewohnheiten einmal beiseite lassen und sich ganz auf den neuen Geist einstellen, der hier offenbar geworden ist: Denn jedes Mandala ist in sich eigenständig und einzigartig, und die Welt, die sich hier auftut, sollte nicht von außen mit wesensfremden Augen angeschaut und beurteilt werden. Sie besitzt ihre eigenen Gesetze, eigene Wertmaßstäbe, eigene Bedeutung und eine eigene Stimmigkeit, die nur von *innen* her erfahren werden kann. Man muß also "drin sein" in dieser Welt, in diesem Universum, muß ein lebendiger Teil von ihm werden und mit ihm aufgehen. Nur so entdecken und verstehen wir den inneren Sinn einer Blume, einer Landschaft, einer Galaxie, eines Kunstwerks oder eines Menschen.

Intellektuell läßt sich dieser "innere Sinn" nicht erfassen. Das rationale Denken stößt an seine Grenzen und muß unweigerlich auf der Strecke bleiben. Man kann diesen Sinn nicht benennen, nicht beschreiben, nicht erklären - und doch läßt er sich intuitiv erfahren.

Der Urgrund und die Quelle der Existenz wird im Abendland zumeist *Gott* oder *Sein* benannt, in der morgenländisch-asiatischen Tradition *Leere, Shunyata, Nichts.* Der Name Gott scheint eine eher positive Deutung dieses unnennbaren Geheimnisses zu sein, Nichts, Leere, Shunyata dagegen die negative. Natürlich gibt es in allen Kulturen beide Denkweisen, jedoch werden die Akzente unterschiedlich gesetzt. So gibt es auch Mandalas mit einer hellen, lichterfüllten Mitte, und andererseits solche, bei denen sich alle äußeren Strukturen aus einem

*Atomare Struktur
eines Diamanten*

Dunkel heraus entwickeln wie Pflanzen, die in den dunklen Räumen der Erde zu keimen beginnen. Aber letztlich weisen sowohl das Licht wie auch das Dunkel auf dasselbe Geheimnis des Lebens hin. Licht und Dunkel, Himmel und Erde, Yin und Yang sind nur zwei polare Aspekte eines Urgrundes, einer grundlegenden Natur, die sich letztlich jeder Beschreibung und Darstellung entzieht. In diesem Sinne können jedes Bild und jede Form nur Fingerzeige auf eine "Wirklichkeit hinter der Wirklichkeit" sein - auf eine Wirklichkeit, die alles trägt und aus der letztlich alles hervorgeht.

Der SINN, der sich aussprechen läßt,
ist nicht der ewige SINN.
Der Name, der sich nennen läßt,
ist nicht der ewige Name.
Lao Tse (19)

Gott, der ohne Namen ist - er hat keinen Namen - , ist unaussprechlich,
und die Seele ist in ihrem Grunde ebenfalls unaussprechlich, so wie er un-
aussprechlich ist.
Meister Eckhart (20)

Umgekehrt ist natürlich alles, was uns begegnet, nichts anderes als gerade dieses Geheimnis, das sich in konkreter Form zeigt. Die Urwirklichkeit entfaltet sich in eine Myriade von Welten und Universen, die alle ihre eigene, unverwechselbare Gestalt annehmen. Jeder Stein, jeder Grashalm, jede Wolke ist ein Ausdruck dieses inneren Geheimnisses. So ist jede Welt für sich und mit ihr jede ausdifferenzierte Struktur und jeder atmosphärische Raum ein vollkommen legitimer Ausdruck der grundlegenden Wesensnatur. Sie gibt sich eine Gestalt und erforscht so ihr innewohnendes Potential. Tatsächlich ist die konkrete Struktur und Form nichts anderes als Gott oder Shunyata selbst, denn was sonst könnte sie sein?

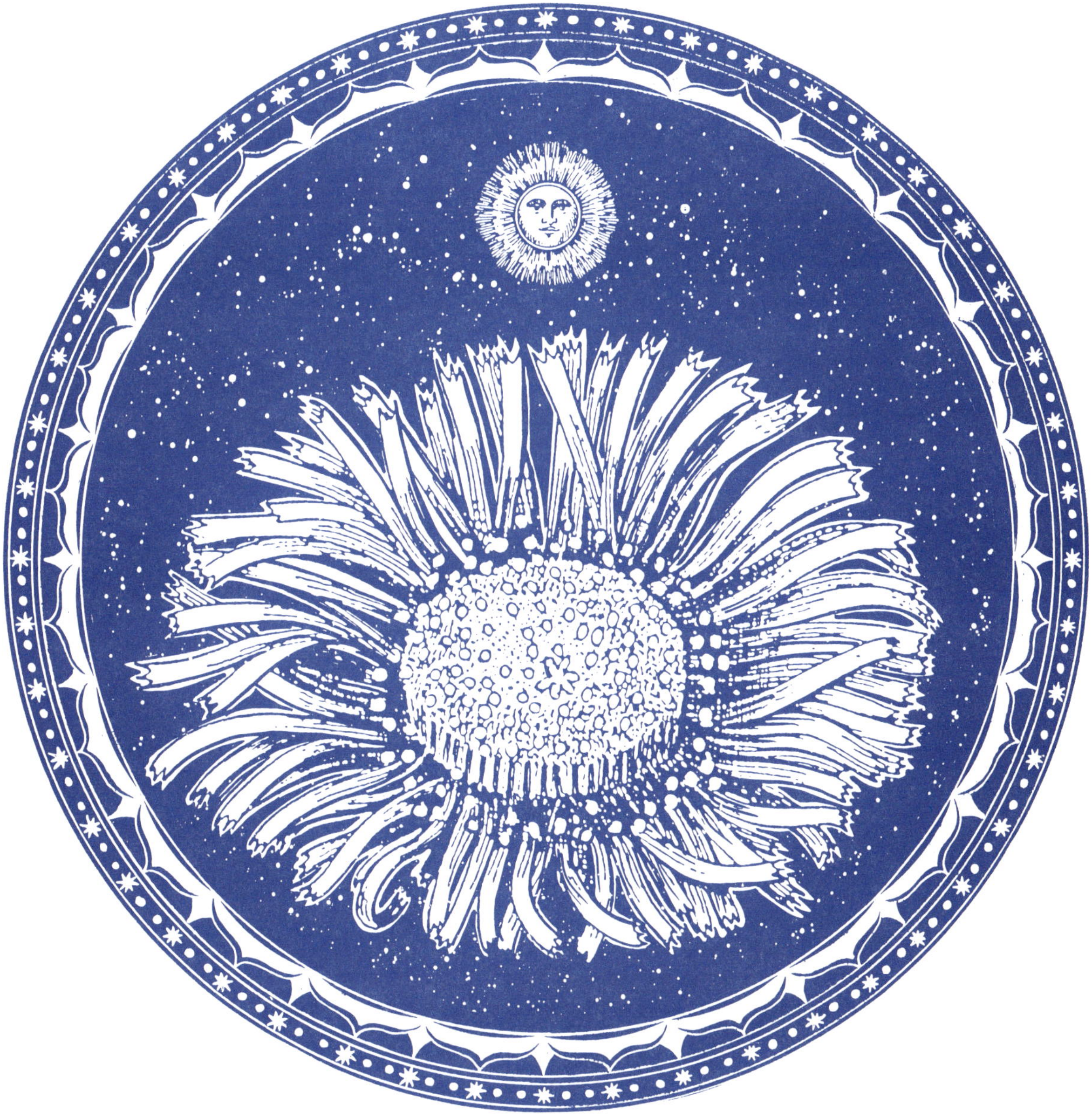

".... Die Schöpfung ist also die Darstellung des Schöpfers, der sich selbst bestimmt, oder des Lichts, das Gott ist und das sich selbst offenbart. ..."
Nikolaus Cusanus (21)

Form ist nichts anderes als Leere,
Leere nichts anderes als Form.
Form ist wirklich Leere,
Leere wirklich Form.
Herz-Sutra (22)

Die konkrete Schöpfung ist die dynamische Lichtgestalt des Urwesens der Wirklichkeit selbst. Die Greifbarkeit und Ungreifbarkeit sind in einem verschmolzen. Der Dualismus hat sich aufgelöst, und die Wirklichkeit erscheint als Welt gerade so, wie sie ist. Im asiatischen Denken spricht man von der "So-Heit" der Existenz.

"Grenzenlos fließt der Fluß, wie er fließt -
Rot blüht die Blume, wie sie blüht" (23)

Ein Mandala kann nun einerseits das Entwicklungsstadium einer Welt zeigen, andererseits weist es auch auf den ganzen Geneseprozeß hin, den ein bestimmtes Bewußtsein durchläuft. Tatsächlich sind echte Mandalas niemals statisch, starr und unflexibel. Sie sind lebendig. Sie sind ein lebendiger Ausdruck der Existenz. Sie sind entfaltete und sich entfaltende Bewußtseinsgestalten.

Der Psychologe C. G. Jung hat entdeckt, daß Mandalas ganz spontan aus den Tiefen unserer Psyche auftauchen können. Sie verbinden uns mit unserem geistigen Erbe und zeigen uns gleichzeitig den Zustand unseres gegenwärtigen Bewußtseins an. Sie sind Symbole der Seele und können im Grunde nicht von unserem Verstand erschaffen werden.

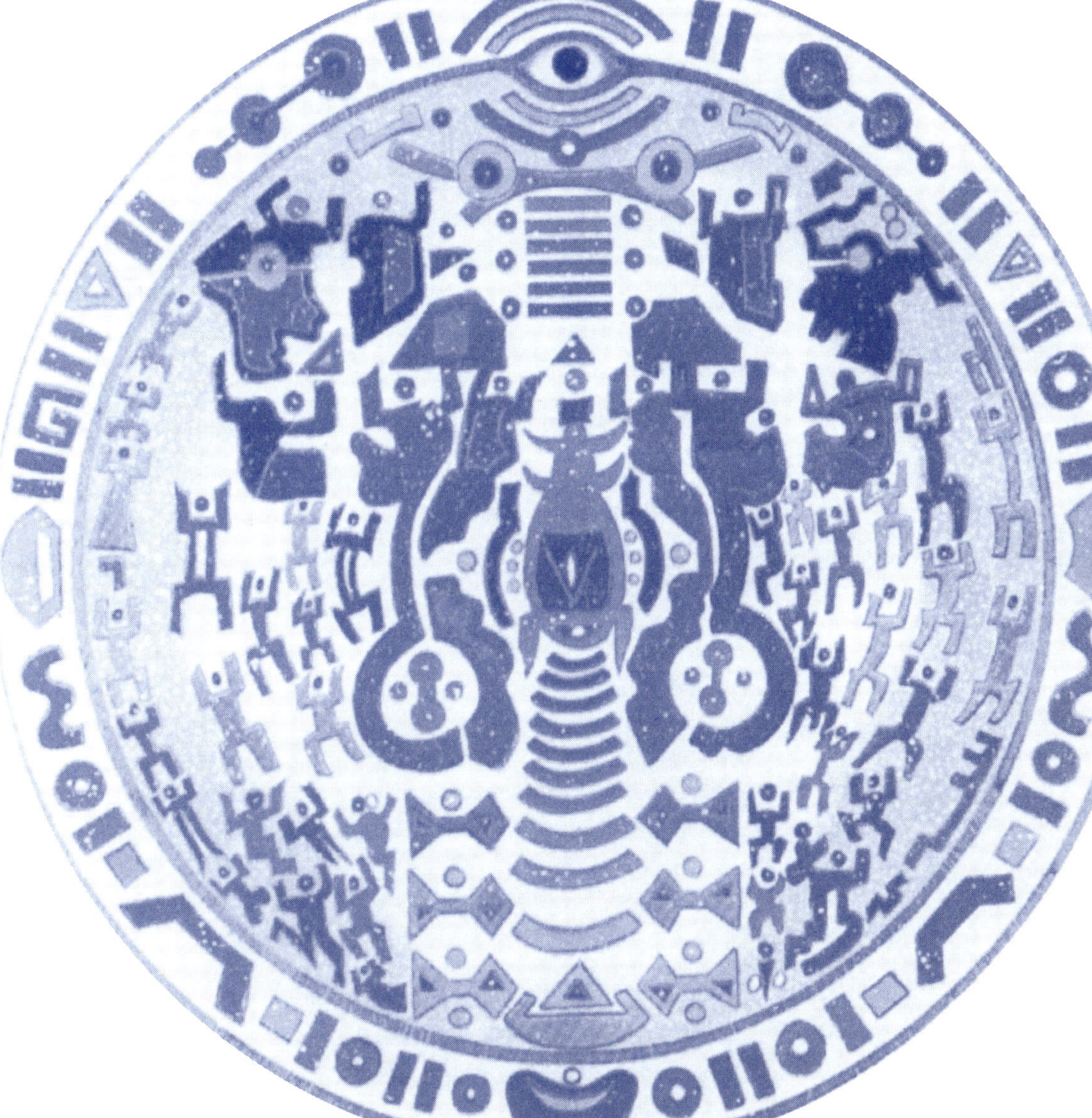

Solche Dinge sind nicht zu erdenken, sondern müssen wiederum aus der dunklen Tiefe der Vergessenheit heraufwachsen, um äußerste Ahnung des Bewußtseins und höchste Intuition des Geistes auszudrücken und so die Einmaligkeit des Gegenwartsbewußtseins mit der Urvergangenheit des Lebens zu verschmelzen.
C. G. Jung (24)

Vielen Menschen erscheinen Mandalas regelmäßig in Träumen. Sie ordnen den Geist und weisen auf das Potential und den Reichtum hin, der uns zur Verfügung steht. Ein Mandala läßt uns auch die Einheit unseres vielschichtigen Wesens erkennen, und diese Einsicht in die Natur unseres eigenen Bewußtseins hat stets eine heilende, kräftigende Wirkung auf unsere Psyche.

Die Träume sehr vieler zivilisierter Menschen kreisen um das Thema der Wiederherstellung des Kontaktes mit dem Unbewußten und seinem Kern, dem Selbst.
Unter den mythologischen Darstellungen des Selbst fällt immer wieder die Betonung der vier Himmelsrichtungen auf, und in vielen Bildern ist der "große Mensch" im Zentrum eines viergeteilten Kreises abgebildet - eine Struktur, welche Jung mit dem indischen Ausdruck Mandala (Zauberkreis) bezeichnet hat. Dieses symbolisiert das "Kernatom" der Psyche - über dessen Struktur und Bedeutung wir letztlich nichts wissen. Interessanterweise stellen die Naskapi* ihren "Großen Mann" oft nicht als Menschen, sondern in Mandalagestalt dar.
In den östlichen Kulturen werden Mandalabilder hauptsächlich meditativ verwendet, um das innere Gleichgewicht wiederherzustellen. Dem Schüler wird ein künstlerisch und traditionell ausgebautes Mandala vorgelegt, über das er sich besinnen muß. Wie bei allen vorgeschriebenen religiösen Handlungen kann dies jedoch dazu führen, daß es zu einer rein äußerlichen Geste wird. Zu seinem Erstaunen entdeckte nun aber Jung, daß solche Mandalabilder auch spontan aus dem Unbewußten auftauchen können bei Menschen, die von solchen Meditationsübungen keine Ahnung haben, und zwar geschieht dies besonders häufig in Situationen, wo sich

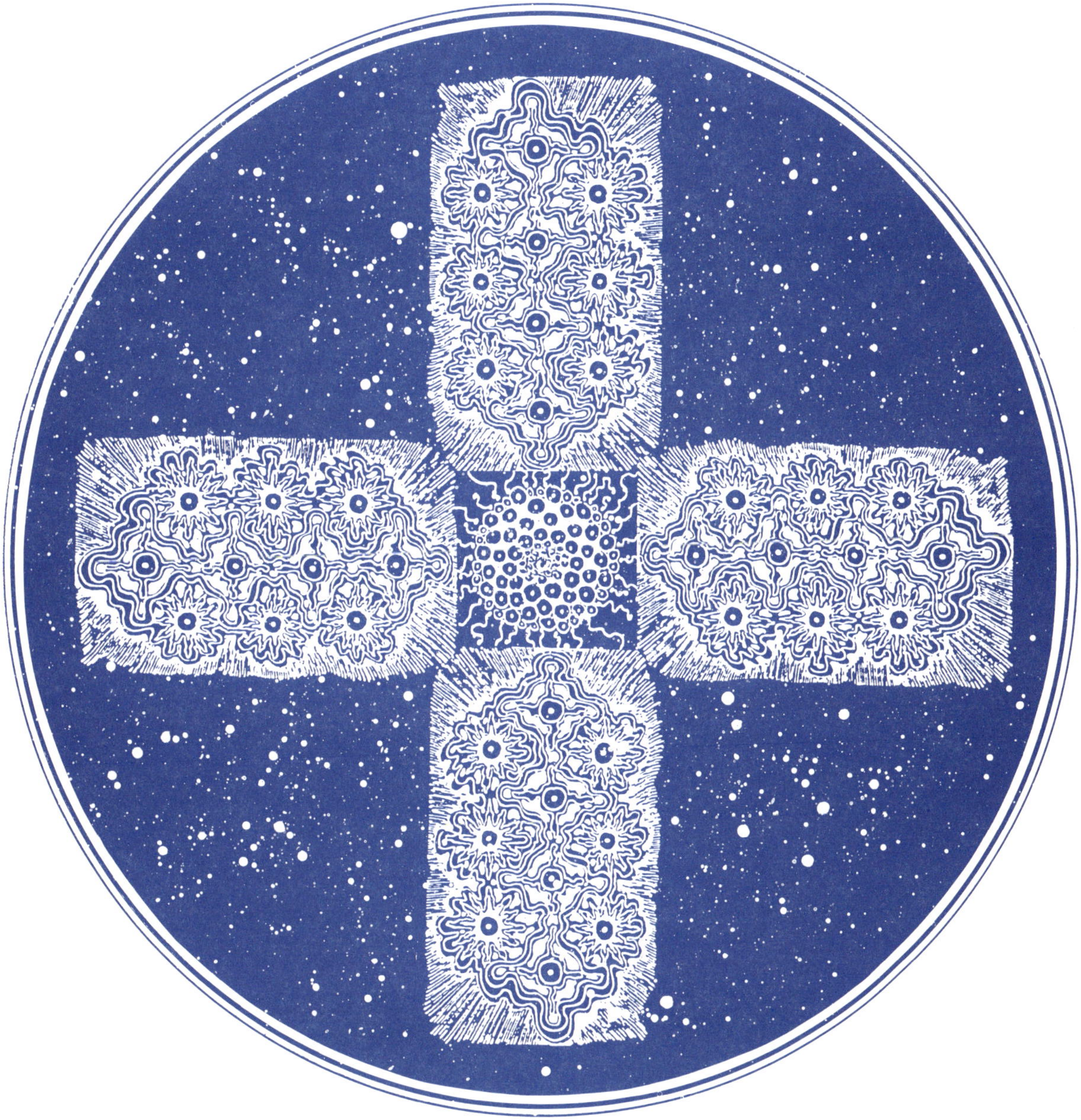

der Mensch verwirrt, unglücklich und "in Unordnung" fühlt. Das Auftauchen dieses Symbols bringt meistens ein überwältigendes Erlebnis von innerem Frieden, "Sinn des Lebens" und inneres "In-Ordnung-Kommen" mit sich, auch wenn es spontan in den Träumen moderner Menschen auftaucht, welche von den oben erwähnten religiösen Traditionen nichts wissen - ja vielleicht wirkt es dann sogar stärker, weil Tradition und Wissen das Urerleben nicht blockieren oder abschwächen können.
M.-L. von Franz (25)
* Naskapi-Indianer (Eingeborene der Labradorhalbinsel)

Jeder Mensch kann sein eigenes, ganz persönliches Mandala als Spiegelbild seiner Seele entdecken, wie auch jede Kultur zu ihren eigenen Mandalas gefunden hat, in denen der Geist dieser Kultur einen klaren und deutlich sichtbaren Ausdruck gefunden hat.

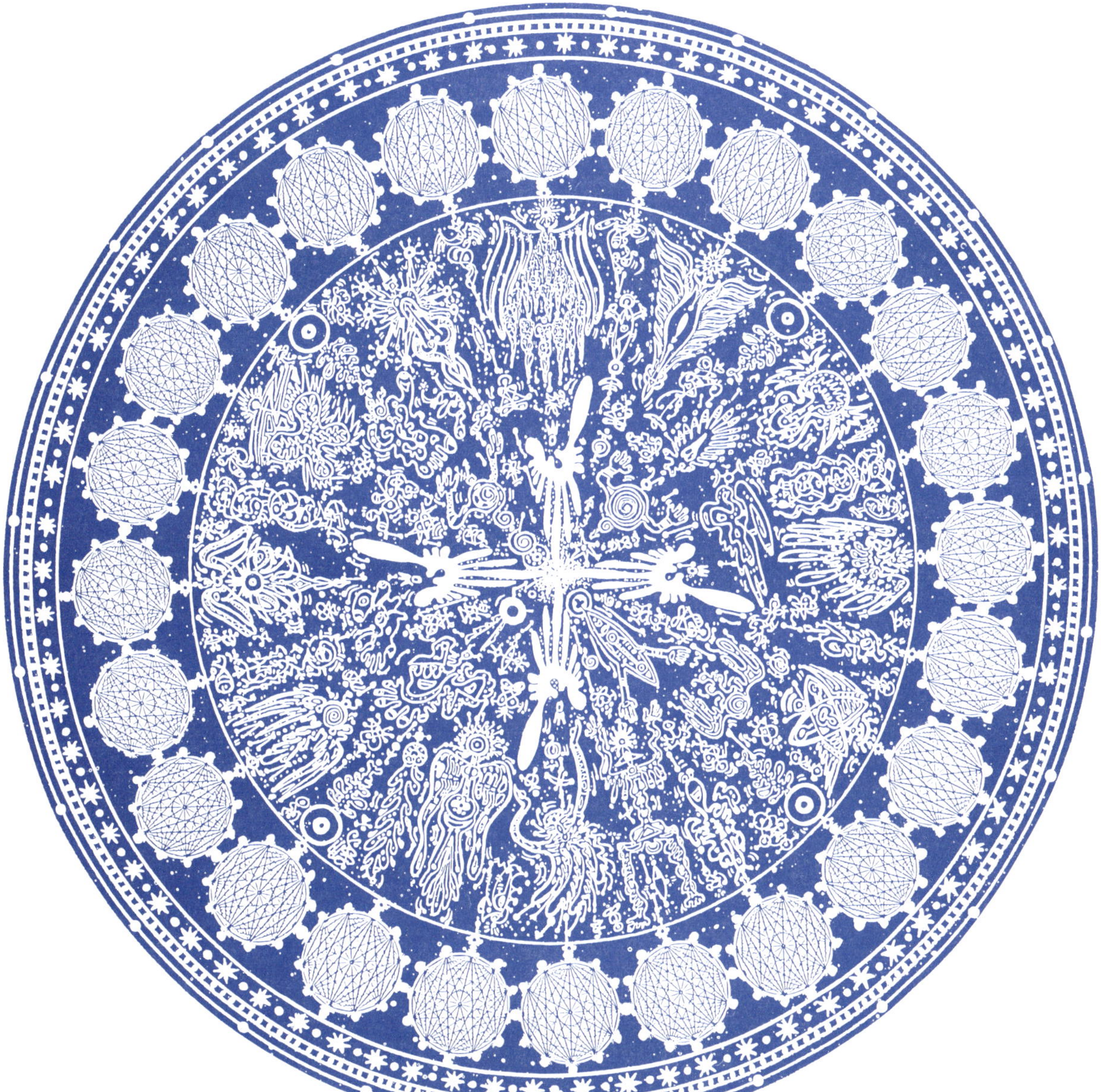

DER KOSMOS: ORDNUNG UND CHAOS IM MANDALA

Ich betrachte etwas, das ich normalerweise als ein Durcheinander von Sträuchern bezeichnen würde - ein Knäuel aus Pflanzen und Unkraut mit Ästen und Blättern, die in jedwede Richtung gehen. Aber jetzt, da der organisierende und bezugnehmende Verstand obenauf ist, sehe ich, daß das, was durcheinander ist, nicht die Sträucher sind, sondern meine plumpe Methode des Denkens. Jeder Zweig ist am richtigen Platz und die Verschlingung ist zu einer Arabeske geworden, feiner angeordnet als das sagenhafte Gekritzel auf den Rändern keltischer Handschriften. In gleichem Bewußtseinszustand habe ich eine Waldlandschaft im Herbst gesehen, mit der ganzen Vielfalt der fast kahlen Äste und Zweige als Silhouette gegen den Himmel, nicht als Durcheinander, sondern als Spitzenarbeit oder Liniengravierung eines zauberhaften Juweliers. .... Ich weiß nicht, ob diese Art und Weise der Vision die Welt in gleicher Weise wie den Körper organisiert oder ob die natürliche Welt einfach in dieser Weise organisiert ist....
Alan Watts (26)

Symbole und klare Grundgestalten sind nur ein Aspekt der natürlichen Ordnung. Die Natur zeigt immer auch eine erstaunliche Verspieltheit und Freiheit im Umgang mit Symbolen und den Gesetzmäßigkeiten der Farben und Formen. Eine einsam dastehende knorrige Kiefer, die unregelmäßigen Flecken auf einem vertrocknenden Herbstblatt, die unvorhersagbaren Muster, die das Sonnenlicht im Wasser eines Gebirgsbaches hervorruft, oder die immer neuen Traumgebilde der Wolken haben eine oft so bestechende Schönheit, daß wir uns über ihre "Ungeplantheit" und "Nichtkonstruiertheit" oft gar nicht im klaren sind. Wer ist der Künstler, der diese vollkommenen Werke erschafft?

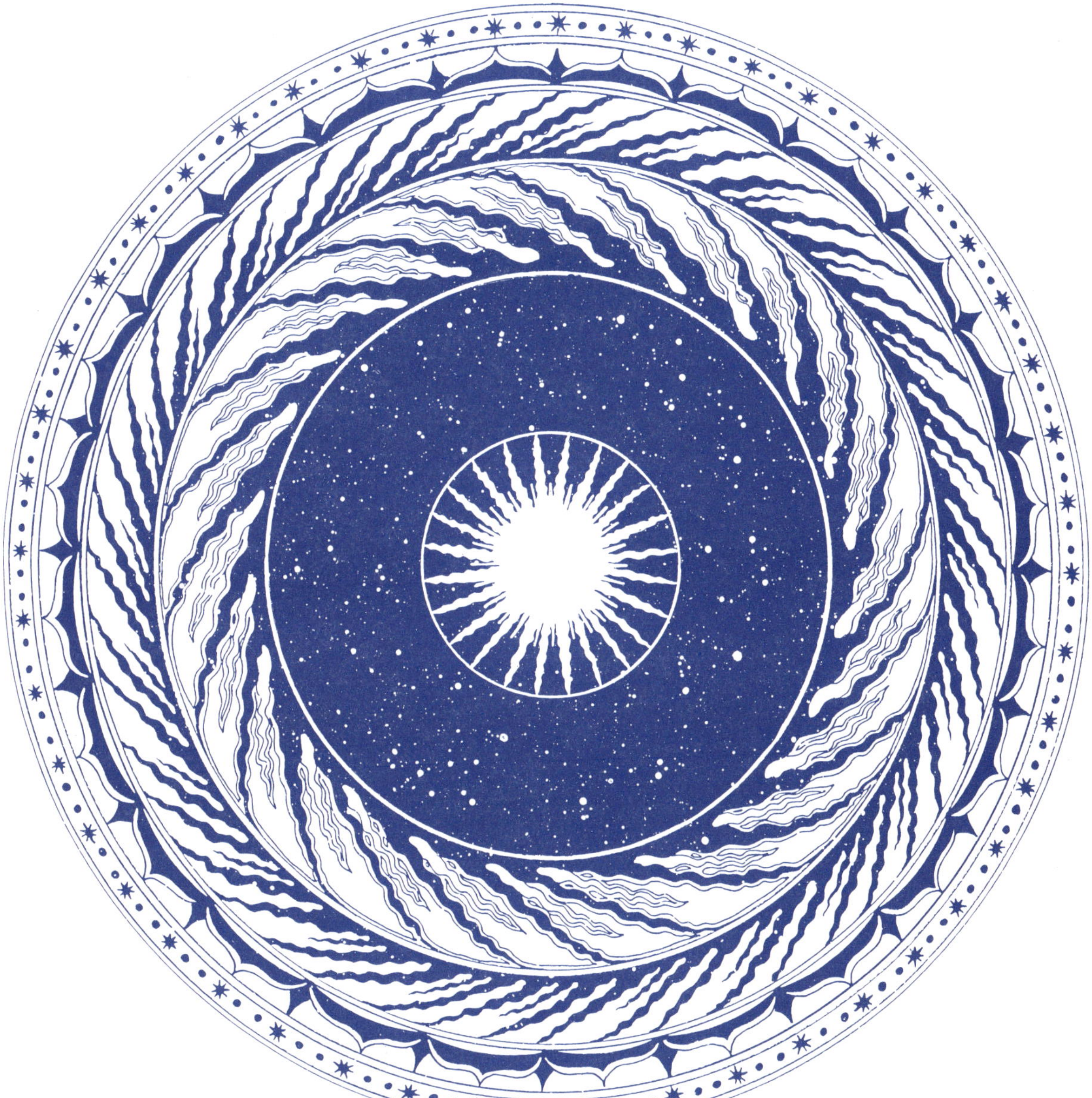

Die Natur selbst ist eine große Künstlerin, die im Laufe ihrer Evolution tatsächlich die erstaunlichsten und unerklärlichsten Phänomene hervorgebracht hat. Es ist das innere, egolose Gesetz, das Tao, der Wille Gottes, der hier ganz spontan und einfach am Werke ist. Für einen Künstler wird es wohl immer das höchste Ziel sein, zum vollkommenen Werkzeug des Göttlichen zu werden und ganz ohne eigene Absichten und Vorstellungen das innere Licht zum Ausdruck zu bringen. (Daß dies in der Regel nur unzureichend angestrebt werden kann, ist klar; und doch wird mit jedem echten Kunstwerk das Göttliche offenbar.)

Sehen sie sich um: in Seiner herrlichen Natur! Auf Freiheit ist sie gegründet, und wie reich ist sie durch Freiheit!
Friedrich von Schiller

So sind auch in einem Mandala, das auf den ersten Blick vielleicht vollkommen durchgeplant und geometrisch entworfen "erscheint", immer Elemente der Spontaneität und Unberechenbarkeit enthalten. Es mag sogar Bereiche im Mandala geben, in denen ein vollkommen ungeordneter, chaotischer Zustand zu herrschen scheint, doch sowohl das Chaos wie auch die mathematische Konstruktion sind niemals absolut möglich - sie sind lediglich die zwei Seiten ein und derselben Einheit. Chaos und Ordnung, Freiheit und Gesetz halten sich in einem natürlichen Mandala als Grundaspekte immer die Waage. Es gibt hierbei kein Chaos ohne verborgene innere Ordnung.
Ebenso beruht jede augenfällige und deutlich erkennbare Ordnung auf einer grundsätzlichen Freiheit, die alle Exaktheit und Bestimmtheit erst möglich macht und trägt.(27)

Das Zentrum - der Mittelpunkt eines jeden Mandala - ist immer ein Ort der Freiheit und Ungebundenheit, wobei - recht erfahren - jeder Ort des Mandala sein eigenes Zentrum ist. Wo immer wir uns auch befinden, wir haben stets direkten und unumschränkten Zugang zu unserer inneren Freiheit, sofern wir das wünschen. Umgekehrt können wir uns auch an jedem Ort und bei jeder Station unseres Lebensweges

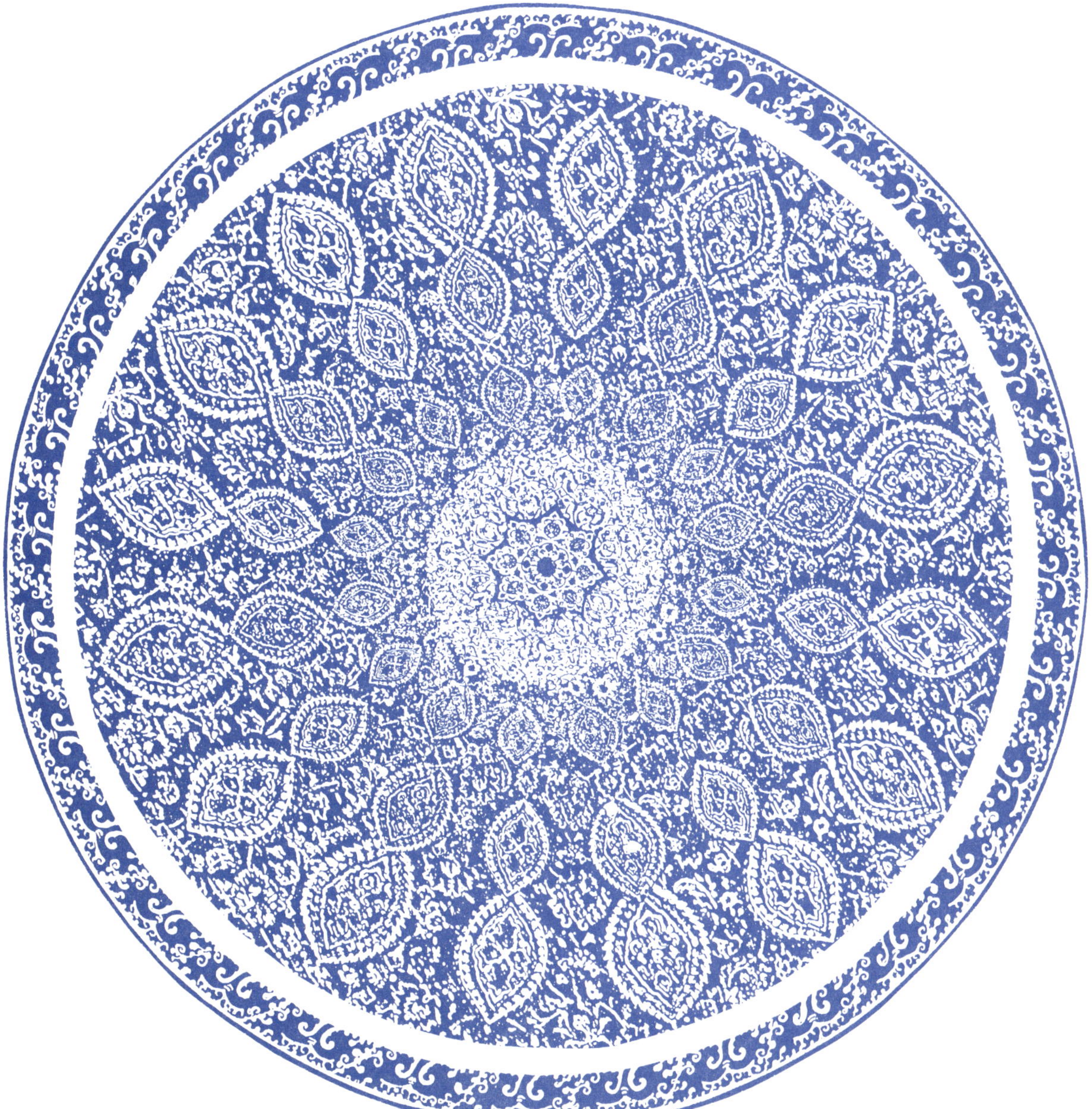

bewußt werden, daß wir in eine vollkommene und unübertreffliche kosmische Ordnung eingebettet und selbst Teil dieser Ordnung sind.

"*Jede Schneeflocke fällt genau an den richtigen Platz!*" (28)

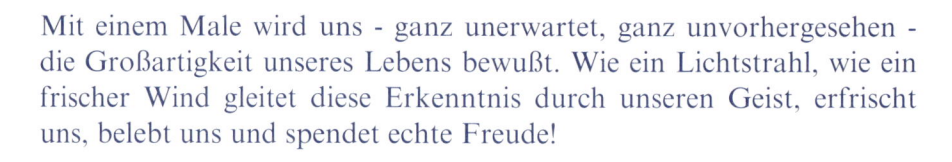

Mit einem Male wird uns - ganz unerwartet, ganz unvorhergesehen - die Großartigkeit unseres Lebens bewußt. Wie ein Lichtstrahl, wie ein frischer Wind gleitet diese Erkenntnis durch unseren Geist, erfrischt uns, belebt uns und spendet echte Freude!

Ich atme den Raum ein in großen Zügen.
Ost und West sind mein,
Nord und Süd sind mein.
Größer bin ich, besser, als ich dachte.
Ich hätte nie gedacht, daß ich so viel
Gutes enthielte.
Walt Whitman (29)

Wo immer wir uns befinden: Dieser Ort ist vollkommen, ja geradezu heilig! Einmalig und einzig in Zeit und Raum wird er in der ganzen Schöpfung nicht ein einziges Mal wiederholt. An jeder Stelle zeigt sich die Existenz frisch und überraschend, und es erblüht eine Blume, die nirgends sonst zu finden ist. Hier offenbart sich das Leben gerade "*so!*", und wir können in diesen Raum eintauchen, uns mit ihm einlassen und ihn erforschen:

Aber hier setzt sich die Tiefe des Lichts und der Struktur einer aufbrechenden Knospe unendlich fort. Man hat Zeit, sie zu sehen, Zeit, die ganze Verzweigung der Adern und Kapillaren im Bewußtsein zu entwickeln, Zeit, tiefer und tiefer in das Gebilde aus Grün zu blicken, das gar nicht grün ist, sondern ein ganzes Spektrum, das sich als Grün verallgemeinert - Purpur, Gold, das sonnenbeleuchtete Türkis des Ozeans, das intensive Leuchten des Smaragds. Ich kann nicht entscheiden, wo Gestalt

Leonardo da Vinci
"*Verkettung*"

endet und Farbe beginnt. Die Knospe hat sich geöffnet, und die frischen Blätter entfalten und biegen sich mit einer deutlich kommunikativen Geste zurück, die aber nichts außer "So!" sagt. Und irgendwie genügt das, es ist sogar überraschend klar. Die Bedeutung ist in gleicher Weise durchsichtig, wie es die Farbe und das Gefüge sind, mit einem Licht, das nicht von oben auf die Oberfläche zu fallen, sondern direkt in der Struktur und Farbe zu sein scheint.
Wo es natürlich auch ist, denn Licht ist eine untrennbare Dreiheit aus Sonne, Gegenstand und Auge, und die Chemie des Blattes ist seine Farbe, sein Licht. ...
Alan Watts (30)

Die vollkommene Erfahrung eines Augenblicks des Lebens ist ein endloses Abenteuer. Unser Bewußtsein erweitert sich, und wir fallen in einen Kosmos von unbeschreiblicher Tiefe. An diesem Ort offenbart sich das ganze, ungeteilte Leben, jedoch in einer einzigartigen und wunderbaren Weise. Nichts fehlt, alles ist hier, und dieser Augenblick und dieser Ort werden sich niemals und nirgends wiederholen:

Keine zwei Mandalas können jemals gleich sein, denn jeder Ort entwickelt Form und Tradition in Einklang mit den Strukturen der sich enthüllenden Natur auf seine einmalige Art und Weise.
Jose und Miriam Argüelles (31)

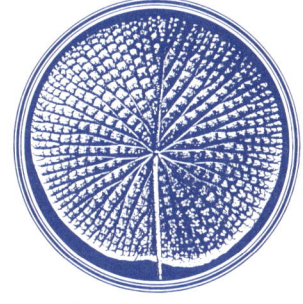

Blatt der Wasserrose

DIE GRUNDSYMBOLE DER MANDALAS

Die sichtbare wie die unsichtbare Wirklichkeit baut auf Grundstrukturen auf, die in unendlicher Vielfalt stets neu gedeutet und abgewandelt werden. Es sind die Grundprinzipien der Natur wie auch der Kunst. Ihre eigentliche Bedeutung erhalten diese Ursymbole aus den inneren Welten des Geistes. Dort haben sie sich anscheinend in der Ewigkeit als archetypische Muster herangebildet, die sowohl für unsere Psyche wie auch für die natürliche Welt der Materie als Vorlagen dienen. Die Symbolwelt liegt hinter der sichtbaren und denkbaren Welt verborgen und bildet deren Hintergund und magische Quelle. Jedes sichtbare Ding kann Symbolcharakter annehmen, und jeder Name und jedes Wort kann als ein Symbol auf die Realität hinter der sogenannten Realität hinweisen.

Das, was wir Symbol nennen, ist ein Ausdruck, ein Name oder ein Bild, das uns im täglichen Leben vertraut sein kann, das aber zusätzlich zu seinem konventionellen Sinn noch besondere Nebenbedeutungen hat. Es enthält etwas Unbestimmtes, Unbekanntes oder für uns Unsichtbares. .....
Auch Gegenstände wie das Rad oder das Kreuz haben unter Umständen symbolischen Gehalt. Was sie genau symbolisieren ist allerdings immer noch ein strittiger Punkt.
Ein Wort oder ein Bild ist symbolisch, wenn es mehr enthält, als man auf den ersten Blick erkennen kann. Es hat dann einen weiteren "unbewußten" Aspekt, den man wohl nie ganz genau definieren kann. So gelangt der menschliche Geist bei der Erforschung von Symbolen zu Vorstellungen, die sich dem Zugriff des Verstandes entziehen. Das Rad führt uns vielleicht zu dem Begriff einer "göttlichen" Sonne, aber hier muß der Verstand seine Unzulänglichkeit eingestehen; der Mensch ist außerstande, ein "göttliches" Wesen zu definieren. ...
C. G. Jung (32)

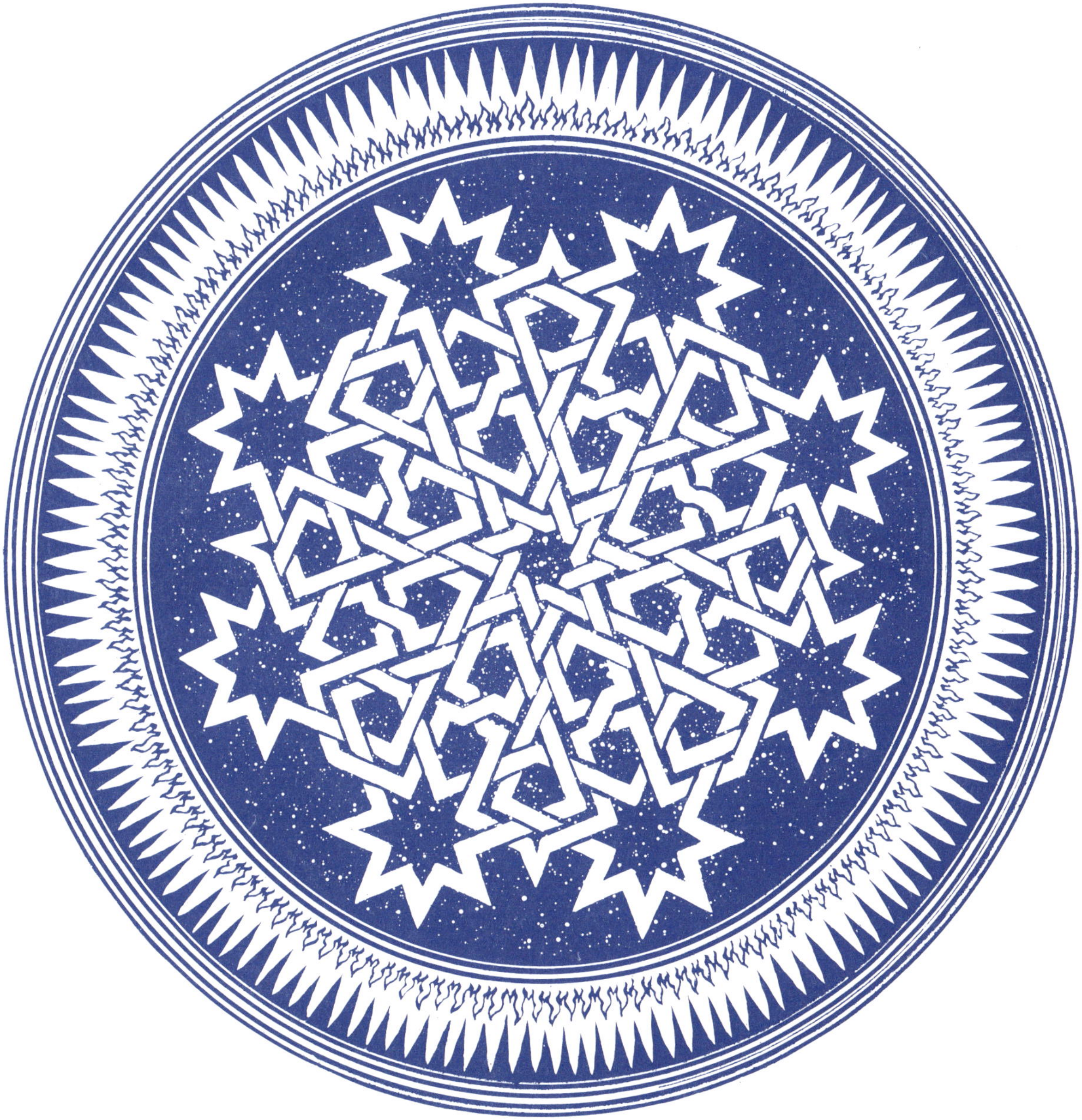

All diese Bilder, Zeichen und Worte deuten wie Finger auf eine Wirklichkeit, die niemand je begreifen oder fassen, wohl aber erahnen und erfahren kann. Der analysierende Verstand reicht nur bis in eine gewisse Tiefe unseres Bewußtseins. Darunter können wir jedoch ein reges Leben finden, das unserem rationalen Denken vollkommen verschlossen bleibt. In diesem tieferen Boden der Wirklichkeit bilden sich unsere Träume und ebenfalls die Träume der Natur. Unsere Psyche erhält Botschaften aus der Tiefe des eigenen Wesens (unseres "Selbst"), und diese Botschaften sind in symbolischer Sprache verschlüsselt.

Das Mandala im allgemeinen ist das Sinnbild des eigenen Wesens, und es ist daher nicht weiter verwunderlich, daß alle wichtigen Grundsymbole als Bestandteile und Konstruktionsgrundlagen in den verschiedenen Mandalas auftauchen. In diesem Kapitel sollen kurz die bedeutendsten Grundsymbole vorgestellt werden, wobei eine eindeutige und vollkommen klare Beschreibung und Deutung nicht möglich ist. Dies liegt an der eben beschriebenen Natur der Symbole, die ja auf Wirklichkeiten hinweisen, die jenseits aller Beschreibung und Deutung liegen.

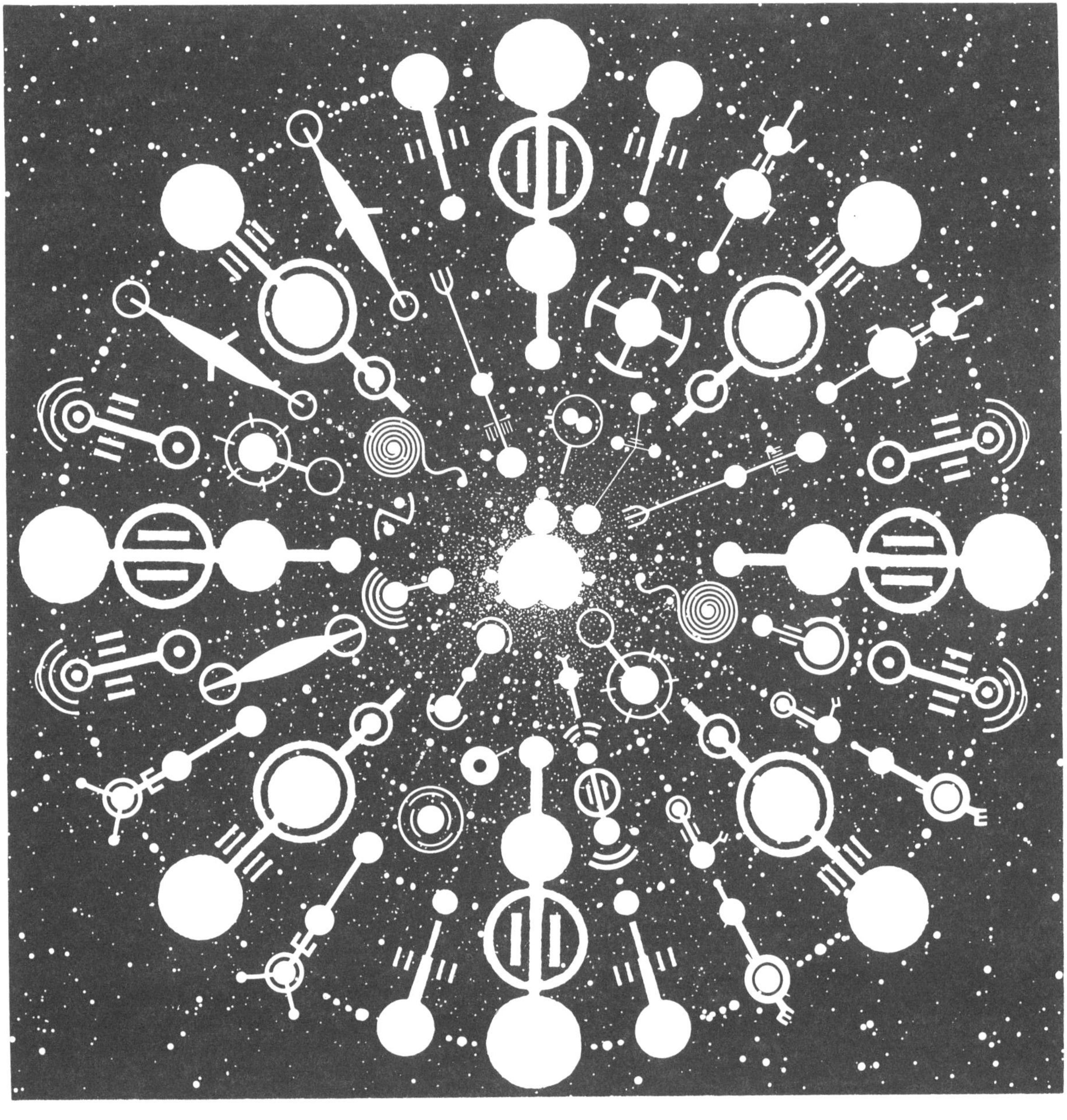

DER KREIS

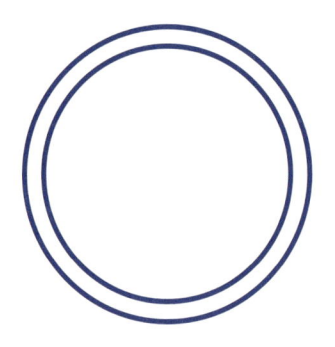

Wo das Motiv des Kreises auftaucht, in den alten Sonnenkulturen oder in modernen religiösen Darstellungen, in Mythen oder Träumen, in Meditationsbildern oder als Grundriß moderner Städte: immer weist es auf einen Aspekt des Lebens hin - auf seine ursprüngliche Ganzheit.
Aniela Jaffé (33)

Der Kreis und das Runde sind das grundlegende Prinzip der Natur. Das Wort *Mandala* selbst bedeutet im ursprünglichen Sinne zunächst einfach nur Kreis.

Kreise? Zen-Kreise??
Kreisen bedeutet: sich Umwege genehmigen
in Rücksicht auf das, was widerfährt, was im Wege steht,
Kreisen heißt tanzend die Gesetze genießen,
die von Schwerkraft und Zeit
uns aufgebürdet sind.
Kreisen heißt gebären, heißt
sich Zeit lassen zur Schöpfung.
Michael Vetter (34)

Der Kreis hat immer etwas Spielerisches, Freies, Wohltuendes. Er sensibilisiert unsere Intuition und nimmt die Angst hinweg. Kein "Anecken", keine Strenge. Der natürliche Kreis ist dabei niemals "perfekt" oder "ideal", denn dies würde aller evolutorischen Absicht der Natur widersprechen. Es finden sich Unebenheiten, Krümmungen, Zerfransungen und Zersplitterungen. Jeder natürliche Kreis hat seine individuelle Form, hat *seine* jeweilige Gestalt. Am deutlichsten kommt dies vielleicht bei den berühmten Zen-Kreisen in der chinesischen und japanischen Kalligraphie zum Ausdruck.

Der Kreis ist sowohl für den Raum wie auch für die Zeit wie auch für das Leben das Grundsymbol. Die Sonne, die Planeten, ja das ganze Universum haben eine kreis- oder kugelförmige Gestalt; aber auch alle großen Naturzyklen können als Kreisbewegungen beschrieben werden. Unsere Uhren, an denen wir die Zeit ablesen, haben in ihrer Grundtypik ein kreisförmiges Zifferblatt. Die Zeit ist Ewigkeit. Jeder Augenblick ist ein Augenblick der Ewigkeit, die ohne Anfang und Ende ist.

Aus der Kreisform tritt dem Betrachter die Linie mit ewiger Wiederkehr entgegen: Sie hat weder Anfang noch Ende, sie kreist um eine unsichtbare, aber ganz präzise Mitte. Es ist die Idee des Ablaufs der Zeit, die von nirgends kommt und kein Ende findet.
Adrian Frutiger (35)

Das Symbol, das die grundsätzliche Einheit eines jeden Lebewesens zeigt, ist der Uroborus. Die sich selbst in den Schwanz beißende Schlange verdeutlicht, daß wir Anfang und Ende in uns selbst besitzen.

Spätestens seit der Erfindung des Rades ist der Kreis für den Menschen auch das Sinnbild der Bewegung. Auch wenn sich der Kreis, von außen betrachtet, überhaupt nicht zu rühren scheint, so ist er - von innen erfahren - doch stets aktiv und dynamisch. Ruhe und Bewegung fallen zusammen. Die Transformation des Lebens ereignet sich oft unsichtbar in scheinbarer Unbewegtheit. Aus der runden Eizelle tritt der Organismus hervor.

DIE MANDORLA

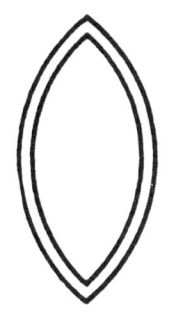

Überschneiden sich zwei Kreise, so erhalten wir das Grundsymbol der *Mandorla*. Sie ist der mandelförmige Teil, in dem sich die zwei Kreise überlappen.

Die Mandorla wird im Osten wie im Westen oft benutzt, um die zwei Aspekte der Wirklichkeit darzustellen: das Göttliche und das Menschliche, das Spirituelle und das Materielle, das Männliche und das Weibliche. Buddha oder Christus erscheinen auf vielen Ikonen in der Mitte der Mandorla. Sie symbolisieren die mystische Einheit der Gegensätze: Gott und Mensch in einem. Dabei sind die beiden Aspekte nicht einfach überlagert oder zusammengemischt, sondern sie sind wirklich *Eins*. Es gibt keine Trennung, keine Spaltung. Die Mandorla ist ein Grundsymbol der *Nichtzweiheit,* der *Gnade*.

Im Mittelalter sprachen die Philosophen von der Vereinigung der scheinbaren Gegensätze ("Conjunctio Oppositorum"). Der Mystiker und Philosoph Nikolaus von Kues (Nikolaus Cusanus) sprach in diesem Zusammenhang von dem *"Zusammenfall der Gegensätze" ("Coincidentia Oppositorum")*:

Ich habe den Ort gefunden, in dem man Dich unverhüllt zu finden vermag. Er ist umgeben von dem Zusammenfall der Gegensätze (Coincidentia Oppositorum). Dies ist die Mauer des Paradieses, in dem Du wohnst. Sein Tor bewacht höchster Verstandesgeist (spiritus altissimus rationis). überwindet man ihn nicht, so öffnet sich nicht der Eingang. Jenseits der Mauer des Zusammenfalls der Gegensätze vermag man Dich zu sehen; diesseits aber nicht.
Nikolaus Cusanus (36)

Die Mandorla ist der Raum jenseits der Zweiheit, in dem dualistisches Denken zur Ruhe gekommen ist. Die Wahrheit zeigt sich so, wie sie ist, unverstellt von Verstandeskonzepten oder falschen Vorstellungen.

DAS KREUZ

Neben dem Kreis ist das *Kreuz* das wichtigste Grundsymbol der Menschheit. Beide scheinen sich fundamental zu unterscheiden, doch in ihrer inneren Struktur ergänzen sie sich vollkommen.

*Kreuz und Kreis sind die ältesten
und elementarsten Zeichen.*

*Beide im Gegensatz,
das eine hart, gerade und widersprüchlich,
das andere weich und schwingend.*

*Das alte irische Steinkreuz verbindet beides
in wechselseitiger Durchdringung:
der Kreis bekreuzt sich mit Kreisen -
das Kreuz umfaßt eine Kreisbewegung.
Was sagen diese Zeichen?*

*Kreis bedeutet Fülle, Achtung, Wert.
Was uns wichtig ist, kreisen wir ein;
was uns lieb ist, umringen wir.
Ring und Reif sind Symbole des Lebens
und der Einheit. Auch der Sonne.*

*Kreuz besagt Differenz,
meint Gegensatz, Widerspruch, auch Streichung.
Es dient zur Markierung, zur Zeichnung, zur Brandmarkung.
Es sagt Ereignis, Tat, Bruch, Schmerz und Tod.*

*Kreis und Kreuz, wenn vereint,
können so gelesen werden:
Durchbruch zur Fülle,
Ereignis der Einheit durch einmalige Tat,
kurz: Überwindung. ....*
Heinrich Rombach (37)

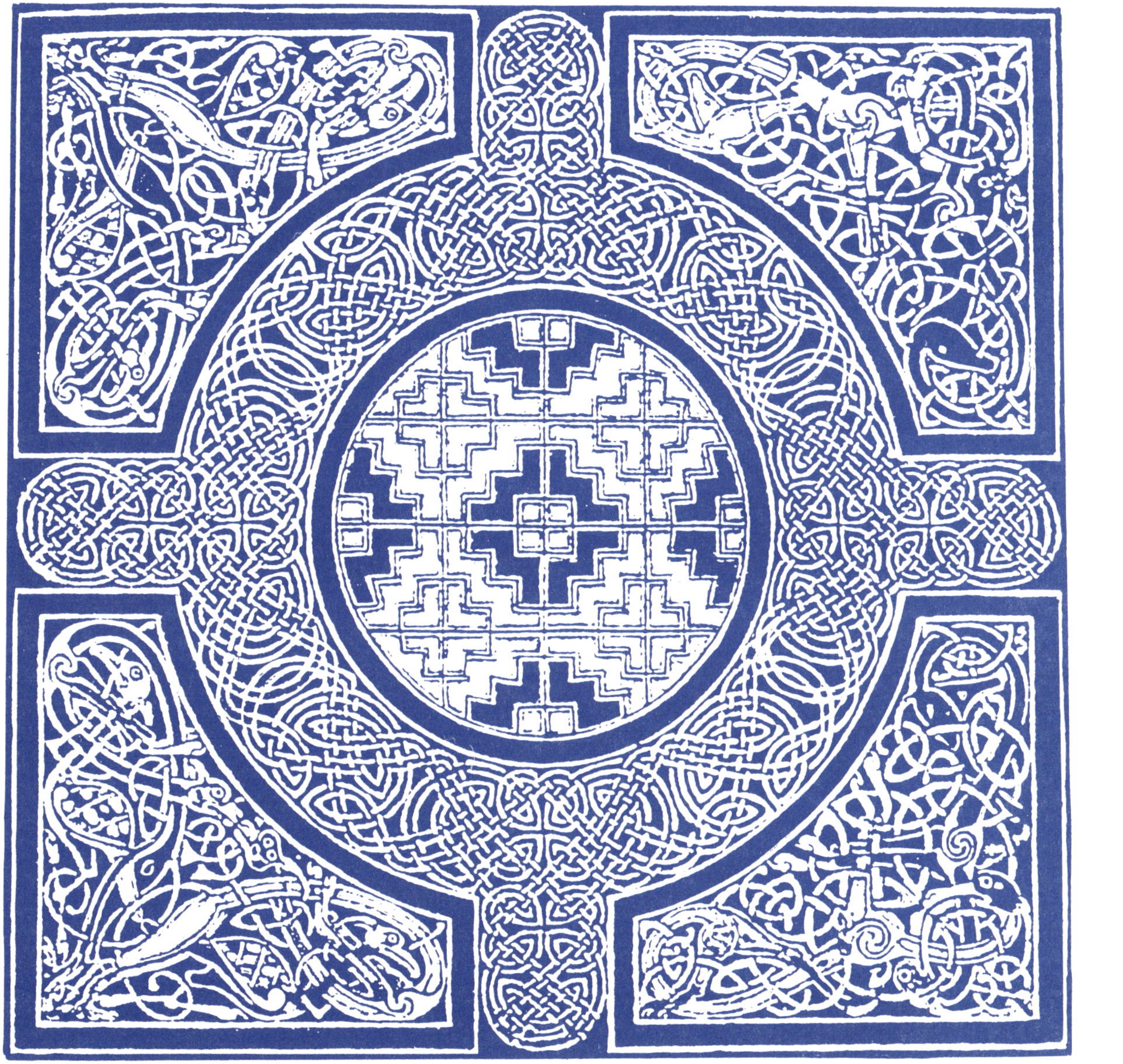

Das Kreuz, als Menschheitssymbol viel älter als das Christentum, ist in allen Kulturen zu finden.

Die Druiden banden große Äste hoch oben an einen heiligen Baum, so daß er wie ein lebendiges Kreuz aussah. Anhänger abendländischer Göttinnenkulte betrachteten Wegkreuzungen als heilige Plätze. An ihnen wurden Hekate, der Göttin der Unterwelt, rituelle Opfer dargebracht, die, obgleich von der christlichen Kirche als Königin der Hexen verdammt, als Göttin des sicheren Weges galt und ein wichtiges Verbindungsglied zur frühen Erdreligion blieb.
Susanne Fincher (38)

Das Kreuz verkörpert in seiner einfachen Darstellungsweise das Zeichen vollkommener Symmetrie. Vom Zentrum ausgehend, ordnet es den Raum in vier Regionen, was oft in Verbindung mit den vier Himmelsrichtungen gebracht wird. Es ist daher ein kosmisches Zeichen, ein Zeichen der Ordnung.(39) Als spirituelles Grundzeichen stellt es wiederum die fundamentale Polarität der Wirklichkeit dar, die in den zwei Balken versinnbildlicht wird. Der vertikale Balken symbolisiert das spirituelle und der horizontale das materielle Leben. Dabei ist der vertikale Balken die innere Achse der Wirklichkeit, welche die sichtbare materielle Existenz hält. Im Kreuzpunkt erblüht die Rose und entfaltet sich das Leben. Das Göttliche und das Irdische durchdringen sich hier vollkommen und sind *Eins*. Die Gegensätze sind verbunden. C. G. Jung sah im Kreuz ein Symbol für die Ausgewogenheit der spannungsreichen Gegensätze:

Das Kreuz oder irgendeine andere Last, die der Held trägt, ist <u>er selbst</u> oder besser <u>das</u> Selbst, seine Ganzheit, die sowohl Gott wie Tier ist - nicht nur der empirische Mensch, sondern die Gesamtheit seines Wesens, die in seiner animalischen Natur wurzelt und sich über das nur Menschliche hinaus ins Göttliche erstreckt. Seine Ganzheit umfaßt die ungeheure Spannung von Gegensätzen, die paradoxerweise miteinander im Lot sind, wie im Kreuz, ihrem vollkommensten Symbol.(40)

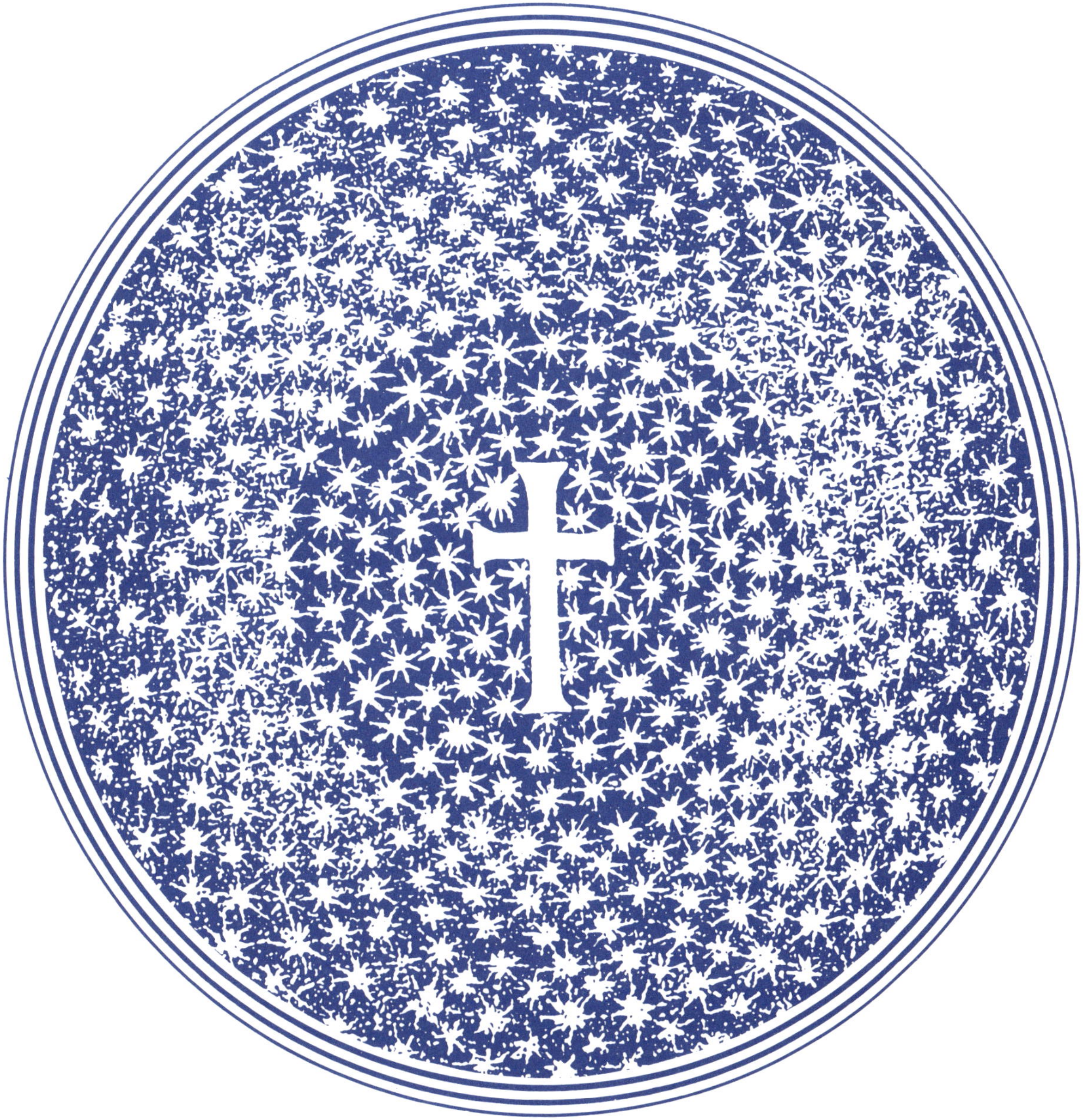

Sonnenraute auf lappischer Zaubertrommel und bemalte Kieselsteine (prähistorisch)

Das Kreuz ist auch die Grundform für den Lebensbaum, der ebenfalls in fast allen Kulturen zu finden ist. Hier ist das Element des Wachstums und der Bewegung angesprochen. Vom Zentrum aus strecken sich die Äste in den Himmel, und die Wurzeln versenken sich in die Erde. Auch als einfachste stilisierte Darstellung des aufrecht stehenden Menschen, der seine Arme ausgestreckt hat, kann das Kreuz gedeutet werden. Die Mitte des Menschen ist sein Herz, von dem aus er das vollkommene Leben erhält.

Blätterkreuz der Maya

DAS SWASTIKA-ZEICHEN

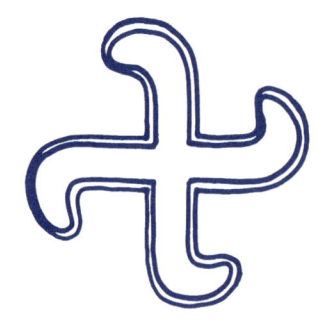

Während das einfache Kreuzzeichen eine gewisse Unbeweglichkeit aufzuweisen scheint, herrscht im Swastika-Zeichen (Hakenkreuz) schwungvolle Bewegung. Indem die Enden der Kreuzbalken umgebogen bzw. umgeknickt sind, wirken sie wie Beine, die sich fortbewegen. Das starre Kreuz wird dynamisch; es rotiert um seinen Mittelpunkt. Hier herrscht Ordnung in der Bewegung. Die Swastika ist ein im Osten weit verbreitetes Zeichen für Glück und Wohlstand.

Die Bezeichnung "Swastika" kommt aus dem Sanskrit und bedeutet "sich wohlfühlen". In China war es das Zeichen der "höchsten Perfektion". In Japan wird es "manji" genannt und war der Mengenbegriff für 10.000, was gleichbedeutend mit "unendlich" war.
Die Stellung der Haken verleiht dem Zeichen eine Drehrichtung. Diese ist bei den gefundenen Darstellungen verschieden: entweder stehen sie links oder rechts umdrehend. Interessant ist dabei eine altchinesische Deutung, nach welcher das Zeichen mit linksabbiegenden Haken "Glück", dasjenige mit rechtsläufigen Haken jedoch "Unglück" (*) bedeutet.
Adrian Frutiger (41)

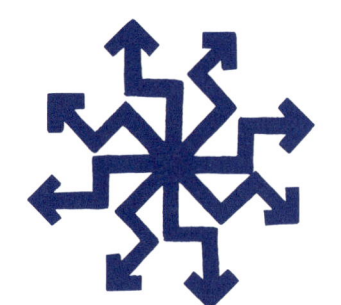

(*) In seiner "Unglücks-Form" wurde das Hakenkreuz leider von A. Hitler und den Nationalsozialisten mißbraucht.

Das Swastika-Zeichen wird oft auch als Sonnenzeichen verwendet. Die Sonne zieht jeden Tag ihre Bahn über das Firmament und befindet sich im ständigen Wandel. Dabei strömt sie ihre lebensspendende Kraft aus und hält so die Schöpfung in Gang.

Das Swastika-Zeichen (Hakenkreuz), eine Variante des Kreuzes, ist gleichermaßen weitverbreitet und der Neuen wie der Alten Welt gemeinsam. Es wird oftmals mit der Idee der Bewegung oder des Wandels in

Verbindung gebracht und bedeutet den Weg der Sonne, der die vier Kardinalpunkte - Norden, Süden, Osten und Westen - in Gang bringt und die Jahreszeiten entstehen läßt.
Jose und Miriam Argüelles (42)

Von vielen Indianerstämmen Nordamerikas wird das Hakenkreuz als wichtiges Symbol der Schöpfung selbst gesehen. Es ist eine tanzende, sich drehende Schöpfung, die sich in einem ständigen Entfaltungsprozeß befindet.

Der Mittelpunkt der Swastika ist das Symbol des Großen Geistes, von dem alle Dinge ausströmen.
David Villasenor (43)

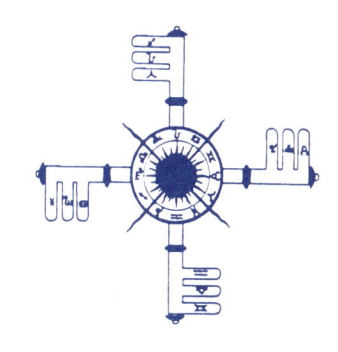

DAS QUADRAT

In fast allen klassischen Mandalas findet man neben der Kreissymbolik auch die des Vierecks bzw. Quadrates. In der Alchimie sprach man von der "*Quadratur des Kreises*". Dieses Symbol steht für eine bodenständige Seele, die, obwohl sie spirituell hoch entwickelt ist, sich voll und ganz im Körper zu Hause fühlt und die materielle Welt als einen wichtigen Aspekt des Lebens akzeptiert. Es ist das Symbol für den ausgeglichenen Menschen, der sich weder in der geistigen noch in der physisch-materiellen Welt mit all ihren Ablenkungen verläuft, sondern seine besondere Balance zwischen den beiden Grunddimensionen des Daseins gefunden hat.

Das Runde ist ein Symbol der Seele, welcher schon von Plato Kugelgestalt zugeschrieben wurde. Das Viereck, insbesondere das Quadrat, weist auf das Erdhafte, auf Materie, Körper und Verwirklichung hin. Beide hängen in der künstlerischen Darstellung von heute meist nicht mehr oder nur noch lose und unverbindlich zusammen, was der Labilität im Grundgefüge des heutigen Menschen entspricht. Der Mensch ruht nicht mehr in sich selbst.
Aniela Jaffé (44)

Das Quadrat vermag es, uns einen Eindruck von Festigkeit und Stabilität zu vermitteln. Es ist ein Zeichen, das auf einen Wohnraum hinweist, in dem sich der Mensch niederlassen kann. Die vier gleichen Begrenzungen erzeugen ein Gefühl der Ausgewogenheit, wobei die Zahl vier auch die vier Himmelsrichtungen und die vier Elemente symbolisieren kann. C. G. Jung, der das Quadrat in vielen Mandalas seiner Klienten fand, war der Ansicht, daß die Vierheit in den Mandalabildern das Bemühen der Psyche zeige, die oft konkurrierenden Möglichkeiten, welche die vier Funktionen des Denkens, des Fühlens, der Sinnesempfindung und der Intuition bieten, auszugleichen.(45) Die Form des Quadrates klärt die Situation des Menschen und gibt ihm eine feste

Verankerung in der Realität. Sie mag daher auch zur Findung einer persönlichen Identität dienlich sein. Die ordnende Funktion des Quadrates wird auch oft mit dem rationalen Verstehen und dem bewußten Intellekt in Zusammenhang gebracht.

Die Zahl vier steht auch für Vollendung. Buddhistische Tempel haben zumeist einen quadratischen Grundriß. Das indianische Medizinrad ist ebenfalls in vier Quadranten unterteilt, und in der ägyptischen Mythologie stützen die vier Söhne des Horus gleich Säulen den Himmel. Im Christentum kennt man die vier Evangelisten, und im Alten Testament wird in der Vision des Hesekiel von den vier Cherubim erzählt, die eine kristallene Himmelsfeste stützen.(46)

Bei vielen klassischen Mandalas sind in die vier Seiten des Quadrates "Eingangstore" eingelassen, durch die man ins Innere gelangen kann. Jeder Weg stellt eine Möglichkeit dar, zum Zentrum vorzudringen; vom Mittelpunkt aus gesehen, breiten sich die vier Weltreiche in die vier Himmelsrichtungen aus.

Zwei vereinigte übereinanderliegende Quadrate bilden einen Achtstern. In Asien (vor allem in Tibet) ist der Achtstern ein beliebtes Schmuckstück und symbolisiert Glück und Ausgeglichenheit. In einer differenzierteren Weise gibt er die acht Himmelsrichtungen an.

DAS PENTAGRAMM

Das Pentagramm oder der Fünfstern (Fünfzack) ist ein Stern, der mit *einem* durchgezogenen Strich gezeichnet werden kann. Der Ursprung des Symbols verliert sich im Altertum. Bei den Pythagoräern fand es eine besondere Bedeutung als Zeichen der Gesundheit. Man schrieb an die fünf Spitzen fünf Buchstaben, die "sei gesund" bedeuten.(47) Häufig erscheint es auch auf alten griechischen Münzen. Im Mittelalter erhielt der Fünfstern den Beinamen "Drudenfuß", da man glaubte, mit ihm Hexen und teuflische Mächte bannen zu können. Das Pentagramm wird in vielen esoterischen Schulen als einfaches Schutzritual gelehrt. Dabei zieht man im Geiste die Schutzlinie des Fünfzacks um seinen Körper:

"*Achte darauf, daß die obere Spitze des Sterns über deinem Kopf ist. Die beiden horizontalen Spitzen sollten deine Arme decken, wenn du sie wie den Querbalken eines Kreuzes ausgestreckt hast. Die Enden der beiden Spitzen müssen über deinen beiden Händen liegen. Die anderen beiden Zacken des Sterns sollten deine Beine abdecken, die du dir ausgestreckt denkst; ihre Spitzen sollten im Bereich deiner Füße sein. ..... Wenn du einmal im Innern des fünfzackigen Sternes bist, kann dich nichts, aber auch gar nichts berühren. ...*"
Kostas (48)

Die bildliche Darstellung des Menschen im Pentagramm wird in der Esoterik oft "der Mensch als Mikrokosmo" genannt. Allgemein hängt die menschliche Physis sehr eng mit der Zahl fünf zusammen. Neben den fünf Körperteilen im Fünfstern haben wir auch fünf Finger und fünf Zehen. Aber auch in der Natur erscheint die Fünfstrahligkeit oft als Ausdruck der Ganzheit. Viele Blüten haben fünf Blütenblätter, und der Seestern hat fünf Arme.

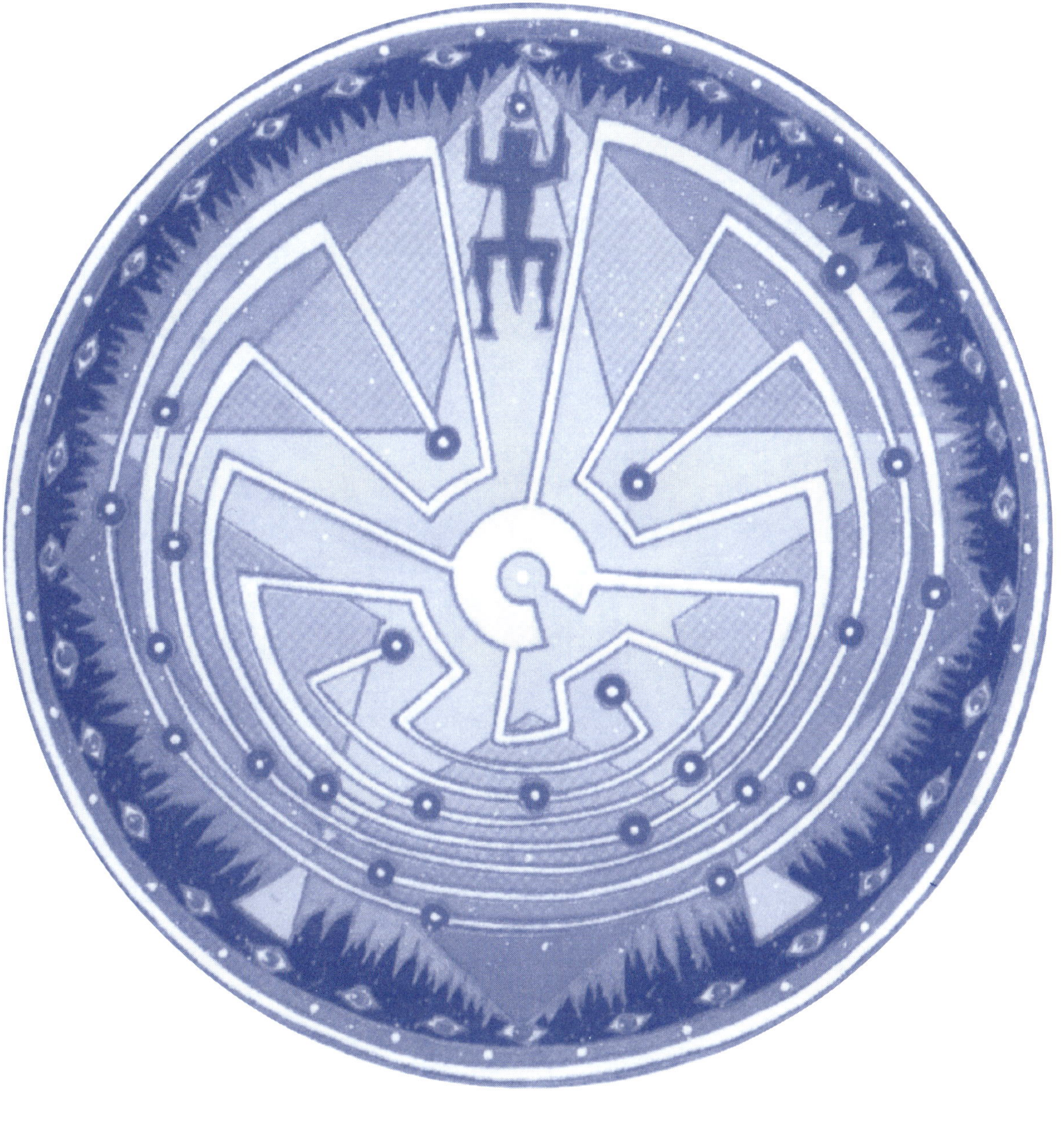

Die Gerichtetheit des Pentagramms deutet auf Aktivität und Strebsamkeit hin. So mag uns der Fünfstern auch helfen, unsere persönliche Vision von der Wirklichkeit zu realisieren. Er setzt brachliegende Energien frei und motiviert uns, unsere Fähigkeiten einzusetzen.

Neben der normalen weißmagischen Form des aufrecht stehenden Pentagramms (eine Spitze zeigt nach oben), die bei Schutzritualen und auch zur Anrufung göttlicher Kräfte verwendet wird, ist es auch in seiner "gestürzten Form" bekannt, bei der eine Spitze nach unten zeigt. Hier erhielt das Pentagramm als Zauberzeichen den Beinamen "Die schwarze Hand".(49) In der Magie gilt diese Form zuweilen als Symbol Luzifers, des gestürzten Engels.

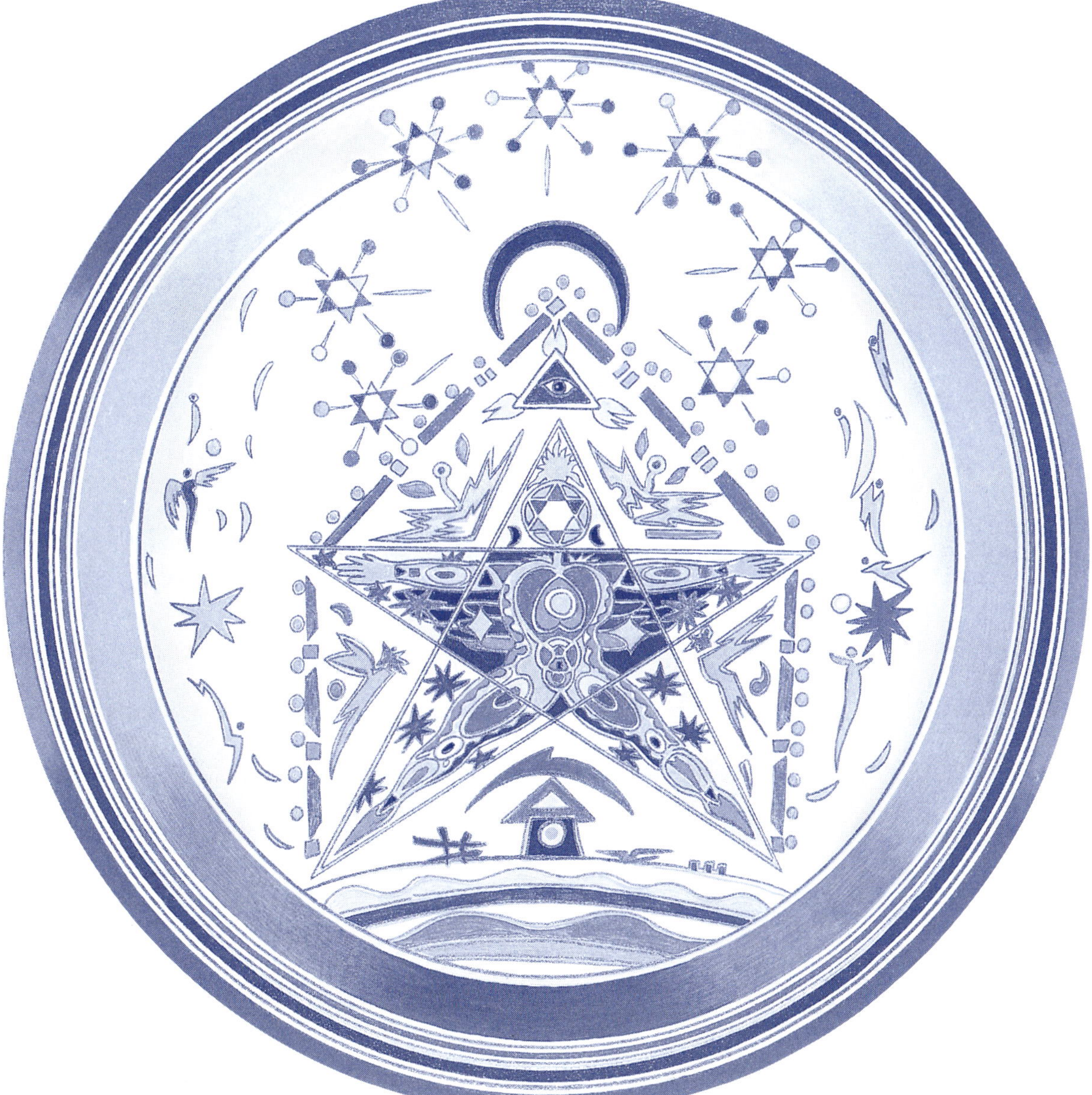

DAS HEXAGRAMM

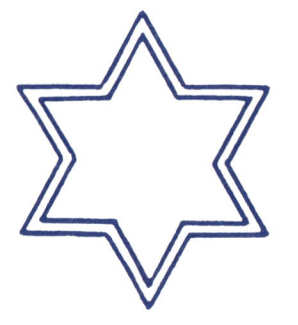

Das Hexagramm ist ein in sich ruhendes symmetrisches Zeichen aus zwei übereinanderliegenden gleichschenkligen Dreiecken. Es ist ein Zeichen der Liebe und der Vollkommenheit. Jedoch wird die Zahl Sechs und mit ihr die Sechsstrahligkeit des Hexagramms auch als ein Symbol der Kreativität verstanden, insbesondere einer ausgewogenen, heiligen Kreativität, die in sich bereits die Vollendung birgt. Im biblischen Schöpfungsbericht erschafft Gott am sechsten Tage Mann und Frau und spricht zu ihnen: "Seid fruchtbar und mehret euch." (Mose 1, 28) Es geht also auch um Zeugung und Sexualität. Die Dreiecke sind voller Vitalität, Energie und Bewegung und gelangen nun ineinander zur Einheit und Verschmelzung. In vielen Deutungen gilt das Hexagramm daher als Symbol für die Verschmelzung von männlichen und weiblichen Aspekten, als Zeichen der Schöpfung.

Auch das Hexagramm hat die spirituelle Bedeutung der Einheit der Grundaspekte der Wirklichkeit. Das Himmlische und das Irdische vereinen sich im Sechsstern. Auch das Menschliche und das Göttliche werden durch die zwei sich überschneidenden Dreiecke symbolisiert. Das Hexagramm hat daher im Christentum die wichtige Bedeutung als Christusstern (Weihnachtsstern) und im Judentum als Davidstern. Im Islam ist es in die mystische Ornamentik eingeflossen und wird bei der Ausschmückung von vielen Moscheen und heiligen Texten verwendet. Jedoch ist es wie alle Grundsymbole weit älter als die genannten Kulturen. In Skandinavien fand man das Hexagramm bei Funden aus der Steinzeit, und auch im alten Ägypten war es bekannt.(50) In Indien versinnbildlicht das Hexagramm das Herzchakra als Ort der Verschmelzung von Geist und Materie. Auch in der Alchimie wurde es als ein Zeichen der Überwindung der Dualitäten, insbesondere von Feuer und Wasser, angesehen. Als ein Symbol der Weisheit spiegelt dasHexagramm die Vereinigung von dualistischen Konzepten wieder.

Ähnlich wie beim Pentagramm gibt es in Verbindung mit dem Sechszack Schutz- und Anrufungsrituale, wobei das Hexagramm wegen seiner Ausgewogenheit im allgemeinen jedoch als vollkommen göttliches Zeichen angesehen wird. Im Hexagramm ist die Getrenntheit von Licht und Dunkel überwunden und zur Einheit gebracht. Es erwächst aus ihm eine neue heilige Qualität, die sich in alle Richtungen entfalten und verströmen kann.

STERNE

Inmitten des endlosen nächtlichen Firmaments kann man winzige, aber wunderschöne Lichter sehen. Sie scheinen förmlich aus dem Nichts zu kommen und sind von eigenartiger Lebendigkeit. Man erkennt, daß sich ihr Licht in Farbgebung und Intensität durchaus unterscheidet, wenn man sich die Mühe macht, etwas genauer hinzusehen. Wer sich am Nachthimmel ein wenig auskennt, kann leicht seinen Weg nach Hause finden - zumindest die Richtung ist klar. Die alten Seefahrer hätten ohne die Hilfe der Sterne nicht so sicher über den Ozean segeln können, und nicht zuletzt ist es ein Stern, der den drei Weisen den Weg nach Bethlehem zeigt.

Der Stern ist uns ein Helfer. Er geleitet uns sicher auf unserem Weg, wenn wir das nötige Vertrauen aufbringen. In vielen Märchen und Sagen werden die Menschen von einem Stern geführt. Darüber hinaus bringt er das Licht zum Menschen und erweckt ihn zu einem höheren Bewußtsein. Shakyamuni Buddha wurde beim Anblick des Morgensterns erleuchtet. Der aufsteigende Stern symbolisiert etwas Entstehendes; er verkündet die Geburt eines besonderen Menschen oder das Aufbrechen einer neuen Lebensdimension. Er ist daher ein altes Liebessymbol. Den Verliebten ist ein neuer Stern aufgegangen.

Die Sternschnuppe oder der herabfallende Stern symbolisiert etwas Himmlisches oder Spirituelles, das auf die Erde fällt und einen Segen mit sich bringt.(51) Die Cherokee-Indianer kennen eine Sage, in der die Sternenfrau von den Plejaden auf die Erde fällt und die dort schlafenden Geschöpfe erweckt, so daß sie Menschen werden.(52) Noch immer ist der Glaube weit verbreitet, daß ein Wunsch in Erfüllung geht, wenn man eine Sternschnuppe fallen sieht.

Als göttliches oder heiliges Symbol ist der Stern weit verbreitet, obwohl er fast in allen Lebensbereichen verwendet wird. Die Perser glaubten,

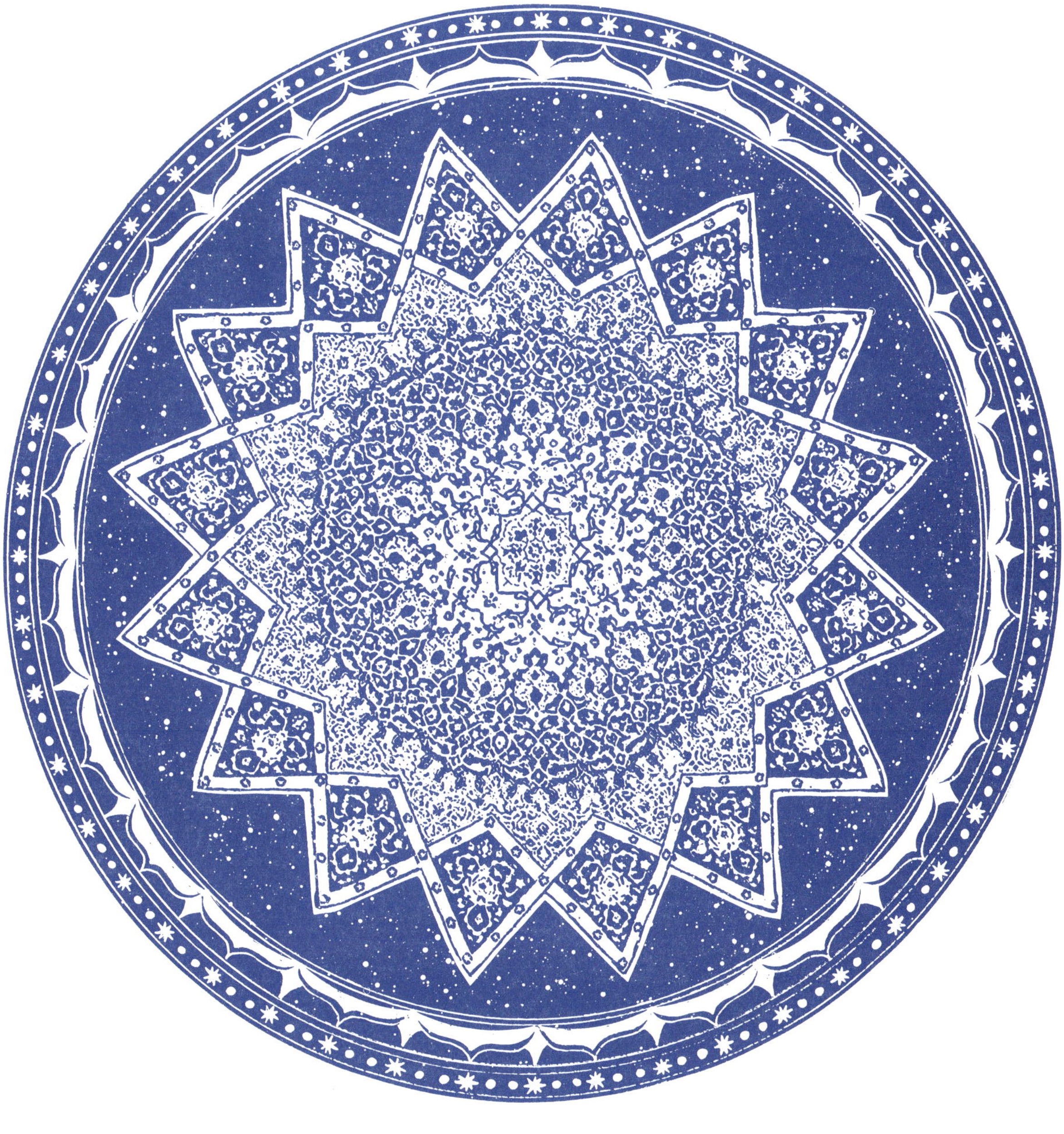

daß der Morgenstern die Manifestation der Himmelskönigin Inanna sei. Auch die Jungfrau Maria ist auf vielen Darstellungen mit Sternen gekrönt und wird "Stella Maris" (Stern des Meeres) genannt.(53) Allgemein steht der Stern für unser inneres Potential (bzw. für unseren inneren Reichtum; "Sterntalermärchen") und deutet auf ein positives Selbstwertgefühl hin. C. G. Jung war der Ansicht, daß ein Stern in einem Mandala das Chaos ordnen kann und für "*die transzendente Ganzheit*" steht.(54) Doch bereits die alten Griechen sahen einen Zusammenhang zwischen den Sternen und der Seele:

Die alten griechischen Philosophen waren der Meinung, daß sich die Seele nicht völlig im Körper befindet, sondern daß ein Teil von ihr wie ein Stern über dem Menschen schwebt und ihn mit Inspiration, Kreativität und Begeisterung erfüllt.
Susanne Fincher (55)

Für den Druiden-Orden hatte der Siebenstern eine besondere Bedeutung.(56) Die sieben Spitzen symbolisieren hier die sieben Tugenden (Mäßigkeit, Standhaftigkeit, Arbeitsamkeit, Redlichkeit, Verschwiegenheit, Vorsichtigkeit, Barmherzigkeit).(57) Jedoch werden manchmal auch die sieben Wochentage mit den sieben Strahlen des Sterns in Verbindung gebracht.

Der zwölfstrahlige Stern im Sonnenkreis wiederum wird als kosmische Darstellung der astrologischen Sternzeichen verwendet. Die zwölf Zeichen liegen auf einem Kreis, der die Sonnenbahn symbolisiert. Sie sind in vier gleichschenklige übereinanderliegende Dreiecke eingeteilt und miteinander verbunden. Der astrologische Sonnenkreis stellt eine Verbindung der irdischen Sphäre mit der Himmelskonstellation der Planeten dar. Die Planeten und Sternzeichen sind auch als Tierkreissymbole bekannt und wurden in alter Zeit von den Babyloniern mit irdischen Stammesgöttern in Verbindung gebracht. Das Auf- und Niedergehen dieser Sterne am Firmament zeigt die besondere Qualität des jeweiligen Zeitabschnittes an, in dem sie erscheinen.

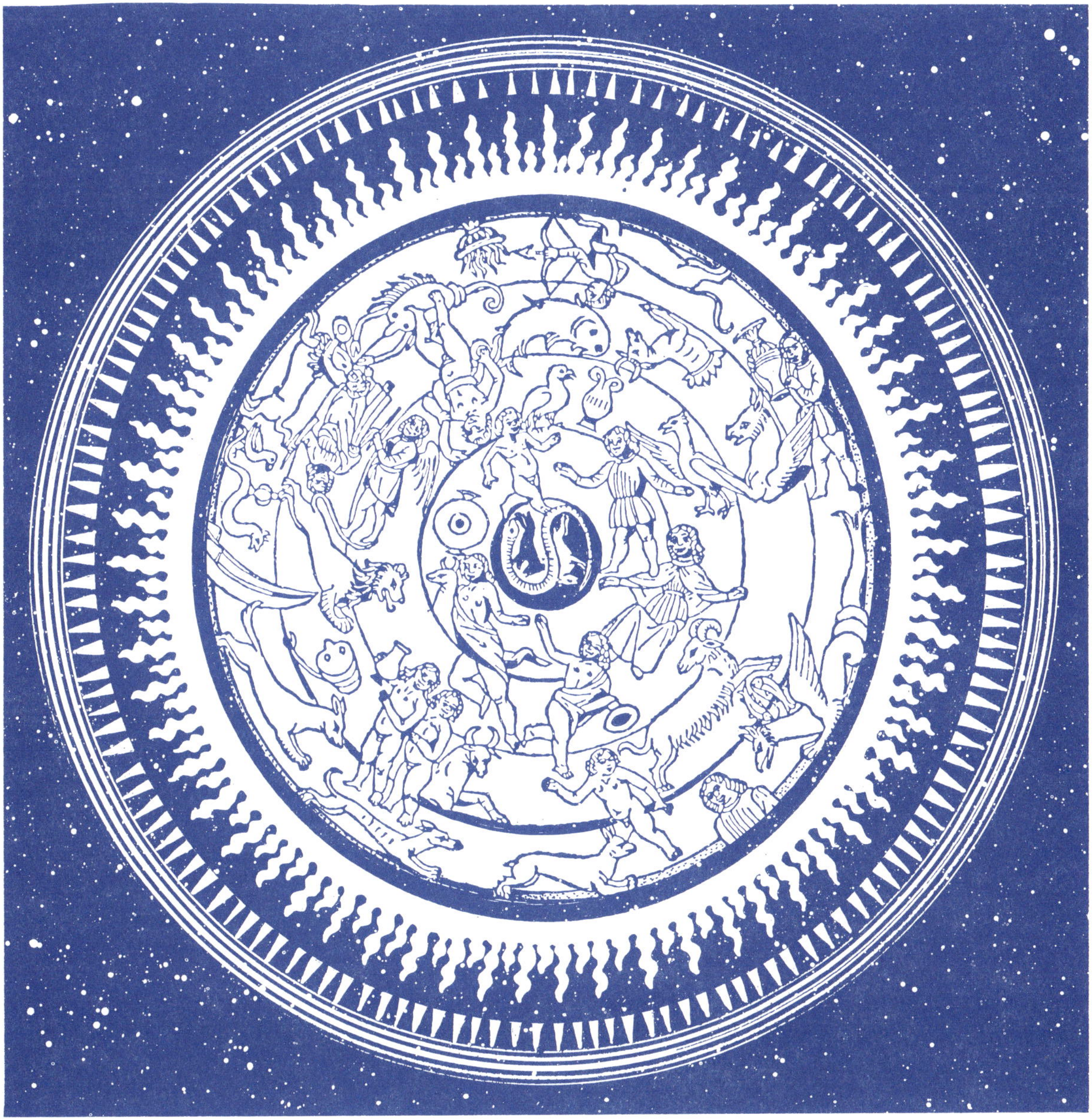

Die Zeit wird in der Astrologie also nicht als einfaches Verstreichen der Stunden, Tage und Wochen verstanden, sondern man mißt ihr im Jahreszyklus auch besondere Wesensmerkmale zu, die vor allem bei der Geburt eines Lebewesens oder für den Vollzug einer bestimmten Handlung von Bedeutung sein können. Daher spielt die jeweilige Planetenkonstellation in Verbindung mit dem irdischen Ort der Geburt für die Erstellung eines astrologischen Horoskops die entscheidende Rolle. Die Beziehung des Himmels zur Erde in der Stunde der Geburt bestimmt ein einzigartiges Verhältnis der kosmischen und natürlichen Kräfte, das nun die Startbasis für das Leben des neu geborenen Menschen bildet.

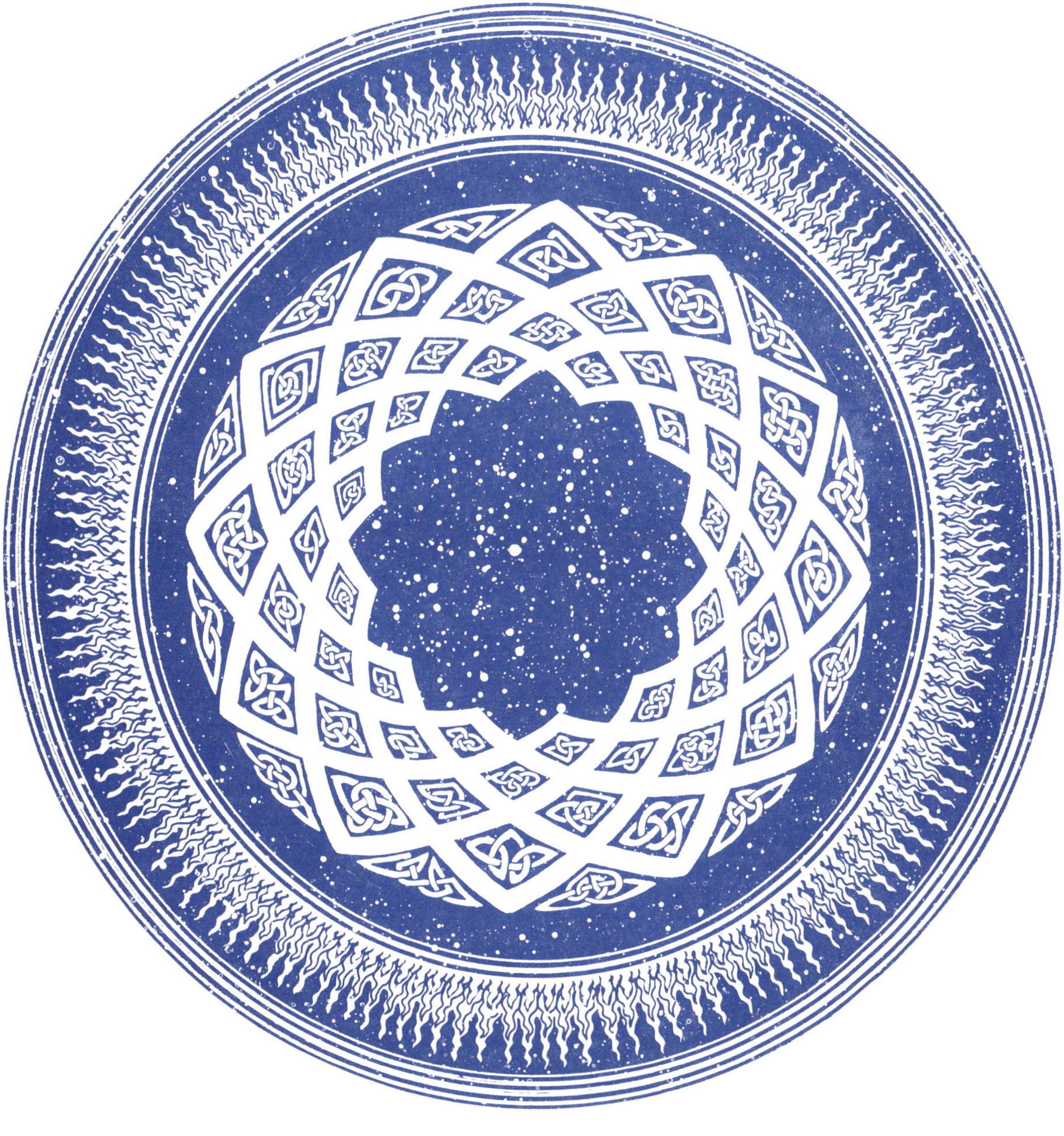

DIE ROSETTE

Die Wirklichkeit befindet sich stets in einem Entfaltungsprozeß. Von innen heraus öffnet sie sich und offenbart ihre Wunder. Dies ist auch ein geschichtlicher Prozeß, der jedoch eine ungeteilte und ineinander verflochtene ganzheitliche Bewegung darstellt. Die jüngeren Schichten liegen über den älteren, sind mit diesen verwoben und im Mittelpunkt eins. Leben und Wandel sind daher in allen Kreisen und Ebenen der Rosette zu finden.

Das Symbol der Welt ist die Rosette. Die Gestalt von Kreis und Rose zeigt wie keine andere das Bild der Schöpfung: eine unendliche Entblätterung, in deren ausgeblühter Form sich gleichsam Blume um Blume legt. Ein Kreis baut auf dem anderen auf, jeder gibt dasselbe wieder, ohne es jedoch zu wiederholen. Dasselbe Grundmotiv, Kreis, reinste Einheit, wird immer weiter differenziert, Wellenkreis, Bogenkreis, Kreis aus Kreisen. ....
Heinrich Rombach (58)

Überall hat die Grundform der Blüte ihren Platz gefunden. Sie ist das Sinnbild des Frühlings, des Erwachens und Lebens der Natur. Jedes Blütenblatt birgt ein Geheimnis und offenbart seine so schnell vergängliche Schönheit. Als Zeichen der Liebe und Verbundenheit schenken wir uns Blumen. Die strahlenförmige, konzentrische Anordnung der Blüten läßt natürliche Mandalas entstehen, deren Anblick uns verzaubern und in Fröhlichkeit versetzen kann.

Die Blüte ist nach Cirlot "*ein archetypisches Abbild der Seele*".(59)

Die zwei bekanntesten Symbolformen der Blüte sind die der Rose und die des Lotos. Im Abendland ist die Rose die Symbolblume der Liebe. Sie hat einen mit spitzen Dornen bewehrten Stiel und eine zarte, samtartige, aus vielen Blumenblättern zusammengesetzte duftende Blüte.

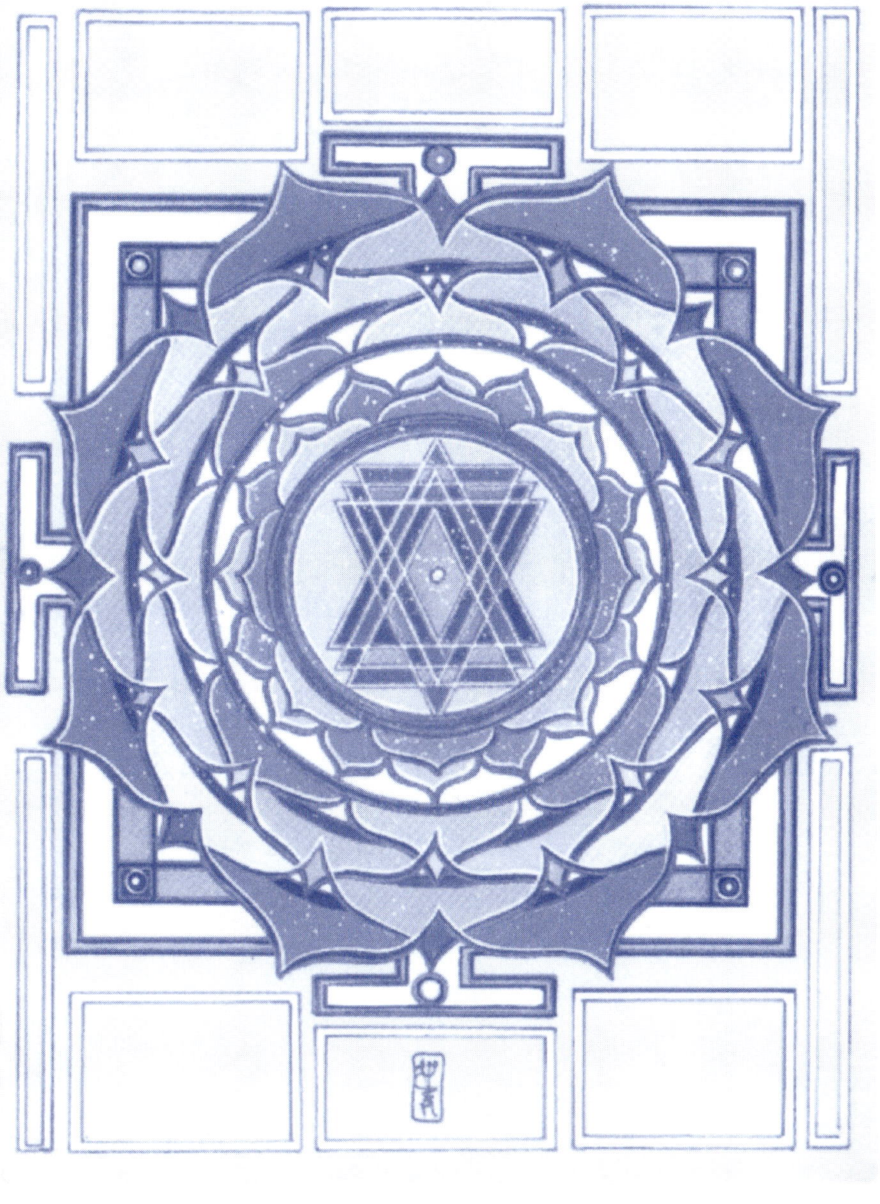

Die Rosenkreuzer verwenden die Rose für ihr Ordenszeichen, indem sie sie als Symbol des Lebens in die Mitte des Kreuzes setzen. Der Weg zum vollkommenen Leben ist oft mit Schmerzen verbunden, die in der Kreuzigung und auch in den Dornen der Rose zum Ausdruck kommen. Ist jedoch die Liebe erblüht, so hat sich die ganze Wirklichkeit verwandelt.

Wär' auch die ganze Welt ein Dornenfeld,
das Herz des Liebenden ist stets ein Rosenfeld.
Rumi (60)

Der Lotos erblüht inmitten des Schlamms. Ringsum herrschen Schmutz und Unrat, und doch entfaltet er sich in einer Reinheit, die vollkommen ist. Mitten in der Welt der Begierden, des Hasses und der Dummheit kann die Blüte der Weisheit und Erleuchtung erblühen. Die äußeren Umstände können sie nicht davon abhalten. Viele Götter und Heilige werden in Asien auf einem Lotos sitzend dargestellt. In vielen klassischen buddhistischen Mandalas ist der Kranz der Lotosblätter zu finden, und in der Ikonographie hat Buddha seinen Sitz ebenfalls im Zentrum eines Lotos eingenommen.

Fensterrosetten gotischer Kathedralen

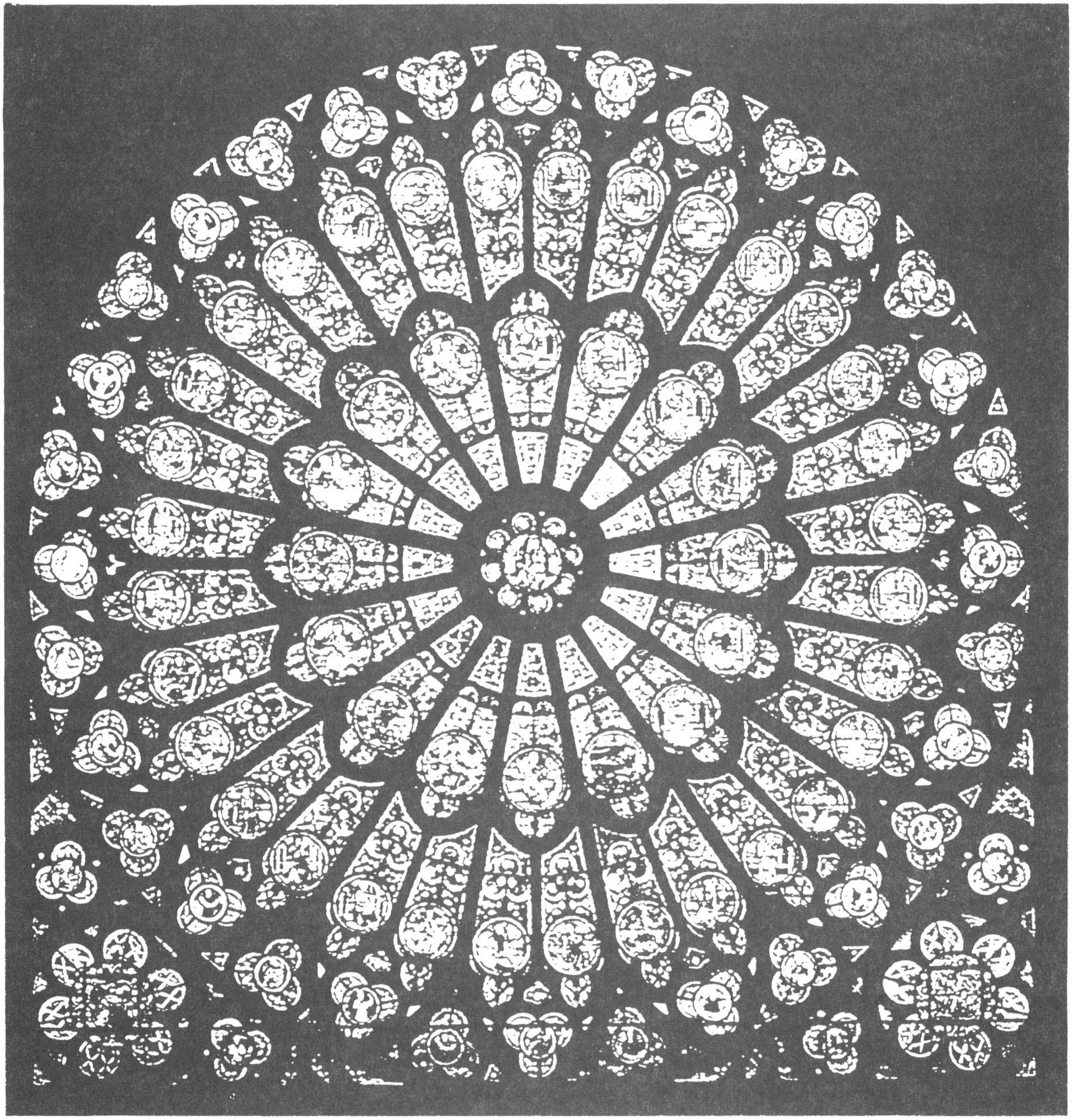

DIE SPIRALE

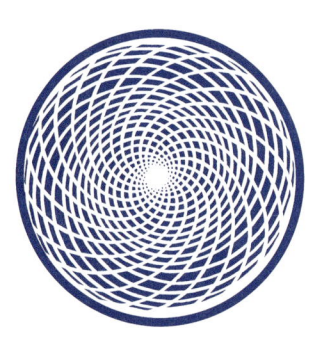

Die Spirale zeigt eine Bewegung, die auf einen Mittelpunkt zuläuft oder sich von diesem entfernt. Auf diese Weise wird ein Weg gezeigt, der das einzelne Zentrum mit dem All des Universums verbindet. Blickt man genau hin, so findet man nirgends eine echte Trennungslinie, welche die Mitte von der Unendlichkeit des Raumes scheidet. Aus dem Raum heraus windet sich die Spirale in den Raum hinein. Wenn sich ein Farnblatt aus der Mutterpflanze heraus entwickelt, kann man deutlich diese spiralförmige Entrollungsbewegung erkennen. Welke Blätter hingegen zeigen oft eine eingerollte Struktur. Der Weg der Spirale kann in beiden Richtungen beschritten werden. Geht man den Weg nach innen, mag man zum ungreifbaren Kern seiner selbst gelangen. Führt der Weg nach außen, offenbart er uns unsere Heimat in der Freiheit, ein großes Entfaltungsfeld voller Möglichkeiten.

Etwas, das sich so in sich zurücknimmt, daß es auf den Punkt seiner Identität einläuft, ist mit dem Wort Einrollung gemeint. ..... Entfaltung und Einrollung sind derselbe Vorgang, das einemal vom Ursprung, das anderemal vom Abschluß her gesehen. Das Fortschreitende der Entfaltung ist ein Deutlicherwerden dessen, daß sich das Ganze als Ende (Vollendung) vollzieht. Das Bild dieses Strukturgesetzes ist die Spirale oder "Schnecke".
Heinrich Rombach (61)

In der Natur taucht die Spiralform in vielen Varianten auf. Man kennt Galaxien, die sich wirbelförmig ausdehnen. Viele Pflanzen entfalten sich spiralförmig; die Struktur der biologischen Erbsubstanz in den Zellen weist die Form der schraubenförmigen DNS auf. Von den Steinzeitkulturen in England, Irland und Frankreich sind viele spiralige Steinzeichnungen überliefert. Auch die Eingeborenen in Australien haben die Spirale als ein heiliges Zeichen in ihrer Kultur bewahrt. In Indien kennt man das Symbol der eingerollten Kundalinischlange. Sie

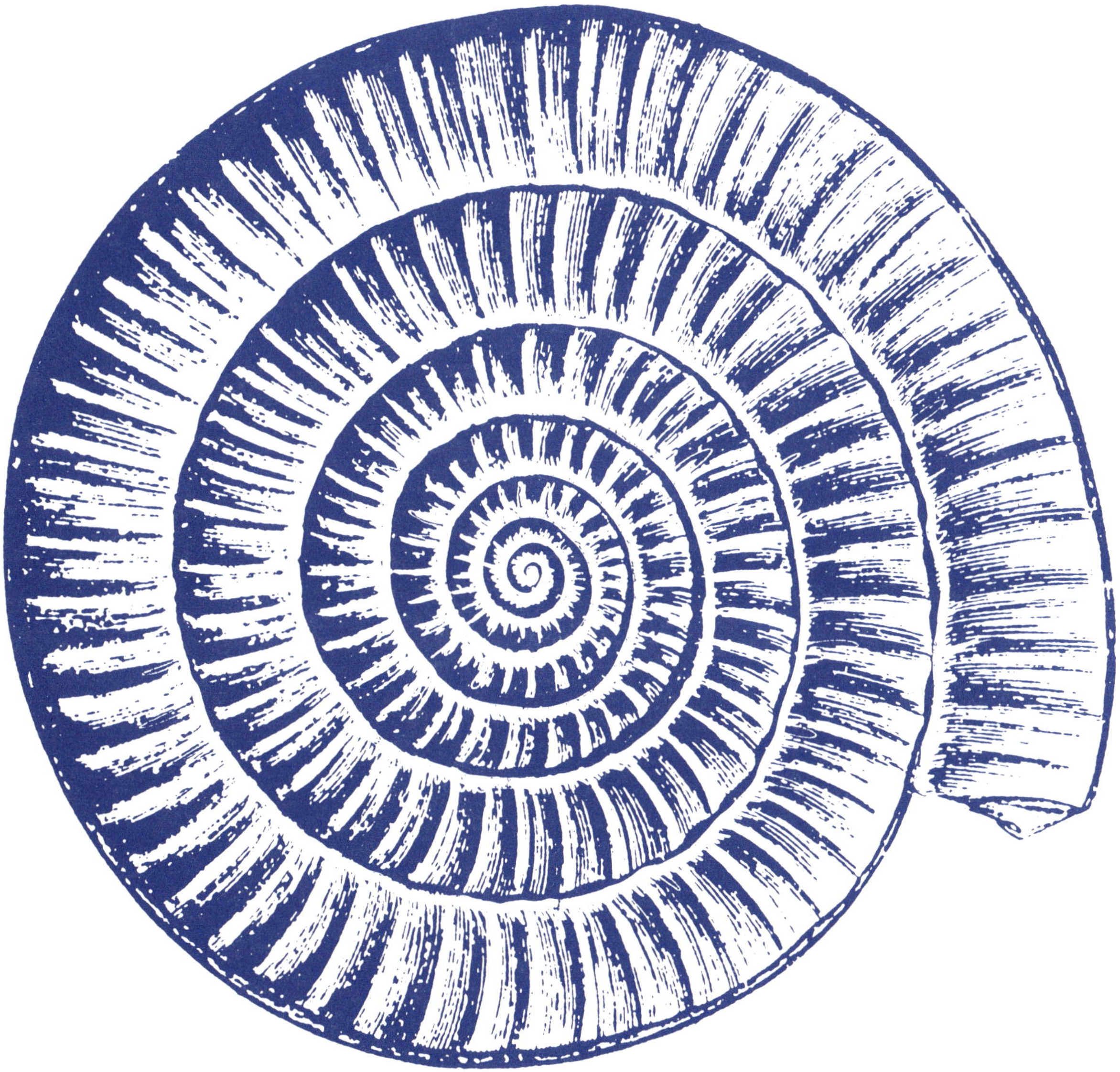

verharrt schlafend am unteren Ende unserer Wirbelsäule und versinnbildlicht die Lebenskraft des Menschen. Wird sie erweckt, können Kräfte freigesetzt werden, die von einem ungeübten und unerfahrenen Menschen zuweilen nicht mehr kontrolliert werden können. Eine gewissenhafte Yoga- und Meditationspraxis soll die Kundalinikraft daher schonend und sicher erwecken, so daß sie vollkommen und heilsam in unser Leben integriert werden kann.

Kern einer Blutzelle

Grundriß einer Parkanlage

DIE MÄANDERSTRUKTUR

Die Mäanderstruktur (62) ist das Symbol und das Zeichen für Genese, für den Lebensweg, aber auch für die Besinnung. Sie besteht aus zwei miteinander verbundenen Spiralen und stellt in einfacher und unmittelbarer Weise die Reise des Bewußtseins dar wie auch dessen Entfaltungsweg in der grobstofflichen Materie. Aus der Unendlichkeit kommend - wo seine Heimat ist -, nimmt das Bewußtsein eine konkrete Gestalt an. Dieser Sprung aus der Ewigkeit und aus dem All in den konkreten raumzeitlichen Kontext ist uns bekannt als *Ursprung*. Er ist das Geheimnis der Geheimnisse, denn niemand vermag dieses Mysterium zu erklären oder gar künstlich nachzubilden.

Das Leben manifestiert sich in der Welt und versucht, seine eigene Gestalt zu finden. Ein Same, ein Keim ist entstanden, und dieser beginnt sich nun embryohaft zu entrollen. Dabei entsteht die Bewegungsgestalt der *Spirale*, die in unzähligen Beispielen in der Natur anzutreffen ist. Der Organismus streckt sich nun, entfaltet sich, steigert sich, festigt sich in seiner höchsten und zumeist auch eindrucksvollsten Ausprägung und beginnt dann, nachdem der Höhepunkt erreicht ist, sich erneut spiralig einzurollen, um schließlich wieder in die unsichtbare Unendlichkeit einzutauchen und zu vergehen. Dies ist der Grundvorgang des Lebens, den jeder Organismus auf die eine oder andere Weise durchläuft.

Jeder Lebensakt zeigt diesen Urmodus. Am Morgen nach dem Aufwachen strecken wir uns, richten uns auf, um so durch den Tag zu gehen, und rollen uns am Abend unter der Bettdecke genüßlich wieder zusammen.

Die Bewegung in der Mäanderstruktur verläuft von einem ungreifbaren Ursprung wieder zurück zum Ursprung, aus dem sich das Leben dann erneut entfaltet.

Das alte Wort "Einkehr" meint dasselbe. Wer "Einkehr hält", weicht aus der Geradlinigkeit des in äußeren Koordinatensystemen verlaufenden Daseins ab, biegt in seine eigene Maßstäblichkeit um und läuft in wiederholter Einholung auf sich selbst zu. Daß das, wohinein es dabei, wenn die Bewegung gelingt, gerät, der Ursprung ist, beweist sich darin, daß das Dasein von dort erneuert aus sich hervorgeht. "Besinnung" sagt dasselbe, denn Ursprung ist Sinn.
Ein sich nicht besinnendes, niemals Einkehr haltendes Dasein kann, so sagt die alte Menschheitserfahrung, niemals den Bogen finden, durch den aus Fortschritt Vollendung wird, den "Bogen" wohlgemerkt, denn wem etwas gelingt, der hat "den Bogen raus".
Heinrich Rombach (63)

Prähistorisches Steinrelief aus Irland

Funde aus einer Zeit von fünf- bis sechstausend Jahren vor dem Höhepunkt der griechischen Kultur belegen die archaischen Wurzeln der Mäanderstruktur.(64) In ihrer Grundform wurde sie von vielen alten Kulturen als Symbol des Lebens auf unzähligen Vasen, Schalen und anderen Gegenständen verewigt. Dabei wurde sie oft endlos wiederholt als Zeichen dafür, daß sich das Leben stets neu gebiert; im "Innenpunkt" eines sich einrollenden Mäanders nimmt jeder Lebensabschnitt aufs neue Gestalt an.

Der Punkt der Einkehr wird zum Ausgangspunkt einer neuen Bewegung, die aus sich selbst zur Bewegung der Selbstheit, der Einrollung wieder wird. Darum ist der Mäander, eines der ältesten Ornamente, die Grundspur des Lebens, die sich in allem wiederfindet. Äußerlich gesprochen: Fortzeugung. Innerlich gesprochen: Einholung des Ausgangs.
Heinrich Rombach (65)

Lichtbahnen um eine zentrale Sonne (Griechenland um 2200 v. Chr.)

Mikroskopisch betrachtet ist jeder Augenblick des Lebens eine Mäandergestalt, die sich wiederum aus Mäandergestalten zusammensetzt. In endlosen Wellenbewegungen entsteht hier ein differenzierter Rhythmus, der in seiner ausgebreiteten Form die komplexesten Figuren erzeugen kann.

DAS LABYRINTH

Labyrinth aus der Kathedrale in Chartres

Labyrinthe sind sehr alte Menschheitssymbole und lassen sich bis über 3500 Jahre zurückverfolgen. Man fand sie an den unterschiedlichsten Orten wie z.B. Peru, Arizona, Island, Kreta, Ägypten, Indien und Sumatra.(66) Am bekanntesten ist vielleicht das Labyrinth des Minotauros auf Kreta, in dem Theseus der griechischen Sage nach den Stiermenschen Minotauros tötet. Nach C. G. Jung wird das "Unbewußte" oft durch das Symbol des Labyrinths dargestellt, und der erste bewußte Kontakt mit den Tiefen und Abgründen unserer Psyche wird zuweilen als ein düsterer, gefahrvoller Vorstoß erfahren. Unser Verstand begibt sich in Bereiche, mit denen er nicht vertraut ist. Animalische Kräfte lauern in den Irrgängen und Sackgassen.

Begibt sich der Mensch auf die Suche nach seinem Selbst und seinem Ursprung, muß er sich auch den Schattenseiten stellen. Dabei ist es jedoch nicht unbedingt nötig oder gar sinnvoll, diese Aspekte der Psyche einfach zu töten, wie Theseus das in der Legende tut, sondern zunächst geht es nur darum, die dunklen Seiten kennenzulernen, sich ihnen zu stellen und sie in eine weitergefaßte Sicht der eigenen Identität zu integrieren.(67) Letztlich können auch die Schattenelemente zu unseren Freunden und Helfern werden.

Das Unbewußte wird uns mit derselben Art Energie begegnen, mit der wir es untersuchen. Wenn wir vor ihm davonlaufen, wird es uns verfolgen. Betrachten wir aber Stück für Stück die einzelnen Bestandteile der Dinge, die wir jahrelang ignoriert haben, werden sie nicht länger wie ein dunkles Gewicht auf uns lasten. Der Weg, auf dem wir mit dem Schatten arbeiten können, besteht aus Tapferkeit und liebevoller Duldung. Wir müssen dem Schatten direkt begegnen und ihn in uns aufnehmen, ihn zurück ins Bewußtsein holen.
Sig Lonegren (68)

*Tantrisches Diagramm
(Indien, 18. Jahrhundert)*

Münze aus Knossos (Kreta)

Es ist interessant, daß es eine Frau ist, die Theseus den Schlüssel zum Labyrinth überreicht. Ariadne, seine Geliebte, übergibt ihm ein Wollknäuel ("Ariadnefaden"), das ihm den Weg ins Zentrum des Irrgartens weist (es rollt alleine, und Theseus muß dem Leitfaden nur folgen) (69) und das ihn auch sicher wieder hinausführt. In vielen Labyrinthmythen wohnt eine Frau oder eine Göttin inmitten des Irrgartens. In manchen Geschichten suchen Männer sie auf, um mit ihr zu tanzen, oder sie wird demjenigen zugesprochen, der, ohne auch nur einmal abzuirren, zu ihr vorzudringen und sie hinauszuführen vermag.(70) Auch die Gebärmutter als verschlungener Ort der Entstehung des Lebens wird als weibliches Symbol häufig mit dem Labyrinth in Beziehung gebracht.

In den alten Kulturen wurden Labyrinthe oft an Orten errichtet, die Zentren der Erdenergie sind.(71) Dies sind besondere, heilige Plätze, an denen dem Menschen der Zugang zu anderen Bewußtseinsebenen leichter möglich ist. Die gesteigerte Aufmerksamkeit, verbunden mit dem Ritual des Labyrinths, führt den Menschen in Bereiche der Wahrnehmung, die ihm unter normalen Bedingungen zumeist unerreichbar sind. Oft werden sie daher bei schamanischen Ritualen als heilige Symbole verwendet, aber auch das Christentum hat mit dem berühmten Labyrinth der Kathedrale von Chartres einen solchen Bereich der geistigen Initiation geschaffen.

Das Labyrinth verdeutlicht auf wunderbare Weise die Suche nach unserem Innern. Es ist eine Suche, die auf gewundenen und unübersichtlichen Wegen stattfindet. Manchmal ist man ganz nahe am Zentrum und spürt förmlich, daß man nur die Hand ausstrecken müßte, um in die Herzkammer seiner Sehnsucht zu gelangen, doch der Weg führt uns wieder hinaus in die peripheren Bereiche, die so weit vom Ziel entfernt scheinen. Das Labyrinth ist daher auch ein Zeichen, das zur Geduld und Ausdauer auffordert. Im Zentrum hingegen findet man *Nichts*. Es ist der Ort der *kreativen Leere*, dem alle Lebenswege entspringen. Wem es gelingt, im Beschreiten der verschlungenen Gänge selbst den Sinn zu entdecken, weiß, daß er an jedem Punkt des Labyrinths bereits am Ziel angekommen ist. Das Labyrinth selbst ist dann nur eine Struktur, die der Wirklichkeit übergeworfen ist. Die Wirklichkeit ist Freiheit, und diese Freiheit wird man niemals verlassen können, selbst wenn man sich vermeintlich in einer ausweglosen Sackgasse befindet.

DIE OM-STRUKTUR

Die *OM-Struktur* wird zwar zumeist mit dem Hinduismus in Verbindung gebracht, jedoch hat sie einen weitaus größeren und umfassenderen Bedeutungskreis und ist letztlich in allen großen Kulturen zu finden. OM oder AUM (72) wird in Indien als Ursprung und Grund aller Existenz angesehen. Es ist das Grundsymbol für die Kreativität, das potentiell jede Entwicklung und jeden Wandel in sich trägt. Als heilige Silbe oder göttliche Urschwingung wird OM gesungen, auf der graphischen Ebene findet es als Sanskritzeichen seinen Ausdruck: ॐ ; ༀ Selbst die vielen Götter des indischen Götterhimmels sind nur Manifestationen und Differenzierungen von OM. Es gilt als die Einheit der göttlichen Präsenz, und die drei Buchstaben von AUM werden bisweilen mit den drei obersten göttlichen Prinzipien in Verbindung gebracht: A für Brahm*a*, den Schöpfer, U für Vischn*u*, den Erhalter, und M für Shiva*m*, den Zerstörer.(73) Alle Verse der Upanishaden (heilige Schriften aus Indien) werden mit OM eingeleitet, und auch im Buddhismus steht es als Keimsilbe im Wurzelmantra OM MANI PADME HUM ("Das Juwel in der Lotosblüte") an zentraler Stelle.

In der biblischen Welt gibt es ein recht geheimnisvolles Wort, das keine echte, befriedigende Übersetzung vom Urtext in andere Sprachen gefunden hat, das Jesus aber bei all seinen Reden verwendet: AMEN. Als Bedeutung von AMEN wird oft angegeben: "So sei es", was sicherlich nicht falsch ist, jedoch das tiefe Wesen von AMEN nicht völlig trifft.

AMEN ist das christliche OM (AUM). Sowohl AMEN (bzw. AMEYN oder AMIN) wie auch OM deuten auf eine Quelle hin. Man könnte in gewissem Sinne durchaus sagen, daß AMEN das biblische "Eine ursprüngliche Wort" der Schöpfung ist, das schließlich "Fleisch" geworden ist und sich in der Schöpfung entfaltet hat.

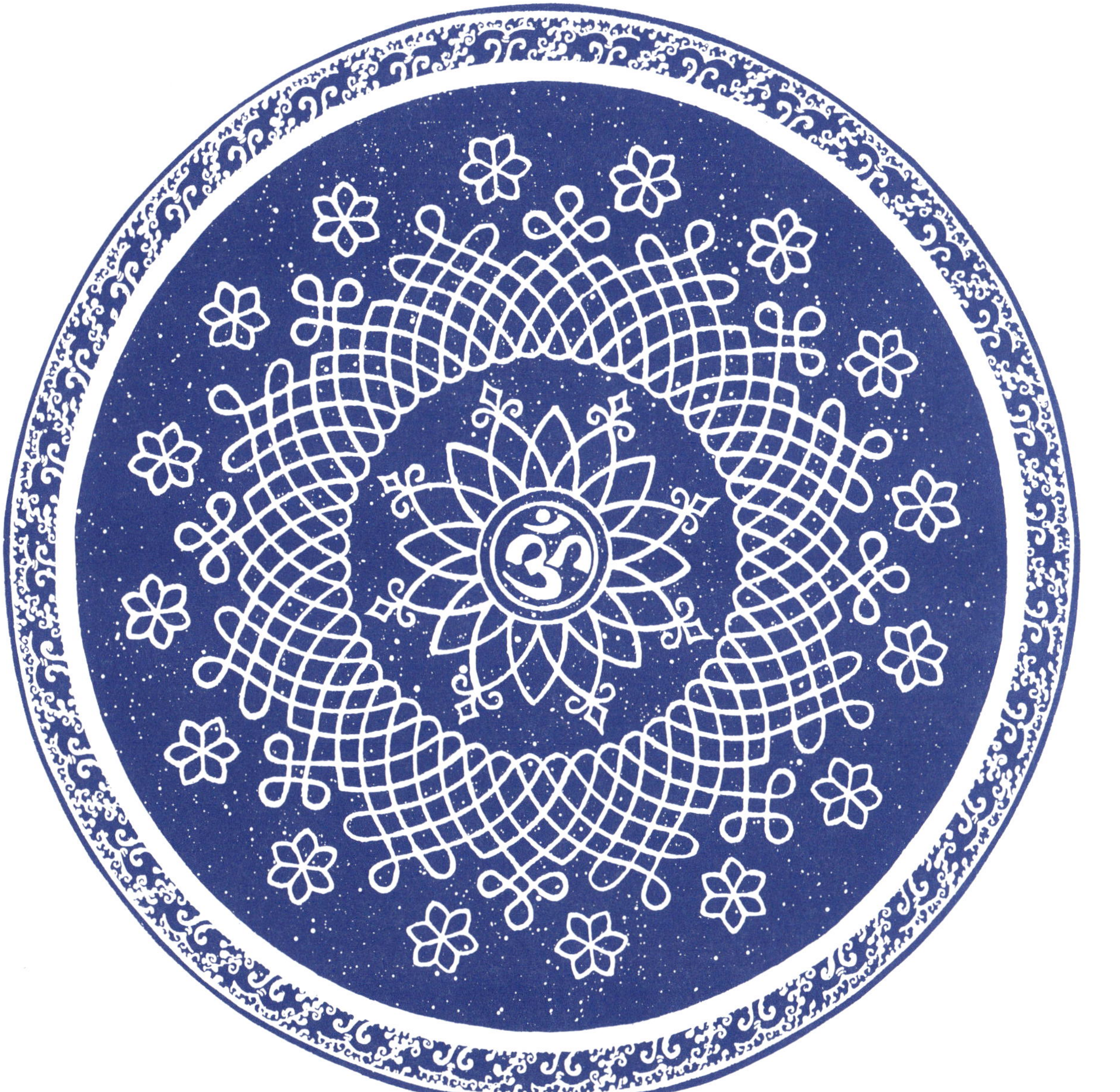

Im Anfang war das Wort,
und das Wort war bei Gott,
und das Wort war Gott.
Im Anfang war es bei Gott.
Alles ist durch das Wort geworden,
und ohne das Wort wurde nichts, was geworden ist.
In ihm war das Leben,
und das Leben war das Licht des Menschen.
Und das Licht leuchtet in der Finsternis,
und die Finsternis hat es nicht erfaßt.
(Johannes 1,1 - 1,5) (74)

Die indische Deutung von OM als Urschwingung und ursprüngliches Wort geht von derselben Annahme aus, daß zu Beginn der Schöpfung nur die Schwingung OM war, die sich dann ausgestaltet hat in alle Formen des Universums. OM ist daher das Wort für das Schöpferische oder für die Entfaltung Gottes.

In Ihm ist der unübertroffene Keim der Allwissenheit.
Der Ihn offenbarende Name ist OM.
Patanjali (75)

Dieses All ist das OM.
Chandogya-Upanishad (76)

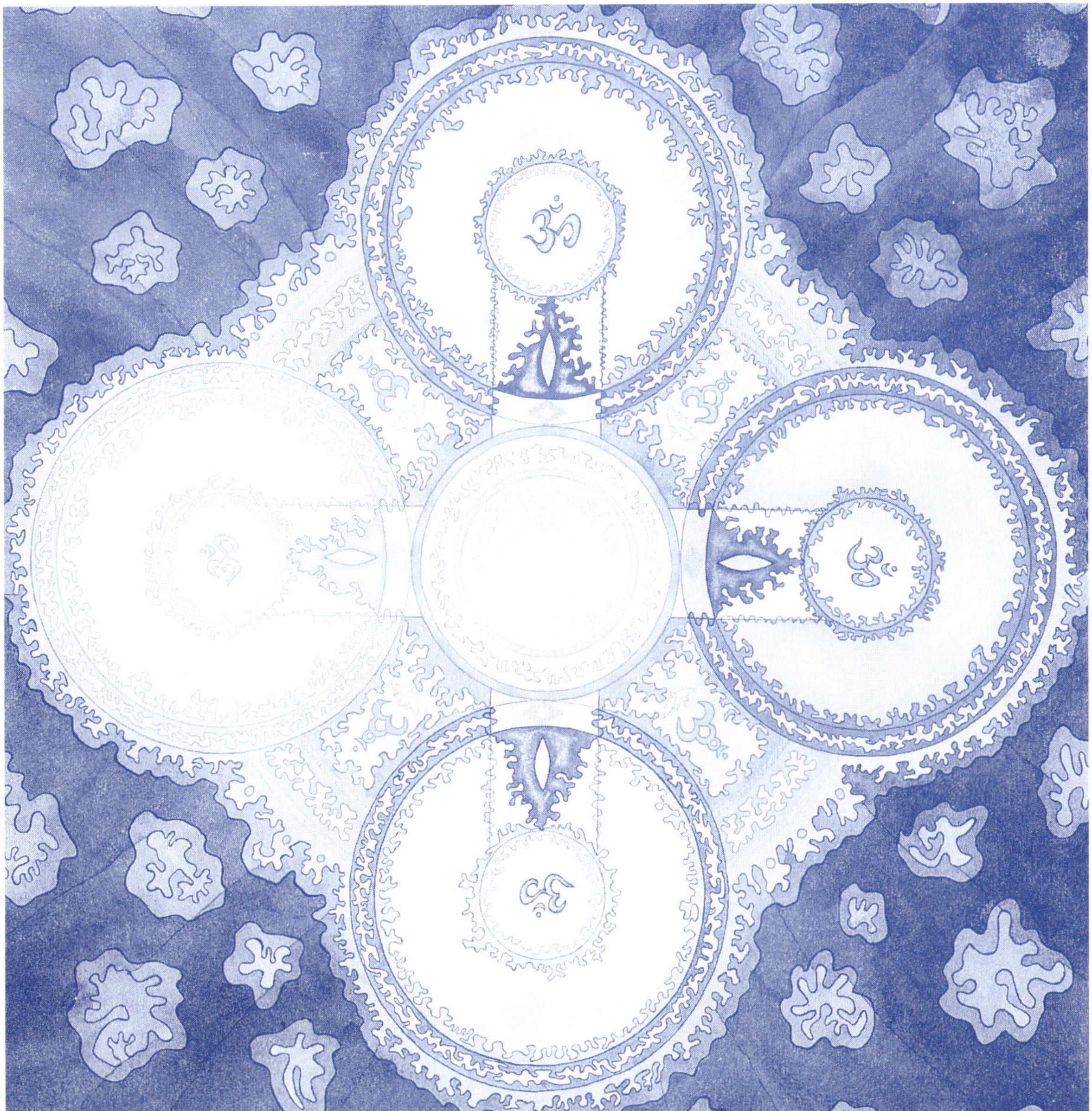

OM.
Dieses Wort ist das ganze Universum.

Es wird erklärt, daß alles,
Vergangenes,
Gegenwärtiges und
Zukünftiges
der eine Klang ist: OM.

Und was es sonst noch über dieser drei Einteilungen der Zeit
hinaus geben mag, auch das ist in jedem Falle OM.
Alan Watts (77)

Alles, was existiert, hat in OM seinen Ursprung, und alles ist nichts anderes als eine Gestalt dieser göttlichen Urwirklichkeit. OM (AUM) birgt in sich die vollkommene göttliche Potenz. Es ist die Einheit von Alpha und Omega. Daher genügt im Grunde ein einzelner Punkt, um das Universum wieder entstehen zu lassen, und würde man den Punkt der OM-Struktur (oder irgendeinen Teil von ihr) genauer betrachten, so fände man wiederum nur OM. In einem Punkt ist alles enthalten! Jeder Punkt ist der Mittelpunkt des Universums.

Es gibt zwar nur ein Mittelpunktsprinzip, jedoch unzählige Muster,
Wirbel und Strudel von Formen und Abläufen, die vom Mittelpunkt aus
bewirkt werden; und obwohl es unzählige davon gibt, lassen sie sich im
Grund auf einen Mittelpunkt zurückführen, denn jeder ist im Grunde der
gleiche, nicht mehr reduzierbare Punkt, die Ursilbe, das Wort, der Logos,
wodurch alles seinen Anstoß bekommt und wo alles hindurch muß. Darin
liegt die Bedeutung der mystischen Silbe OM, die auf ihre Weise die
Keimzelle allen Klangs ist, so wie es der Punkt für den Sehvorgang ist.
Jose und Miriam Argüelles (78)

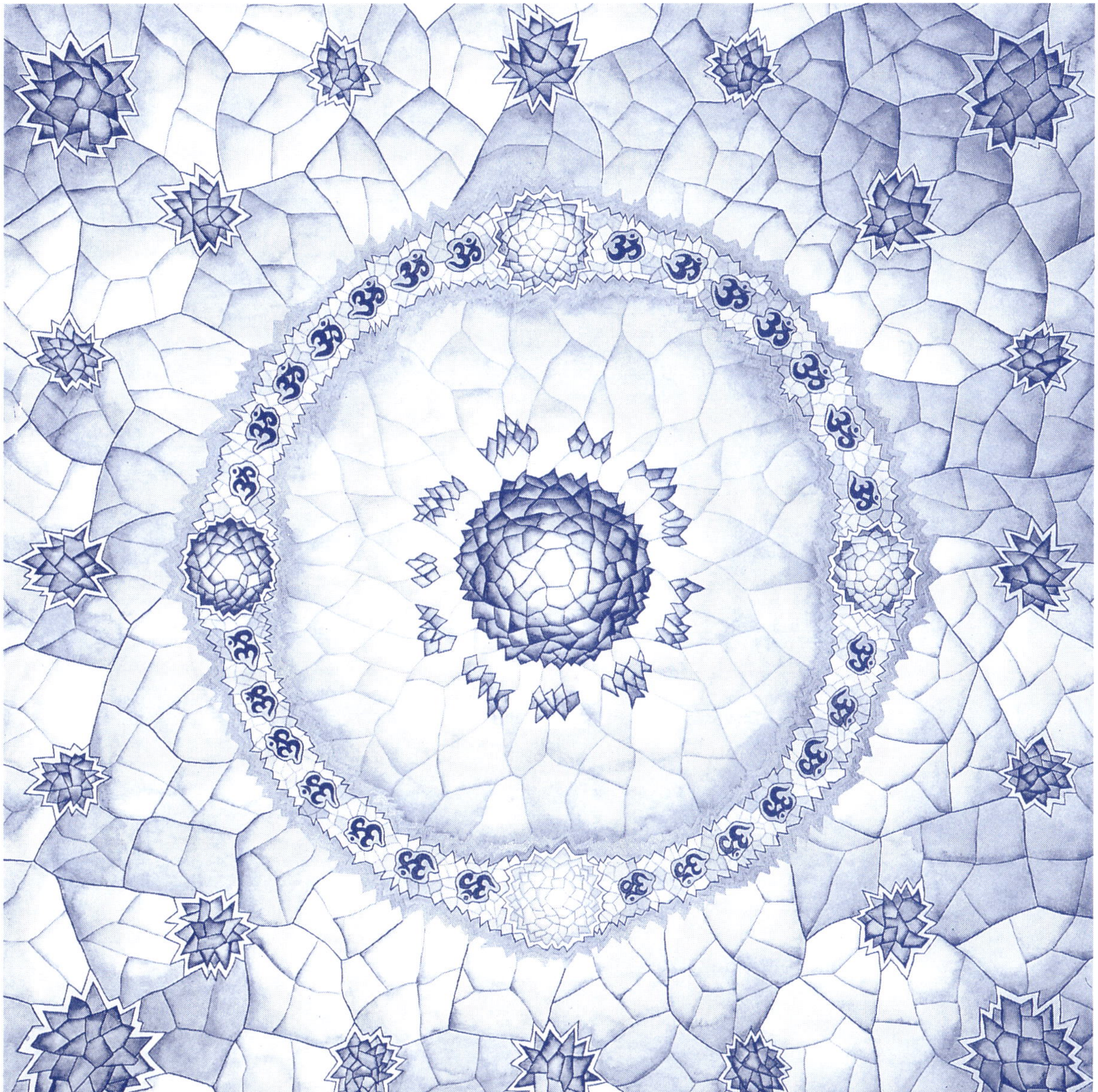

In der Naturwissenschaft hat man vor einigen Jahren im Bereich der experimentellen Mathematik eine bedeutsame Entdeckung gemacht, indem man versuchte, strukturelle Phasenübergänge bestimmter Materialien und auch Wachstumsprozesse in der Natur auf dem Computerbildschirm zu simulieren. Der mittlerweile sehr berühmt gewordene Mathematiker Benoit B. Mandelbrot entdeckte 1980 eine Grundgestalt, die bei diesen Untersuchungen stets auftrat: die sogenannte "Apple-Structure" (das "Apfelmännchen" bzw. die "Mandelbrotmenge"). Bei Vergrößerungen und Teilausschnitten zeigt sich, daß ein Apfelmännchen stets aus weiteren Apfelmännchen aufgebaut ist. Rein mathematisch läßt sich das ad infinitum weiterverfolgen. Läßt man die "Mandelbrotmenge" (mathematisch) wachsen, ergeben sich außergewöhnliche Gestalten wie Mandalas, Blütenformen, Spiralnebel und andere Strukturen.(79)(80)

Nun hat sich gezeigt, daß die gefundene Apple-Structure im wesentlichen identisch ist mit dem Sanskritzeichen für OM: ॐ, das ja als Grundstruktur der Schöpfung gilt.

Eine weitere erstaunliche Ähnlichkeit mit der Mandelbrotmenge findet sich in der tibetisch-buddhistischen Ikonographie Buddhas. Der vollkommen erleuchtete Buddha steht mit der kosmischen Energie in Verbindung. Sein Scheitelchakra, das höchste Energiezentrum des Menschen, ist geöffnet, und es gibt keine trennende Isolierung zwischen dem Menschen und dem Kosmos mehr. Buddha und der Kosmos sind eins. Das geöffnete Scheitelchakra wird oft als Mandala, als "Tausendblättriger Lotos" beschrieben, in dessen Mitte OM ist. Auf vielen Statuen und Bildnissen Buddhas wird daher die OM-Struktur als Zeichen der Erleuchtung auf dessen Scheitel dargestellt. Durch dieses oberste Energiezentrum steht dem Erleuchteten alle Kraft des Universums zur Verfügung, die dann jedoch in die ganze Gestalt Buddhas integriert wird. So hat der meditierende Buddha selber eine Gestalt von OM, die sich dann auf seinem Scheitel nur noch einmal deutlich wiederholt.

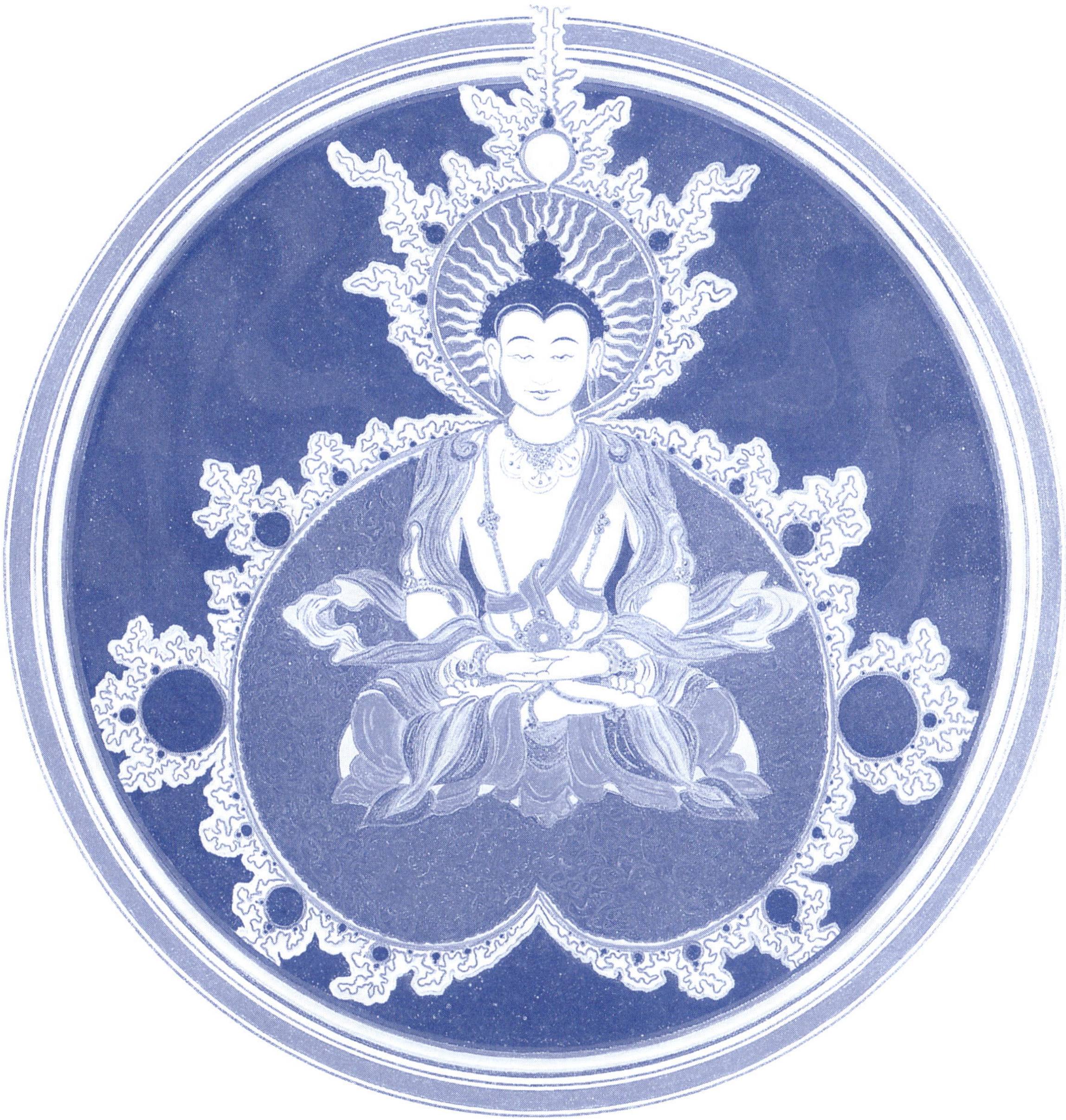

Buddha aus Sarnath (Indien)

OM ist wie das Öffnen unserer Arme, um alles, was lebt, zu umarmen. Es ist wie eine Blume, die ihre Blütenblätter der Sonne öffnet. Das Scheitelzentrum (sahasrara-chakra), in welchem OM der Tradition gemäß ruht, ist in der Tat ein Lotos mit tausend Blütenblättern. Jedoch die Energien, die dort empfangen und entwickelt werden, bleiben nicht in den Blütenblättern der Blume, sondern müssen herabsteigen in die Dunkelheit der Wurzel, um in die lebendige und Leben erhaltende Kraft verwandelt zu werden. In gleicher Weise muß die Universalität, die im OM erlebt wurde, d.h. im Urlaut zeitloser Wirklichkeit, herabsteigen und sich in der Tiefe des menschlichen Herzens verwirklichen, um in vibrierendes und leuchtendes Leben verwandelt zu werden. ....
.... *Das OM steht wie die Sonne im Zentrum des Mandalas, dem Ort des Vairocana, des "Sonnenbuddha", des Strahlenden ....*
Lama Anagarika Govinda (81)

OM MANI PADME HUM

Dunkel, Licht und Farben

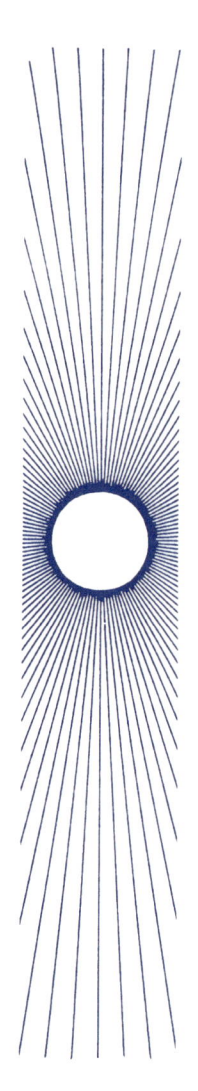

LICHT UND DUNKEL

Mandalas sind Lichtgestalten. Sie sind Offenbarungen einer heiligen Wirklichkeit. Vom Licht ist dann die Rede, wenn man vom Geist sprechen will. Es ist ungreifbar wie das Bewußtsein. Man kann es nicht einsperren, nicht wirklich beherrschen. Es ist so schnell wie unsere Gedanken und erfüllt die Welt mit Leben und Kraft. In fast allen Religionen hat das Licht daher einen heiligen, göttlichen Stellenwert. Es ist das Symbol der Weisheit und der höchsten Wirklichkeit.

Ich bin das Licht der Welt.
Wer mir nachfolgt, wird nicht im Finstern gehen,
sondern das Licht des Lebens haben.
Johannes 8, 12

Licht gibt dem Menschen Zuversicht und Vertrauen. Es ist immer ein Zeichen der Hoffnung. Doch Licht ist mehr als dies. Es ist unsere eigene Natur selbst, unser innerstes Wesen. Wer dieser "Inneren Natur" oder "Wesensnatur" innegeworden ist, den bezeichnet man als "erleuchtet". Die erleuchtete Natur ist immer schon hier, doch jeder Mensch ist dazu aufgerufen, sich ihrer bewußt zu werden und seine ureigenste Natur zu erkennen. Als Shakyamuni Buddha seine große Erleuchtung beim Anblick des Morgensterns erfuhr, soll er diese grundlegende Wahrheit ausgesprochen haben:

Wunder über Wunder!
Ihrem innersten Wesen nach sind alle Geschöpfe erleuchtet, begabt mit
Weisheit und Vollkommenheit, da aber ihr Geist von verblendeter
Unwissenheit verkehrt wurde, können sie dessen nicht innewerden.
Shakyamuni Buddha

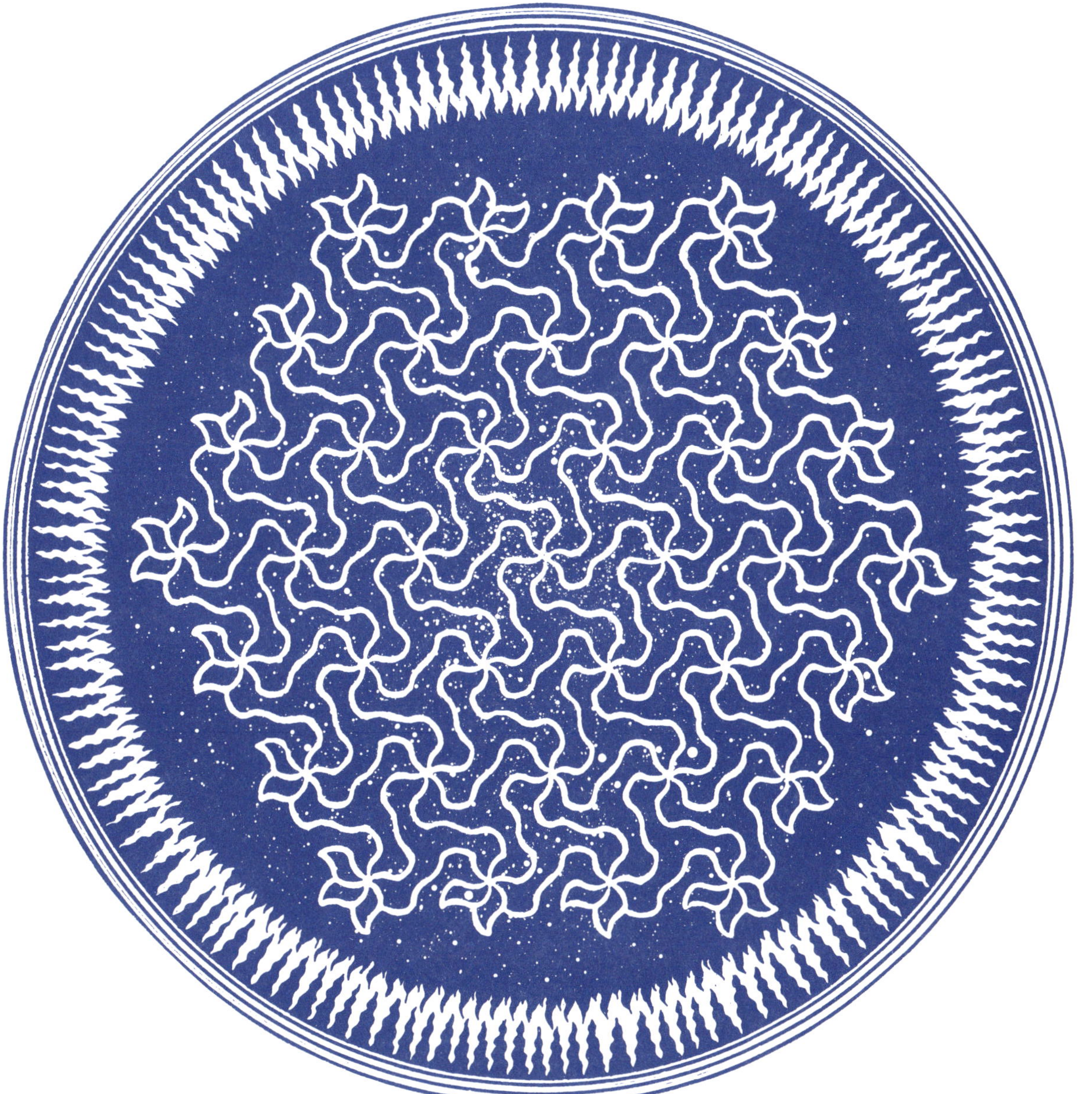

Der erleuchtete Buddha wird auch als Buddha Amithaba dargestellt, der Buddha der Weisheit und des intuitiven Klarblicks. Amithaba ist das "Unbegrenzte Licht" oder der "Unendliche Glanz". Das Symbol Amithabas ist der tausendblättrige Lotos.

In vielen Beschreibungen mystischer Erfahrungen wird immer wieder von Lichterlebnissen berichtet. Das Licht steht für das Unnennbare und Ungreifbare. Im Christentum spricht man vom "göttlichen Funken" im Menschen, den es zu erwecken gilt. Wenn das spirituelle Leben dann zu keimen beginnt und das innere Licht erstrahlt, soll man es nicht "unter den Scheffel" stellen, sondern es hell die Nacht erleuchten lassen.

Menschen, die nah am Tode gestanden haben, berichten oft von einem Licht, das ihnen begegnet ist. Auch in den bekannten Totenbüchern aus Ägypten und Tibet ist von dem mystischen Licht die Rede, das den Sterbenden empfängt. Die Begräbnistexte wurden in Ägypten "*Pert em hru*" genannt, d.h. "*Manifestation in Licht*" oder "*Eintreten in den Tag*".(82) Das Tibetische Totenbuch, das "Bardo Thödol", beschreibt genau die Begegnung mit dem großen Licht beim Übergang vom Leben zum Tode.

Der erste Teil des <u>Bardo Thödol</u>, genannt <u>Chikhai Bardo</u>, beschreibt die Erfahrung der Auflösung im Augenblick des Todes, wenn die Verstorbenen eine blendende Vision des Urlichts der Reinen Wirklichkeit haben. In diesem Augenblick können sie die Befreiung erlangen, wenn sie das Licht erkennen und seiner Intensität standhalten.
Stanislav und Christina Grof (83)

Die Esoterik spricht zuweilen von den inneren Welten als Lichtwelten, die von Lichtwesen bevölkert sind. Dies deutet wiederum auf die Bedeutung des Lichts als Grundmatrix der Wirklichkeit hin. Auch der Mensch besitzt "Lichtkörper", die von sensitiven und medial begabten Menschen wahrgenommen werden können. Heutzutage erlernen mehr und mehr Menschen die Fähigkeit, die sogenannte "Aura", die Lichthüllen des Körper, zu sehen. Unser Lichtkörper hat dabei sieben verschiedene Energiezentren, die sogenannten Chakras, die häufig als Lichtwirbel dargestellt werden. Das Wort Chakra kommt aus dem Sanskrit und bedeutet wörtlich "Rad". Die Chakras stellen feinstoffliche Energiemandalas unseres "Ätherkörpers" (Lichtkörpers) dar, die letztlich auch unseren physischen Körper mit Energie versorgen.

Solange sie noch ganz unentwickelt sind, gleichen sie kleinen Kreisen von etwa zwei Zoll Durchmesser, die beim Durchschnittsmenschen dumpf erglühen; erweckt und belebt, sind sie jedoch strahlende, funkelnde Strudel, die an Größe sehr zugenommen haben und winzigen Sonnen gleichen.
C. W. Leadbeater (84)

Auch im Taoismus wird die Lebenskraft und Urenergie des Tao (Ch'i) als "Licht" oder "Reines Licht" benannt. In den taoistischen Meditationsübungen wird der sogenannte "Lichtkreislauf" im Menschen angeregt.
In der Lehre des "Geheimnisses der goldenen Blüte" heißt es hierzu:

Solange das Licht zirkuliert, bleibt das ch'i von yin-yang im Himmel und auf der Erde unfehlbar vereint. Dies eben ist reines Erkennen (ching-ssu), d.h. das reine ch'i (ch'un-ch'i). Was Reines Denken (ch'un-hsiang) genannt wird, ist nichts anderes denn dies. ......
Der Kreislauf des Lichts ist nicht bloß ein Kreislauf der körperlichen Lebenskraft, sondern ein Kreislauf des Wahren ch'i, des Schöpferischen und der Wandlung.... (85)

Jedoch ist auch die Dunkelheit ein spirituelles Symbol.
Wenn alles Licht erloschen, wenn aller Glanz geschwunden ist, bleibt immer noch die Dunkelheit. Jeder spirituelle Weg führt immer auch durch eine dunkle Nacht, und der wahre Christus kommt nicht triumphierend über die Dunkelheit, sondern steigt aus dem Dunkel empor. Mohammed hat seine Offenbarung in tiefster nächtlicher Dunkelheit in

einer Höhle erlebt. Das Dunkel steht für das Geheimnisvolle, das Verborgene, in dem sich unsichtbar das Leben zu regen beginnt. Der Same muß ins Dunkel der Erde versenkt werden, damit die Verwandlung geschieht.

Das Dunkel der Schöpfung ist vergleichbar mit der dunklen, formlosen Substanz, mit der die Alchimisten ihre Arbeit begannen. Für die Alchimisten war die schwarze Verfärbung dieses Stoffes ein Zeichen dafür, daß der Transformationsprozeß begonnen hatte. Sie nannten diese Phase <u>nigredo</u>. Es war eine Zeit grundlegender Verwandlung, in der unsichtbar wichtige Entwicklungen stattfanden.
Susanne Fincher (86)

In dem berühmten Yin-Yang-Symbol halten sich das Helle und das Dunkle die Waage. Licht allein führte hier zur Verblendung, Dunkel allein zu Verwirrung und Verlorenheit. Erst das ausgewogene Verhältnis von Licht und Schatten kann die reichhaltige und zauberhafte Welt hervorbringen, in der wir leben.

"*Kalachakra - Kosmos von oben*"
Wandmalerei aus Butan (Ausschnitt)

"Black Sun"
Vinzent Liebig

"The Great Return"
Vinzent Liebig

"The Spirit of Light"
Jochen Niemuth

"The Spirit of Life"
(Protektor-Mandala)
Jochen Niemuth

"The Spirit of Colors"
Jochen Niemuth

"*The Spirit of Nature*"
Jochen Niemuth

"Brood Torma"
Jos van Wunnik

"Bloem Torma"
Jos van Wunnik

"Eintauchen ins Selbst"
Aya

"ich bin du"
Aya

"Spiralnebel-Mandala"
Klaus Holitzka

"Heartbeat of Nations"
Klaus Holitzka

"Tam"
Klaus Holitzka

"Gemeinschaft der Menschen"
Klaus Holitzka

"Der vollkommene Weg"
Klaus Holitzka

"Buddha in Apple-Structure"
Klaus Holitzka

"Die Emanation des Adlers"
Klaus Holitzka

"Symphonic-Mandala"
Klaus Holitzka

"Lichtmandala"
Heita Copony

"Gemeinschaft des Geistes"
Heita Copony

"Transformations-Mandala"
Johannes Frischknecht

"Mandala der kosmischen Vereinigung"
Johannes Frischknecht

"Kalachakra-Mandala"
Meisterklasse des 14. Dalai Lama
Dharamsala

DIE FARBEN

Die innere Potenz des Lichts liegt in der Farbe. Licht selbst - unbegreifbar wie der Geist - zeigt sich uns in Farben. Die Farben sind die Aspekte, die Möglichkeiten des Lichts. Sie offenbaren innere Gedanken und Gefühle und entfalten sich in einem uns wahrnehmbaren Spektrum, das auf das Empfindungsspektrum unserer Psyche eingestimmt ist. Eine Farbe ist ein Schwingungszustand des Lichts, und oft werden mit bestimmten Farben auch bestimmte Gemütszustände des Menschen in Beziehung gebracht. Stimmungen und Atmosphären werden oft von Farben begleitet.

In der Wissenschaft ist bekannt, daß verschiedene Farben verschiedene Wirkung auf uns ausüben. Dies gilt sowohl für den Körper als auch für unsere Psyche. Farben können beruhigen oder anregen, können uns entspannen oder stimulieren. Allgemein rufen Farben ein Gefühl der Heiterkeit und Fröhlichkeit im Menschen hervor. Die Farbschwingungen wirken auf die Frequenzen unserer Psyche und treten so in Wechselwirkung mit unserem Bewußtsein. Dabei ist es nicht unbedingt nötig, die physikalische Farbe zu sehen, denn auch die reine Vorstellung einer Farbe zeitigt schon einen Effekt. Farben sind also ihrem Wesen nach geistige Qualitäten.

In einem Mandala dienen daher die physikalischen Farben in erster Linie dazu, die psychischen Qualitäten, die mit ihnen verbunden sind, anzusprechen und zu fördern. In Indien und Tibet wurden ganz bestimmte Mandalas entwickelt (Medizinmandalas), die für Heilzwecke verwendet werden können. Es gibt eine regelrechte Wissenschaft der Heilung mit Farben, denn man hat entdeckt, daß die Schwingung einer Farbe tatsächlich die physiologischen Prozesse unseres Körpers beeinflussen kann. Vor allem in den komplexen und jahrtausendealten Heilsystemen des Ayurveda wurden Farbtherapien entwickelt.

In vielen Meditationstechniken, bei denen mit Visualisierung gearbeitet wird, sollen die verschiedenen Farben auch unsere spirituelle Energie anregen und in einen geeigneten Schwingungszustand versetzen. Dadurch kann unser Bewußtsein gereinigt und vorbereitet werden auf die "eigentliche" Meditation, die allerdings mit Farben und Vorstellungen nichts mehr zu tun hat.

Johann Wolfgang von Goethe hat in seiner Farbenlehre die Farben in einem sechsteiligen Farbkreis angeordnet. Dabei ist ein einfaches und ausgewogenes Farbmandala entstanden.(87) Es gibt jedoch viele wissenschaftliche Theorien über die Farben und viele unterschiedliche Einteilungen der Farben in bestimmten Farbsystemen. In der Natur findet man im Spektrum des Regenbogens eine wunderbare Aufschlüsselung des Lichts. Überall gilt der Regenbogen als Glückssymbol, und in mancher Sage kann man am Ende des Regenbogens einen verborgenen Schatz finden.

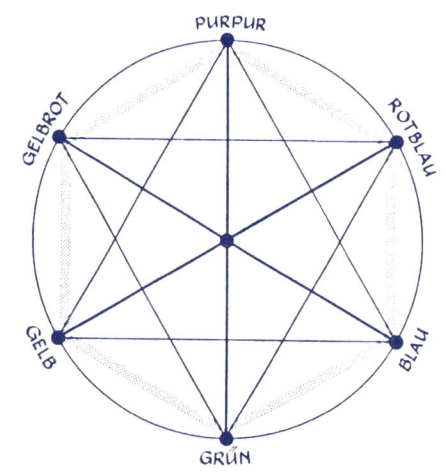

Goethes sechsteiliger Farbkreis

Fluß der Vital-Energie (Ch'i)
(China, 14. Jahrh.)

DIE UNIVERSALITÄT DES MANDALAS IN DEN KULTUREN DER MENSCHHEIT

In ausnahmslos allen Menschheitskulturen - von den frühen Anfängen bis hin in die Jetztzeit - taucht das Mandalamotiv auf. Niemals konnte es vollkommen verdrängt oder beiseite geschoben werden, wenngleich es Höhepunkte gab und ebenso Perioden der Auflösung und der Zerstreuung. Keine Zeitepoche wollte jedoch auf die Grundsymbolik des Mandala gänzlich verzichten. Das Mandala gehört zum Menschen als ordnendes Prinzip, als Inspirationsquelle, als magischer Zauberkreis der Zeremonien und Riten, als Glücksbringer, als Bild des Lebens selbst. Zusammen mit dem Archetyp des Körpers ist das Mandala als Symbol der Psyche und des Geistes für jeden Menschen von grundlegender Bedeutung.

Da das Mandala das Grundbild des Lebens und der Schöpfung ist, beinhaltet es auch eine ungeheure kreative Potenz. Dieser Reichtum wurde bisher immer nur ansatzweise und niemals erschöpfend zum Ausdruck gebracht, jedoch sind die Zeugnisse, die wir (neben den großen Mandalas der Natur) bei den Kulturen der Menschheit finden, in ihrer Aussagekraft und Faszination oft so überwältigend, daß man zuweilen nur mit einem staunenden Betrachten verweilen kann. Einem magischen Kaleidoskop gleich, hat die Menschheit in ihren Völkern und Kulturen grandiose Bilder des Geistes entworfen (oder entstehen lassen): zart und kräftig, einfach und überaus kompliziert und vielschichtig, banal und tiefsinnig, als beiläufiges Ornament sowie als Zentrum des Lebensgefühls. Immer wieder und überall taucht das Mandala auf.

Jede Kultur hat ihr ureigenes Lebensgefühl und die eigenen Erfahrungen des Bewußtseins in ihren Mandalas bildlich dargestellt, so daß uns eine große Vielfalt an Lebensmöglichkeiten begegnet. Allerdings ist eines allen Mandalas gemein: ihre unergründliche Mitte; das ungeschaffene Zentrum des Geistes, aus dem die Vielfalt der Formen und Farben erst hervorgeht! Dieser genetische "Nullpunkt" verbindet alle Menschen wie auch die ganze Natur miteinander. Hier angelangt sind wir alle gleich, und von hier aus beginnt das Leben sich zu entfalten. Es strahlt aus, greift hinaus, gibt sich einen Raum und entwickelt seine jeweilige Struktur. Es setzt sich eine Grenze, die es spielerisch akzeptiert, immer wieder neu durchbricht und neu erschafft. Das Leben gibt sich Gestalt, reflektiert sich selbst, organisiert sich, differenziert sich, ordnet sich und erlebt so ein stets einmaliges Abenteuer. Dieser Werdegang ist auch ein Prozeß der Bewußtwerdung der eigenen Kapazität, ein Prozeß des Sich-selbst-Kennenlernens.

Im Zentrum ist alles Leben *eins*. Hier gilt die *Kommunion*, das Gewahrwerden der Einheit mit dem ganzen Universum. In der Peripherie gilt die *Kommunikation*, die Verständigung und ein reges Treiben und Handeln. Das Mandala lehrt dem Menschen die Einheit allen Lebens im Herzen und die Einzigartigkeit jedweder Lebensform in ihrer jeweiligen Gestalt. Durch die Bereitstellung und Hinführung auf das Zentrum können alle Menschen und Kulturen ihre innerste Verwandtschaft - ja, Einheit - erkennen, ohne auf ihre Besonderheit, ihre unwiederbringliche Einzigartigkeit verzichten zu müssen. Kein Streit ist nötig, nicht einmal Wettbewerb! Doch gegenseitige Inspiration ist möglich, gegenseitiges Verständnis, das uns lehrt, wie reich und tief, wie unauslotbar unser Erbe wirklich ist.

DIE FRÜHEN KULTUREN

Die Ursprünge der Menschheit liegen nach wie vor in geheimnisvollem Dunkel. Niemand weiß genau, wann der erste Mensch seinen Fuß auf den Planeten gesetzt hat. Alles, was man heute vorweisen kann, sind einige Funde aus ältesten Zeiten: Relikte der Vergangenheit. Es handelt sich bei diesen Überbleibseln vornehmlich um Knochen, Werkzeuge des Alltags, aber auch um Bilder und Ritualgegenstände. Der Kreis und das Runde hatten dabei seit Anbeginn ihren festen Platz sowohl im alltäglichen Leben wie auch in den Zeremonien, bei denen beispielsweise das Jagdglück beschworen wurde. Die Weltsicht dieser ersten Menschen baute offensichtlich ganz auf magischen Vorstellungen auf; hinter allen Erscheinungen der Natur wurden geheime Kräfte am Werk gesehen, die es zu befrieden oder zu locken galt. Die Grundbefindlichkeit der Natur und des Lebens überhaupt wurde dabei von Anfang an mit Zauberkreisen, also mit echten Mandalas, ins Bewußtsein gerufen.

Von besonderer Eindringlichkeit sind sicherlich die vielen *Steinkreise*, welche einige frühe Kulturen unter großen Anstrengungen errichtet haben. Dabei muß die Unerschütterlichkeit der riesigen Felsen, die bis zu einigen Metern hoch waren und zum Teil über mehrere Kilometer weit herangeschafft werden mußten, die damaligen Menschen stark beeindruckt haben. Die Wuchtigkeit vermittelt ein Gefühl des Unzerstörbaren und des Ewigen, und indem diese riesigen Felsen zu Kreisen angeordnet wurden, erhielt der Mensch eine erste Idee von Heiligkeit und Ganzheit. Dabei sind in den alten Steinkreisen wie dem von Stonehenge in England unglaublich präzise Naturbeobachtungen eingearbeitet, die auf ein erstaunliches Wissen der damaligen Menschen schließen läßt. Durch solche heiligen Steinkreise konnte sich der Mensch seine Verbundenheit mit der Natur und dem Kosmos vergegenwärtigen und gleichzeitig ein Gefühl für seinen eigenen Lebensrhythmus entwickeln.

Stonehenge ist von seiner Grundstruktur aus zwei konzentrischen Kreisen aufgebaut, dem inneren oder Sarsen (Sandstein)-Kreis (mit ursprünglich dreißig aufrecht stehenden Steinen), und dem äußeren Kreis der Trilithine mit sechsundfünfzig Steinen. Zwischen den einzelnen Steinen beider Kreise kann man zum Mittelpunkt hindurchschreiten, von wo aus der Lauf der Gestirne und Himmelskörper gesehen, verfolgt, gemessen und verehrt werden kann.
Das Mandala ist Symbol für den Kreislauf von Leben und Tod, für das kosmische Weiterschreiten von Lebewesen, Planeten und Gestirnen, für die irdischen Jahreszeiten und die Zyklen im Milchstraßensystem. Aus diesem Geiste heraus erbauten die Druiden des alten Englands vor Ankunft der Römer das Monument Stonehenge.
Jose und Miriam Argüelles (88)

Zudem hatte Stonehenge noch eine soziale Bedeutung. Es war ein sakraler Ort, an dem sich die Gemeinschaft zusammenfand und ihre Verbundenheit miteinander zum Ausdruck brachte. Sie gründete sich auf die höheren, heiligen Werte, die in der Struktur des Kreises verdeutlicht wurden. Stonehenge übte so eine stabilisierende und segnende Wirkung auf die einzelnen Mitglieder der Gemeinschaft aus.

Die Grundaussage ist Zusammenhalt, Gemeinschaft, solidarisches Austragen höherer Bestimmungen. Unverbrüchlichkeit. Ursprünge von Staat und Staatsbewußtsein in der Gestalt der Metaphysik der Unverrückbarkeit.
Heinrich Rombach (89)

Ein weiteres in fast allen prähistorischen Kulturen anzutreffendes Symbol ist das *Sonnenrad*. Wenn man will, kann man das Sonnenrad als die grundlegende Mandalagestalt, als das "Urmandala" betrachten, denn aus ihm gingen schließlich alle weiteren komplexeren Mandalas hervor. Das Sonnenrad war das natürliche Zeichen des sich bewegenden Lebens, das letztlich den ganzen Kosmos umspannt. Die nie ermüdende Kraft der Sonne, die Wärme und Licht spendet und die ganze Natur

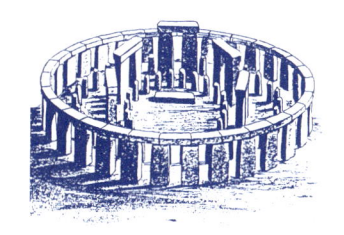

Sonnenkraftringe mit Segenshänden (Tübinger Relief)

stärkt und nährt, wurde von allen Menschen zu allen Zeiten verehrt, und auch die späteren christlich-abendländischen Darstellungen von Kreuzen innerhalb eines Kreises lassen sich durchweg auch aus den alten prähistorischen Kulturen herleiten, die schon immer die Sonne als heiliges Zentrum des Lebens verehrt haben. Dabei war die Erfahrung der Geborgenheit und Ganzheit des Lebens, die das Runde des Kreissymbols vermittelt, ein wesentliches Moment.

In frühromanischen Kirchen sieht man gelegentlich "abstrakte" Kreisdarstellungen, welche vielleicht noch auf alte heidnische Vorbilder zurückgehen. Innerhalb nichtchristlicher Kunst werden solche Kreise als "Sonnenrad" bezeichnet. Ihre Darstellung findet sich schon als Felszeichnung der megalithischen Kultur, lange vor der Erfindung des Rades. Wie Jung bemerkt, trifft die Bezeichnung "Sonnenrad" nur die äußere Seite der Darstellung. Ausschlaggebend war seit jeher die innere Erfahrung des "Runden", eines archetypischen Bildes, das der Steinzeitmensch ebenso naturgetreu in den Fels übertrug wie die berühmten Gazellen, Pferde und Rinder.
Aniela Jaffé (90)

Mit dem Sonnenrad begannen die Menschen ihre Welt zu ordnen und einzuteilen, ohne den inneren Zusammenhang des Lebens zu verlieren. Sie schufen sich eine Orientierung, die als Grundlage für ihr Überleben tauglich war und die wichtigsten Zusammenhänge der Wirklichkeit darlegte.

Im frühen magisch-kultischen Bereich des Paläolithikums erscheint die älteste Mandala-Darstellung als Sonnenrad. Der Punkt in der Mitte dehnt sich kardinal aus und wird zum einfachen Kreuz, dem kardinalen Kreuz, das die vier Himmelsrichtungen Nord, Ost, Süd, West oder die vier Elemente Feuer, Wasser, Luft und Erde andeutet. Umschlossen wird das gleichschenklige Kreuz von einem Kreis. ....
Heita Copony (91)

Prähistorische Felsritzungen

Sonnenräder wurden nun in unzähligen Varianten hergestellt und zeigten bereits früh einige Charakteristika der einzelnen Kulturen. Als magisches Symbol wie auch als ornamentale Figur bot es eine Grundlage für das Kunsthandwerk. Das Mandala inspirierte von nun an den schöpferischen Prozeß in der Kunst der Völker.

Traumzeitmuster der australischen Aborigenes

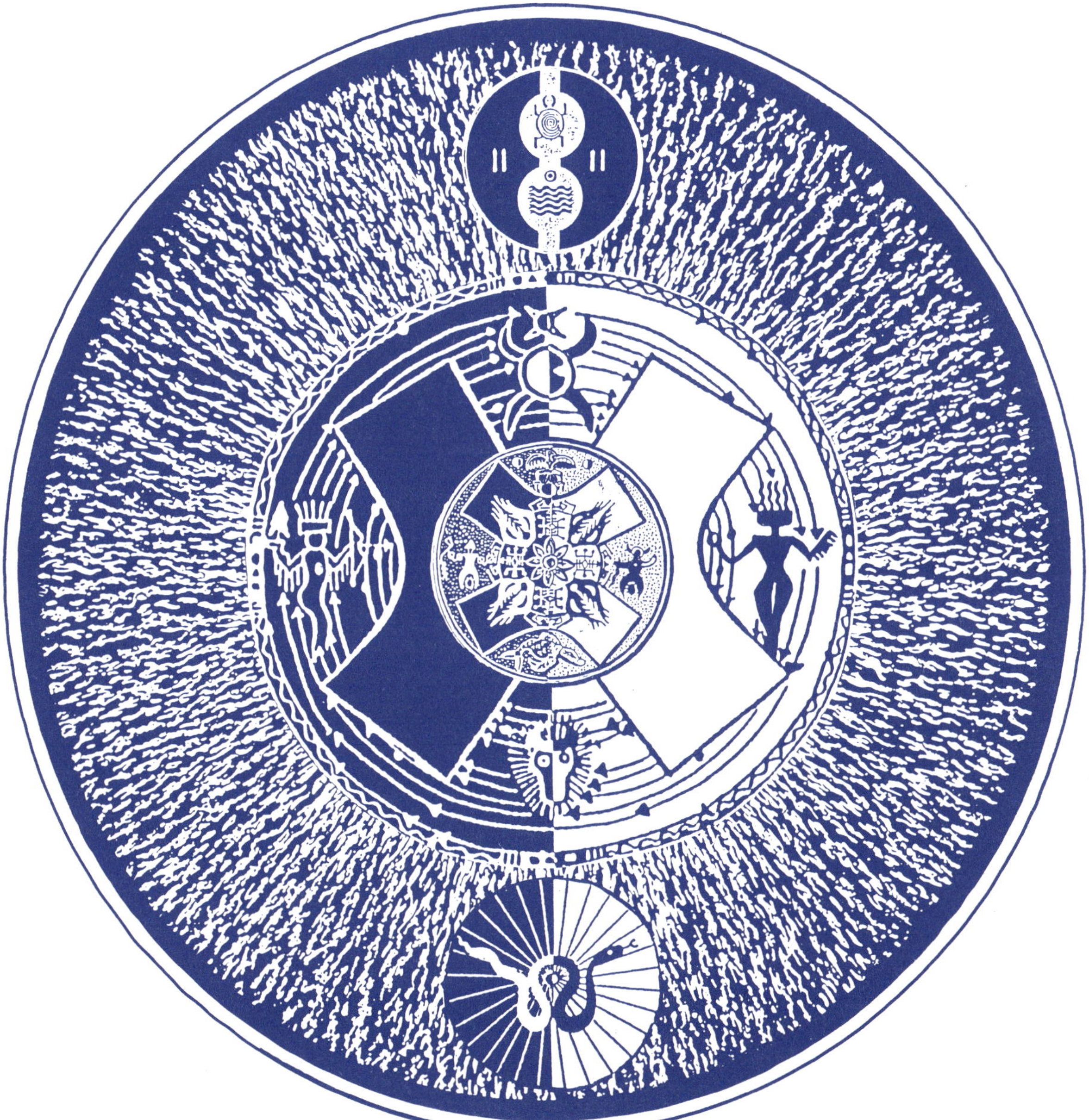

DIE STAMMESKULTUREN DER KELTEN UND GERMANEN

Im Neolithikum gegen Ende des 3. Jahrtausends v. Chr. begannen sich die indoeuropäischen Volksstämme nördlich der Alpen gewaltig auszudehnen. Es war die Zeit, als die Megalithkultur mit ihren Menhiren und Dolmen im Untergang begriffen war. Eine dieser Volksgruppen, die später die Kelten genannt wurden, drang schließlich zwischen 950 und 700 v. Chr. in Gallien ein und begründete eine erstaunliche und heute noch weitgehend unbekannte Kultur. Die führende Kaste der Kelten waren die Druiden, die dann später von den römischen Eroberern und christlichen Missionaren stark bekämpft wurden. Sie waren die Hüter der keltischen Kultur und trugen Sorge für die Wahrung der Tradition. Ihre Ausbildung gründete auf besonderen Einweihungen in das Geheimwissen der Urväter und nahm zuweilen bis zu zwanzig Jahre in Anspruch. In ihrer Religion wurde Gott nicht in Form eines menschlichen Wesens dargestellt. Sie sahen das Göttliche und Heilige vielmehr im Kreislauf der ewigen Wiederkehr, in einer dynamischen rhythmischen Bewegung, die sich nicht einfach durch eine Göttergestalt darstellen ließ. Der Druide erkannte die Relativität aller gesellschaftlichen und natürlichen Ereignisse und sah hinter der augenscheinlichen Wirklichkeit eine geheime, verborgene Kraft am Werk.

Die keltische Erfahrung beruht auf der intuitiven, frühen Erkenntnis einer außersinnlichen Realität .... Der Kelte strebte die Überwindung der Materie, die Entstofflichung seines irdischen Zustands an, um so dem Leben wie auch dem Tod zu entfliehen.
Lancelot Lengyel (92)

Der Wunsch der Kelten, der verborgenen Werte des Mysteriums teilhaftig zu werden, machte einen Großteil des Strebens der druidischen Kultur aus. Jedoch sind von den Kelten selbst nur wenige schriftliche oder bildliche Überlieferungen bekannt, bis auf eine besondere Hinterlassenschaft: die keltischen Münzen. Die druidische Schule kannte eine besondere Ausbildung für Münzgraveure, und deshalb konnten in den Münzen einige der alten Hauptsymbole überliefert werden. Die runde Münze war für die ganzheitliche Sicht der Druiden ein geradezu ideales Medium, um ihre Einsichten in einer symbolisch verschlüsselten Weise zu überliefern. Die ganzheitliche, übersinnliche und teilweise "nicht-rationale"(93), doch stets dynamische Sicht des Göttlichen wurde auf den Münzen vor allem durch das Symbol des Pferdes (auch zusammen mit dem Reiter) und durch Mond- und Sonnendarstellungen zum Ausdruck gebracht. Alle diese Münzen können ihrem Wesen nach als Mandalas aufgefaßt werden, die die Einheit der keltischen Welt bezeugen. Die Münzen mit einer Pferdsymbolik (das Bild des ungestümen, vorwärts drängenden Lebens) sind oft vierteilig angelegt:

Die runde Bildfläche der Münze, deren Mitte und Hauptteil das Pferd als Symbol des sich bewegenden Lebens einnimmt, wird ringsum in vier Felder - oben, unten, vorne, hinten - aufgeteilt, wobei das obere Feld stets dem vorbehalten ist, "der die Richtung kennt".
Lancelot Lengyel (94)

Die weitaus häufigsten Darstellungen sind jedoch die keltischen Sonnenräder, welche die Grundbilder des "solaren Kultes" der Kelten darstellen.(95) Das keltische Sonnenrad wird meist durch den "Triskeles" in verschiedenen Varianten ausgedrückt, aber auch durch Darstellungen ganz anderer Art. Auf manchen keltischen Münzen versuchte man sogar, die Empfindung der Ungreifbarkeit des Göttlichen durch vollkommen abstrakte Strukturen wiederzugeben. Man entdeckt hier Musterungen, die im Grunde erst in der modernen Kunst der heutigen Zeit in solcher Freiheit wieder auftauchen.

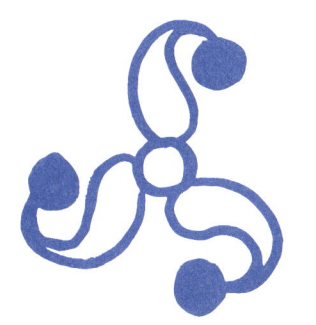

Die altgermanischen Kulturen scheinen sich unmittelbar aus dem Wissen und den Traditionen nordischer Schamanen entwickelt zu haben. Aus alten Sagen und Liedern hat sich eine reiche Götterwelt herausgebildet, die in ihrer Naturverbundenheit die mythische Welt der "Edda" und Nibelungen bevölkert. Die Weisheit der altgermanischen Stammeskulturen fand im sogenannten *Runen*-Alphabet einen Ausdruck. Die Runen, die schon lange vor dem Beginn unserer Zeitrechnung im Umlauf waren, werden einer Überlieferung zufolge auf den Gott Odin zurückgeführt.

Odin empfing sie in einer Vision, während er neun Tage und neun Nächte lang qualvoll am Baum hing. Im Lichte der heutigen Ethnologie/Anthropologie erscheint es sehr wahrscheinlich, daß es sich bei diesem Martyrium des Gottes tatsächlich um die Einweihung eines Schamanen handelte, zumal einiges dafür spricht, daß Odin ursprünglich eine historische Gestalt gewesen ist, die im Laufe der Zeit zum Gott erhoben wurde.
Ralph Tegtmeier (96)

Die Runen können einerseits als Bestandteile einer Schreibschrift verwendet werden, jedoch werden sie andererseits auch bei verschiedenen "Weihehandlungen" eingesetzt, wo sie als "Kontaktpunkte zum Überpersönlichen" (97) gelten.(98) Dieser Aspekt der Runen zielt direkt auf das Transpersonale und Transzendente der Wirklichkeit ab. So gibt es ein Runenorakel, in dem ein sogenannter *Runenrat* einem Fragesteller Entscheidungshilfe gewährt. Ein Runenzauber sorgt vor allem für Schutz und Heilung; zu diesem Zweck werden Talismane mit den Runenzeichen hergestellt.

Die Zusammenfassung des Runenalphabets ist als *Futhark* bekannt(99) und kann als Runen-Mandala dargestellt werden. Hinter den einzelnen Runenzeichen verbirgt sich ein ganzes System von Weisheiten und Kräften, das hier in seiner Ganzheit zum Ausdruck kommt.

SCHAMANISMUS

Der Schamanismus ist im Grunde auf der ganzen Welt verbreitet und kann weitgehend als Vorläufer und Grundlage der großen Hochkulturen angesehen werden. So ist die altgermanische und keltisch-druidische Naturauffassung in vieler Hinsicht dem schamanischen Weltbild sehr nahe und hat sich teilweise unmittelbar aus den schamanischen Wurzeln der damaligen Stammeskulturen entwickelt. Die Schamanen waren als Heiler, Weise und Führer ihrer Stämme zumeist hoch angesehene Persönlichkeiten, da sie in Verbindung mit den geheimen Kräften der Natur standen und verborgene Zusammenhänge zu durchschauen vermochten.

Das schamanische Weltbild überspringt Zeit und Kausalität, verkürzt Räume telepathisch und huldigt der Kommunikation mit allem Sein. Es sieht den Einzelmenschen eingespannt in ein universelles magisches Kraftfeld .... (100)
.... Der Schamane dringt in unbekannte Bewußtseinsräume ein. Das gewöhnliche Bewußtsein verkörpert für ihn nur einen kleinen Teil der Gesamtaktivität und der Gesamtmöglichkeiten des Bewußtseins.(101)
.... Für den Schamanen existiert ein universales Bewußtsein, wovon der Mensch ein Teil ist und das er daher anzapfen kann. Viele Stammeskulturen benennen diese All-Einheit nicht; ihr Name ist tabuisiert und heilig, weil das Wesen der Ganzheit für den Menschen nicht erfaßbar ist. Doch nicht nur das Ganze, auch seine Teile gelten als heilig, denn es herrscht das Gesetz pars pro toto - das Kleine beeinflußt das Große - und vice versa. ...... (102)
Holger Kalweit

Einer der wesentlichsten Grundsätze dieser Weltauffassung war es, die innere Ordnung der Wirklichkeit nicht zu stören und die Harmonie mit den Naturkräften aufrechtzuerhalten. Nur wer die kosmische Ordnung auch in sich selbst manifestieren konnte und sich so im Einklang mit

Schild der Plains-Indianer

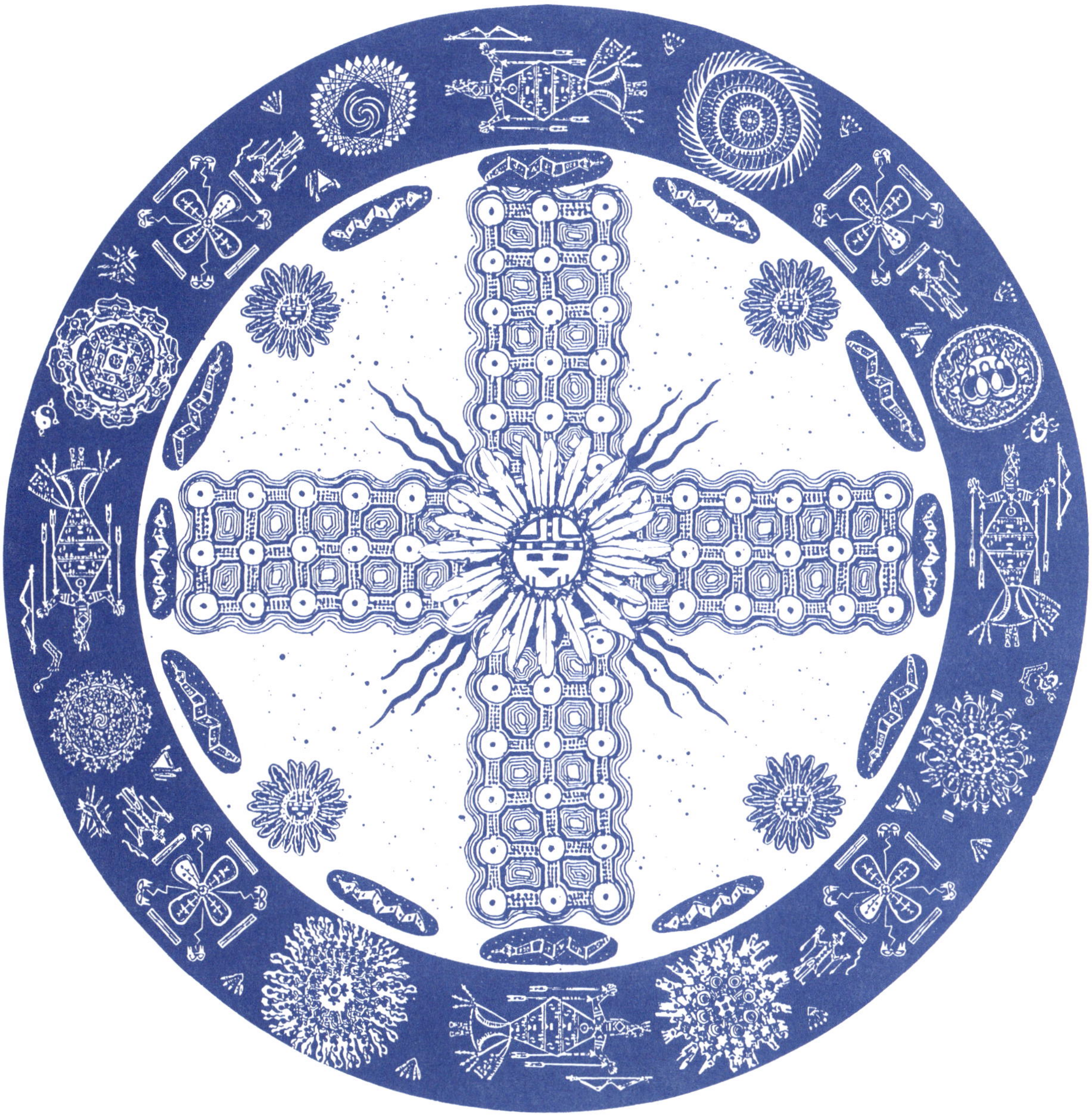

der Schöpfung befand, konnte einen klaren Zugang zu den verborgenen Kräften und Wesenheiten erhalten. Dazu muß der Schamane ein vollkommen klares und reines Bewußtsein entwickeln, er muß sozusagen eine innere Reinigung erfahren, bevor ihm der Blick in die geheime Welt möglich wird.

Nein, Geister zu sehen, das ist relativ einfach. Man muß bloß eine reine Seele haben.
Der Huichol-Schamane Pedro de Haro (103)

In allen schamanischen Traditionen spielen daher Heilungs- und Reinigungszeremonien eine entscheidende Rolle. Der Schamane muß zunächst in seiner eigenen Ausbildung die wichtigsten Initiationen erhalten und sich von täuschenden Vorstellungen befreien, damit er als Mittler zwischen der physischen und magisch-verborgenen Wirklichkeit seine Aufgaben erfüllen kann. Dabei entwickelt er besondere psychische Kräfte, die ihn letztlich zum Heiler und Stammesführer qualifizieren.

Jeder wirkliche Schamane muß in seinem Körper eine Erleuchtung fühlen, im Innern seines Kopfes oder im Gehirn, etwas, das wie Feuer glüht, etwas, das ihm Kraft gibt, mit geschlossenen Augen in der Dunkelheit zu sehen, hinter die verborgenen Dinge, in die Zukunft oder in die Geheimnisse eines anderen Menschen.
Eskimo-Schamane (104)

Die schamanischen Initiationen haben oft einen stark visionären Charakter. Es geht um eine Ausdehnung des Bewußtseins über die bekannten Raum- und Zeitgrenzen hinaus, wobei das mit den normalen Sinnen wahrnehmbare Universum auf seine Tiefe hin untersucht und erfahren wird. Das Mandala ist dabei als visionäres Hilfsmittel von grundsätzlicher Bedeutung. Wie Joan M. Vastokas in ihrer Besprechung schamanischer Kunst feststellt, "... *scheint das konzentrische Motiv charakteristisch für die visionäre Erfahrung selbst zu sein und steht für die*

Hopi-Symbol für die Sonne

*Pejote-Mandala der
Huichol-Indianer*

Öffnung, durch welche der Schamane in die Unterwelt oder den Himmel eintritt und das physische Universum transzendiert". (105)

In der kunsthandwerklichen Arbeit aller schamanischen Volksgruppen hat die Mandalasymbolik ihren zentralen Platz. Der Archetyp des Runden hat auch hier seine wichtige Bedeutung im Rahmen der Bewußtwerdung der Einheit des Menschen mit der Natur und der Wahrnehmung der Tiefendimensionen der Wirklichkeit. Dabei taucht - wie in allen Kulturen - auch bei den schamanischen Stammeskulturen wie zum Beispiel bei den nordamerikanischen Indianern die klassische viergeteilte Mandalagestalt auf. Die schamanische Erkenntnis der Unteilbarkeit und Einheit von Materie und Geist, von Leben und Tod, kommt klar zum Ausdruck:

Die Indianer Nordamerikas überliefern das Kreuz im Kreis symbolisch im Medizinrad-Mandala, verbunden mit der Lehre der "ersten Vier": Da ist der Geist innerhalb der Weisheit auf dem Medizinrad dem Norden zugeordnet. Da ist die Materie innerhalb von Vertrauen dem Süden zugewiesen. Da ist Leben auf dem Medizinrad im Osten angesiedelt, und da ist Tod im Westen, dem Ort der Träume. Geist und Materie bilden die Vertikale, Leben und Tod die Horizontale. Aber alles ist eins, Leben und Tod, Geist und Materie. Die Ursubstanz ist die Mutter aller Dinge, der Allgeist Vater allen Seins.
Heita Copony (106)

Der erfahrene Schamane kann in veränderten Bewußtseinszuständen deutlich diese Einheit wahrnehmen und hat nun die Aufgabe, diese innere Ordnung und Ausgeglichenheit einerseits unter den Menschen selbst und andererseits die Harmonie des Menschen mit den kosmischen Kräften zu stabilisieren oder, wenn nötig, wiederherzustellen. Das Mandala ist daher als Grundsymbol für die Ordnung der Welt in den schamanischen Ritualen unabdingbar.

Unter den vielen mandalaartigen Darstellungen der indianischen Stammeskulturen Amerikas gehören die Sandgemälde der Navajos aufgrund ihrer ausgewogenen Komposition zum Schönsten, was die indianische Kunst hervorgebracht hat. Früher sollen auch andere Stämme des nordamerikanischen Südens und Südwestens solche Sandgemälde gekannt haben, jedoch ist diese einzigartige Technik lediglich noch bei den Navajos in Arizona lebendig geblieben. Die Künstler gestalten ihre Bilder hierbei mit Hilfe von fein zermahlenen Steinchen und verschiedenen Farberden. Fast ausschließlich hängen die Bilder mit den religiösen Vorstellungen der Indianer zusammen und spiegeln ihre besondere Sicht der Weltordnung wieder. Die Navajos glauben, daß neben den Menschen und Tieren auch mächtige übernatürliche Geistwesen den Kosmos bewohnen. Diese heiligen Wesen werden auch heilige Menschen ("*Ye-ii*") genannt. Sie üben die bestimmende Macht über alles aus, was auf der Erde und im Leben der Menschen geschieht. Eine Vielzahl von Zeremonien und Ritualen ist ihnen gewidmet, und die Sandmandalas spielen dabei oft eine entscheidende Rolle. Vor allem werden die Gemälde dann ausgeführt, wenn die sogenannte "*Hozho*", die "Harmonie", gefährdet ist.(107) Die Navajos glauben, daß jedes Sandgemälde ursprünglich von den "heiligen Menschen" selbst geschaffen und den Schamanen vorgezeichnet wurde. So sind die Bildmotive im allgemeinen streng traditionell vorgeschrieben und werden nur bei bestimmten Zeremonien in Begleitung heiliger Gesänge angefertigt. Die Mandalas finden bei Heilungsritualen eine Anwendung.

Stets aber ging es um die Wiederherstellung der gestörten Harmonie, der heiligen Ordnung des Lebens, um den Schutz und die Bewahrung des Ideals des Hozho.
Die bildende Kunst war, wie diese Sandgemälde der Navajos unterstreichen, im Südwesten des indianischen Nordamerika von geradezu grundlegender Bedeutung für das Leben des einzelnen wie der ganzen Gruppe......

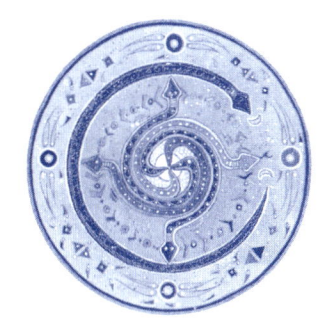

Die Sandgemälde haben einen quadratischen oder rechteckigen, sehr häufig aber auch einen kreisförmigen Grundriß. Die runden Bilder sind oft von einer Schlange umwunden, deren Darstellung gleichsam einen magischen Schutzkreis um das Gemälde bildet. .....
Da das Ritual darauf gerichtet ist, die gestörte Harmonie wiederherzustellen, muß auch die Komposition des heiligen Bildes möglichst harmonisch und ausgewogen sein. Symmetrie ist daher ein Grundgesetz der Sandmalereien der Navajokünstler.
Miloslav Stingl (108)

Nach Beendigung des Rituals werden die heiligen Bilder von ihren Schöpfern zumeist sofort wieder vernichtet, damit kein Mißbrauch mit ihnen getrieben werden kann. In der Regel überläßt man sie nicht einmal den Einflüssen der Witterung.

Von den Navajos sind jedoch nicht nur Sandmandalas bekannt. Auch in der Flechtkunst und bei anderen Gebrauchsgegenständen kommt die Mandalasymbolik häufig zur Anwendung. Dabei ist bemerkenswert, daß vom Zentrum dieser Mandalas stets freie Verbindungswege zu den äußeren Regionen eingearbeitet sind, symbolisch dafür, daß es keine unüberwindlichen Barrieren im Leben des Menschen geben muß, auch wenn diese Wege manchmal labyrinthartig anmuten.

Bei den Huicholindianern in Mittelamerika findet sich die Mandalastruktur häufig in der sogenannten Peyote-Blüte, der Blüte eines zeremoniell verwendeten heiligen Kaktus, der bei Einnahme eine psychoaktive Wirkung zeitigt.
Die Peyote-Blüte ist bei den Huichol eine ganz alltägliche Grundstruktur, die man auf vielen Schmuckstücken, Amuletten und anderen Gegenständen entdecken kann. Sie steht symbolisch für das Weltempfinden der Indianer, die im Zentrum der Blüte (im Peyoteherzen) das Zentrum der eigenen Psyche (des eigenen Herzens) und des Kosmos sehen. Verschiedene Amulette und Rituale geben dem Menschen die Kraft und Hilfestellung, zu diesem Zentrum durchzubrechen.

Zeichnung nach einem Mandala-Motiv des Huichol-Indianers Mariano Valadez

Im Peyote-Kult Mexikos wird auch häufig ein besonderes Mandala aus Holz und Stoff angefertigt, indem man zwei Stäbe in Kreuzform (im rechten Winkel) aneinanderlegt und nun, von innen ausgehend, verschiedenfarbige Fäden um die Stöckchen windet. So entsteht um das Kreuzgerüst eine bunte Rombenform, die das göttliche Auge symbolisiert. Diesen einfachen Mandalas spricht man die Kraft zu, böse Geister und dämonische Kräfte abzuwehren.

Die Hopi-Indianer haben das einfache Mandala des Radkreuzes als Grundsymbol ihrer Verbundenheit mit der Natur und dem Kosmos gewählt. Ihr Denken ist in ganz besonderem Maße auf das natürliche Gleichgewicht ausgerichtet. Bei ihren vielen Zeremonien, jedoch auch in ihrem alltäglichen Lebensrhythmus sind die Hopis darauf bedacht, in ständigem Einvernehmen mit den Naturkräften zu bleiben. Das Radkreuz ist dabei eine entscheidende Hilfe und ein Zeichen dieses Bestrebens. Es symbolisiert ganz allgemein das heilige Zentrum und erhält, je nach Ausgestaltung, unterschiedliche Bedeutungen. Das Radkreuz dient den Hopis auch als Zeichen ausgewogenen Friedens. Als "*Schildsymbol*" enthalten die vier Teile des Radkreuzes jeweils einen kleineren Kreis. Diese kleineren Kreise stehen nach Thomas Banyacya Sr. für die vier Menschenrassen - rot, gelb, schwarz, weiß -, welche, dem Gesetz des Schöpfers folgend, gemeinsam die Erde und damit den Kosmos im Gleichgewicht halten sollen. (109)

Auch Labyrinth-Mandalas sind bei den Hopi von einer besonderen Bedeutung. Sie verbinden den Menschen mit den in der Erde befindlichen Kräften und bilden so gleichsam Brückenübergänge oder Tore von der physischen zur astralen Welt. Durch entprechende Tänze und Zeremonien können diese Energien aktiviert werden.

Folglich handelt es sich beim Labyrinth um die Markierung eines Ortes mit fließenden Grenzen zwischen verschiedenen Seinszuständen, was zu

einer geschärften Wahrnehmungsfähigkeit führt. Genau das findet sich in den Zeremonien und heiligen Plätzen der Hopi wieder.....
A. Buschenreiter (110)

Das Hopi-Labyrinth ist als *Mutter-Erde-* bzw. *Mutter-Kind-Symbol* bekannt und kommt südlich ihrer Dörfer Oraibi und Shipaulovi zumeist in zwei Varianten vor.

Der quadratische Typ stellt die geistige Wiedergeburt von einer Welt zur nachfolgenden dar....., im kreisförmigen Typ symbolisieren die Kreuzmitte 'Vater Sonne, den Spender des Lebens', die Linien und Wege den allumfassenden Plan des Schöpfers, dem der Mensch auf seinem Lebensweg folgen muß.
F. Waters (111)

Wie der Antropologe Michael Harner aufgezeigt hat, suchen Hopi-Schamanen oft in sogenannten "Tunnelerfahrungen" einen Weg in die Unterwelt, wobei der Schamane in seinem Bewußtsein "*mit Hilfe von Dunkelheit und begleitet von Trommeln ... direkt hinein in den Tunnel und dann darüber hinaus*"(112) geht. Diese Tunnelerfahrungen werden von den Hopi zuweilen in Mandalabildern zum Ausdruck gebracht:

Nebenbei ähneln die konzentrischen Kreise eines Mandalas häufig dem gerippten Anblick, den der Tunnel meistens darstellt, und die Meditation mit einem Mandala kann zu einer Erfahrung führen, die dem Eintritt in den Tunnel gleicht.
Michael Harner (113)

Neben den stark bewußtseinserweiternden Wirkungen wurden Mandalas auch oft als Grundbilder zur Darlegung der gesamten kosmischen Struktur verwendet. Ganze Schöpfungsmythen wurden in teilweise sehr komplexen Mandalas verarbeitet. Bemerkenswert ist hierbei, daß bereits bei einigen frühen Kulturen Mittelamerikas erstaunlich genaue Kalendermandalas erschaffen wurden, denn sowohl Tag und Nacht wie auch der Jahreskreis und größere Zeitrhythmen verlaufen zyklisch. Ein besonders eindrucksvolles Mandala hat hierzu die alte Kultur der Azteken in Mexiko mit dem berühmten Sonnenstein geschaffen. Er hat einen Durchmesser von fast dreieinhalb Metern und wiegt nahezu 25 Tonnen. Hier wird in einem komplexen und kraftvollen Relief die Weltentstehungslehre, die Kalenderkunde und die Metaphysik des alten Mexiko dargestellt.

In seinem Mittelpunkt befindet sich das Symbol für das gegenwärtige fünfte Zeitalter - Ollin -, woraufzu die Symbole der vier vorausgegangenen Zeitalter symmetrisch angeordnet sind. Vom zentralen Symbol geht eine Reihe von strahlenförmig angeordneten Kreisen aus, die zwanzig verschiedene Tageszeichen symbolisch darstellen, die regelmäßig wiederkehren und die konstanten Größen des mexikanischen Kalendersystems sind. Das Band dieser Zeichen wird als nächstes von einem Band mit Himmelssymbolen umschlossen, die Licht, Stärke und Schönheit bedeuten. Der äußere Kreis enthält zwei himmlische Feuerschlangen, die die Begegnung der beiden polaren kosmischen Kräfte symbolisieren: Licht und Finsternis. Ihr Kampf und fortwährendes Aufeinandertreffen bringt im Universum alles zum Entstehen. Auf einer mehr weltlichen Ebene entspricht dies dem ewigen Wechsel von Tag und Nacht.
Jose und Miriam Argüelles (114)

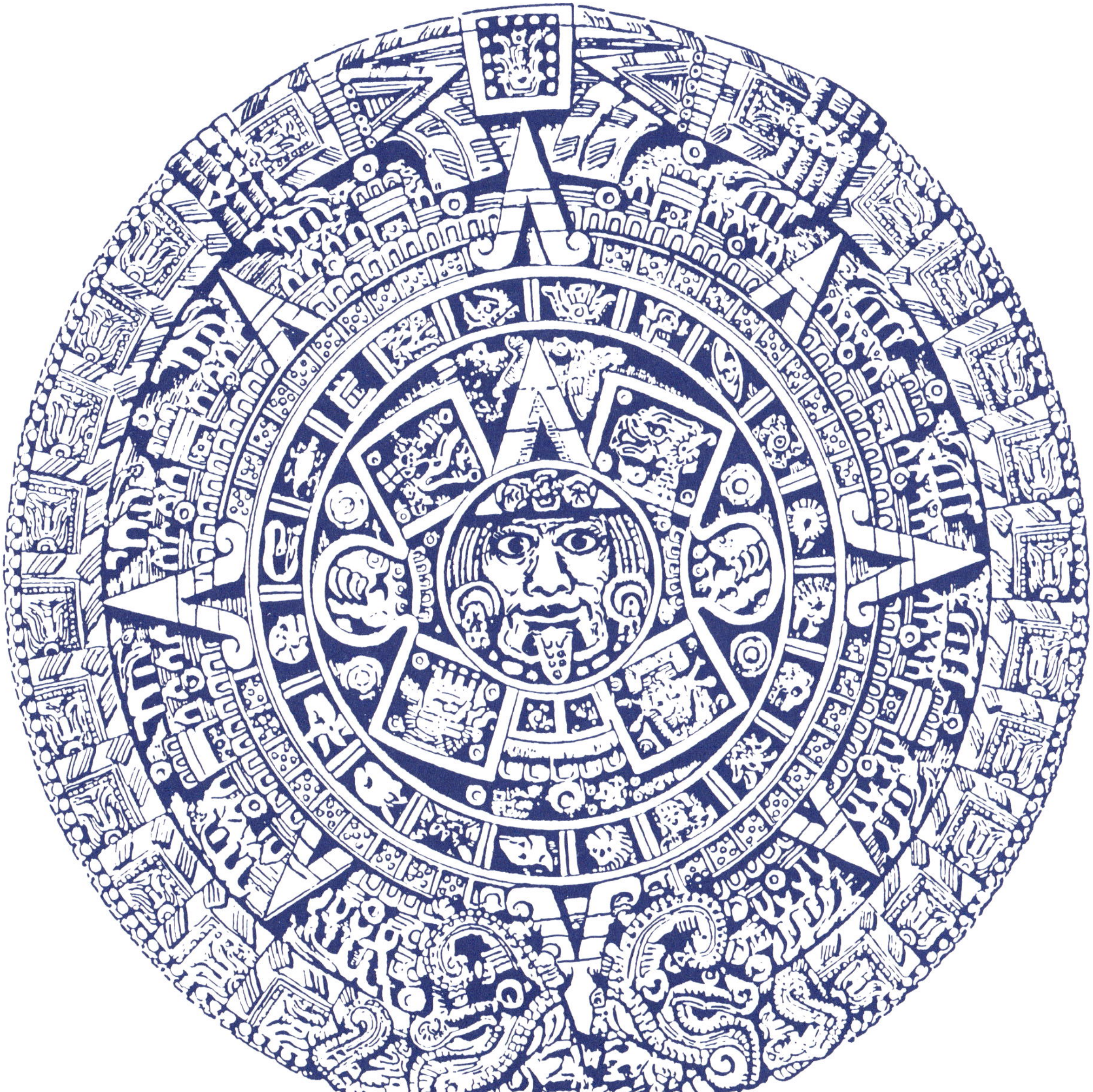

HINDUISMUS

Der Hinduismus hat eine sehr alte Tradition, deren Wurzeln sich heute nicht mehr bis zu den Uranfängen zurückverfolgen lassen. Er geht auf keinen besonderen Religionsstifter zurück, sondern hat sich aus der Weisheit und Intuition der großen indischen Seher und Weisen (Rishis) entwickelt, deren Namen unbekannt sind. Die Grundgedanken der alten Rishis sind jedoch in heiligen Texten niedergelegt, die man heute allgemein als die ältesten schriftlichen Zeugnisse religiöser Kultur überhaupt ansieht. Die ältesten dieser Texte werden im Hinduismus Veden genannt, und im ersten Buch des Rig-Veda wird erklärt, daß die Götter des reichen hinduistischen Götterhimmels Namen und Formen des einen Seins (*ekam sat*) sind, welches selbst jedoch weder Namen noch Form kennt. Damit ist die wesentliche Lehre der Hindus bereits zusammengefaßt.

Das Hervorgehen des Universums mitsamt seinen Göttern und Göttinnen findet in vielen Legenden und Mythen seinen Niederschlag, wobei oft das Bild eines sich öffnenden Lotos auftaucht. Der Gott Brahma soll am Anfang der Welt inmitten eines riesigen tausend-blättrigen goldenen Lotos gestanden sein, und seinen Blick in die vier Richtungen des Raums geschickt haben. Sein vierfaches Umherschauen ist nach Aniela Jaffé als "*eine Orientierung, ein unerläßlicher Ordnungsversuch*" (115) zu deuten. Auch Vishnu, der mit Brahma und Shiva die drei obersten Grundprinzipien der Existenz bildet, wird in einem Schöpfungsmythos mit einem Lotosmandala in Verbindung gebracht. In der Tiefe des Lotosstengels, der sich vom Zentrum des Mandala aus endlos weit erstreckt, fällt der Gott in eine Meditation und erfährt die Unendlichkeit der schöpferischen Kraft.

Bei der Erschaffung der Welt entsteht nach alter indischer Auffassung auch der Schöpfer. Aus dem Nabel des Vishnu entfaltet sich an der Spitze eines langen Stengels, den die Lebenskraft Vayu in Wellenbewegung hält,

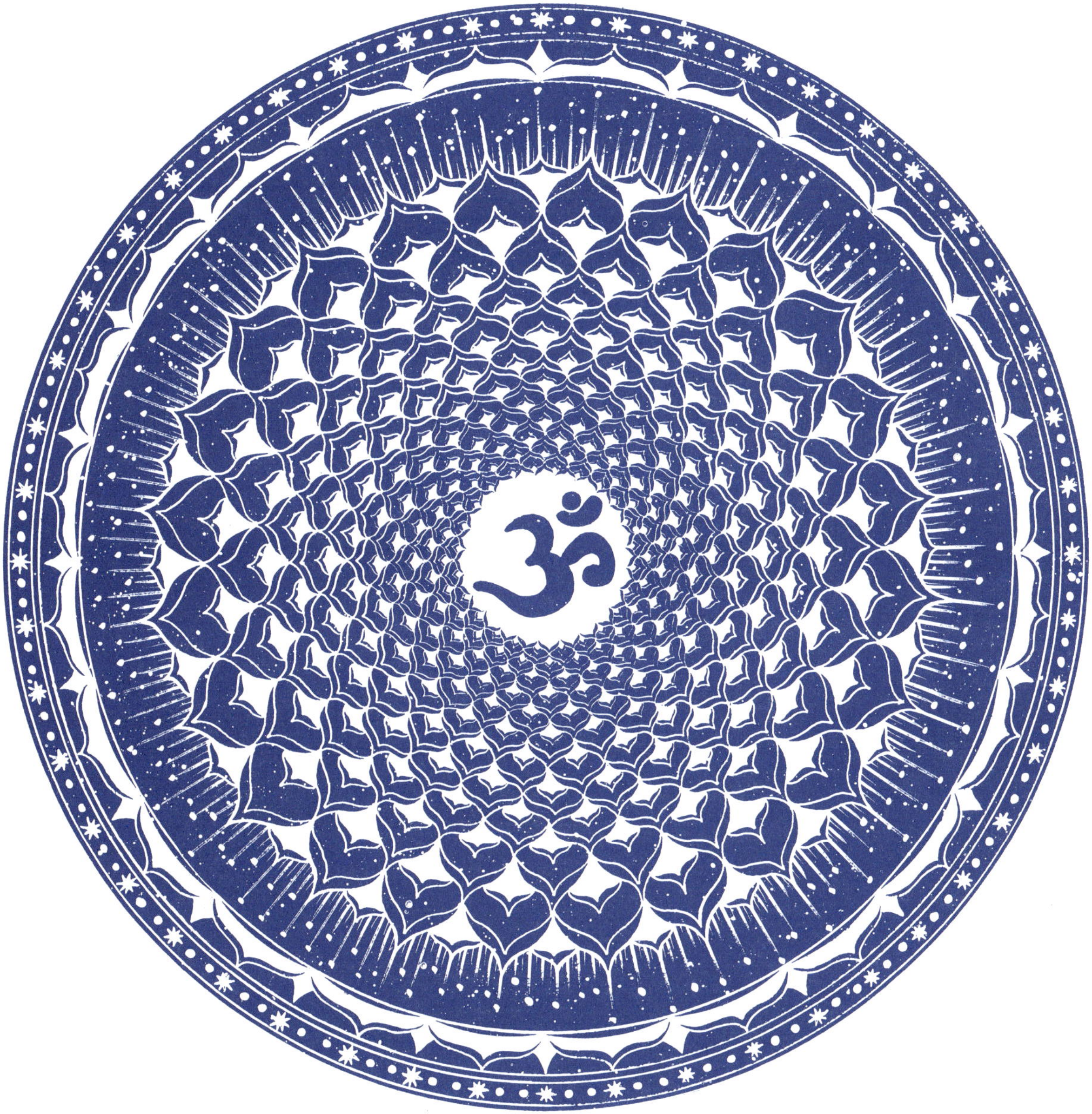
ॐ

eine Lotosblüte, aus der der Schöpfer Gott Brahma geboren wird. Er sucht nach Zweck und Sinn seines Daseins: "Wer bin ich, der ich hier auf dem Lotos sitze? Woher kommt dieser Lotos, der einsam auf dem Wasser blüht? Vielleicht ist etwas unter ihm, was ihn stützt?" (116) Also steigt er in dem Lotusstengel in die Tiefe, die er nie erreicht, er begegnet aber der Unendlichkeit und versenkt sich in Meditation.
Theodor Seifert (117)

Die Lotosblüte ist das Symbol des sich entfaltenden Universums. In manchen indischen Mandalas wird die schöpferische Ursilbe OM (ॐ) in den Mittelpunkt einer blumenartigen Rosette gestellt, da in den alten Texten beschrieben wird, daß die göttliche Urenergie Brahman, die aller Existenz zugrunde liegt und die alles zusammenhält, sich durch (ॐ) OM manifestiert.

Auch Shiva, das Prinzip des höchsten Bewußtseins, wird oft in einer mandalaförmigen Kreisgestalt dargestellt. Gemeinsam mit seinem weiblichen Anteil (*Shakti*) wird Shiva symbolisch und abstrakt in den sogenannten *Yantras* dargestellt. Das Sri Yantra ist eines der heiligsten Meditationsbilder des Hinduismus.

Häufig besteht aber das Mandala nur aus geometrischen Figuren. Bei diesen "abstrakten" <u>Yantras</u> *spielt neben Kreis und Quadrat auch das Dreieck eine Rolle; es sind ineinandergeschobene Dreiecke, von denen die einen mit der Spitze nach unten, die anderen mit der Spitze nach oben zeigen. Der Überlieferung nach drücken sie die Vereinigung von Shiva und Shakti aus, des göttlichen Paares, welches auch von der bildenden Kunst in unzähligen Varianten dargestellt worden ist. Psychologisch gedeutet stellt das Paar die polare Ganzheit der Seele oder das Selbst dar, zu dem das Männliche ebenso gehört wie das Weibliche. Die Göttin vertritt die persönlich-zeitliche Welt des Irdischen und der Gott eine unpersönliche zeitlose Welt des Geistes; jene steht für das Unbewußte, dieser steht für das Bewußtsein.*

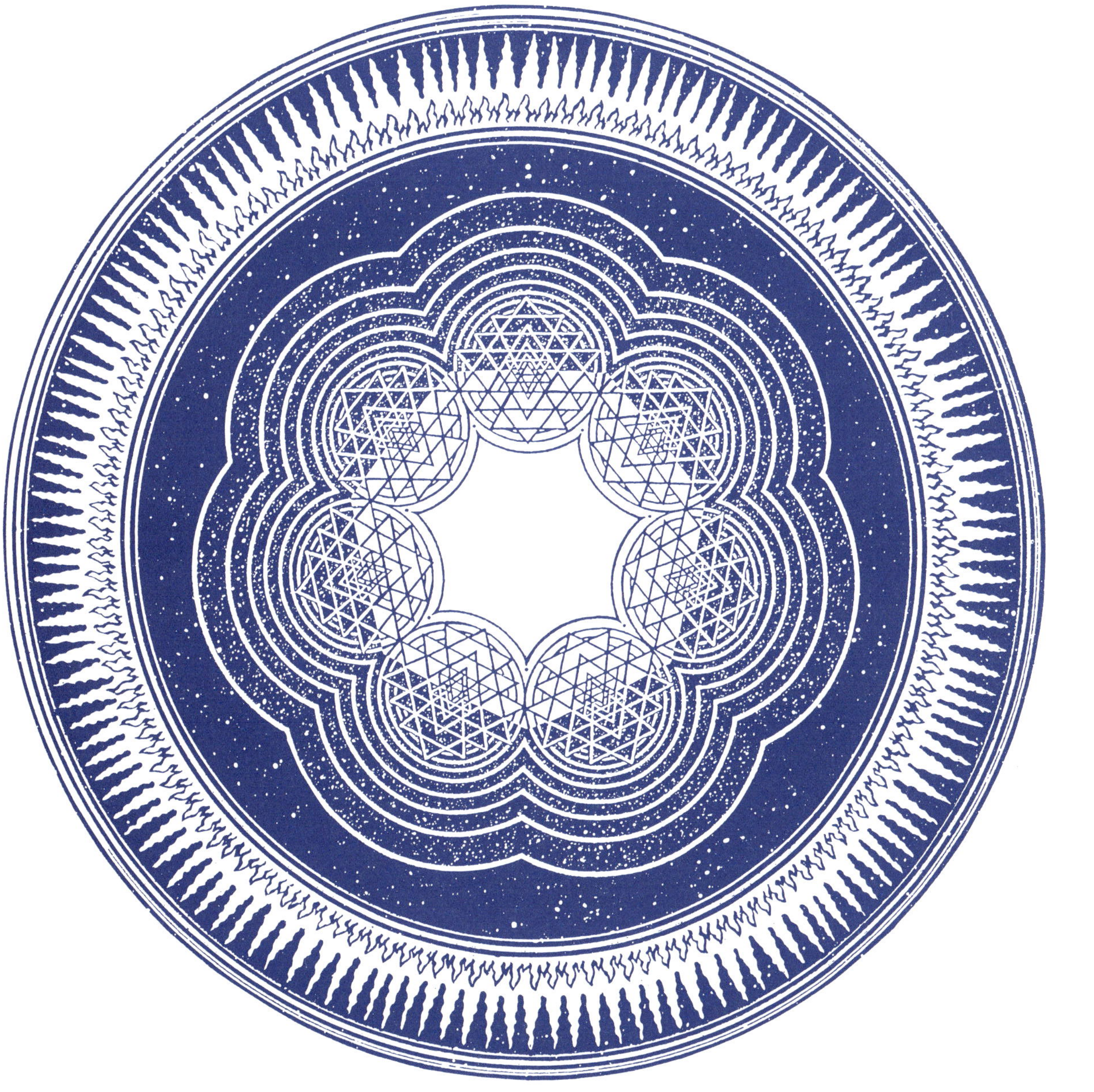

Sowohl bei den Dreiecks-Yantras wie bei der bildhaften Darstellung der Vereinigung von Shiva und Shakti liegt der Akzent auf einer <u>Spannung</u> der Gegensätze; daher die Betonung des erotisch-sexuellen Aspekts und die intensive Bewegtheit der Gestalten.
Aniela Jaffé (118)

Shiva wird auch oft als *Nataraj*, als göttlicher Tänzer dargestellt. Auch in dieser Darstellung befindet sich Shiva inmitten eines Mandala, nämlich eines Kreises aus Flammen. Die Flammen symbolisieren Weltenbrände, und Shiva tanzt inmitten des Feuers. Mit einer Hand schlägt er auf einer Trommel den Rhythmus des Universums, in einer anderen hält er die Flamme der Zerstörung und der Kreativität. Eine dritte Hand ist zum Friedenssegen erhoben, und eine vierte zeigt auf seinen erhobenen Fuß als Zeichen der Befreiung. Mit dem anderen Fuß steht er auf dem Dämon der Dummheit und Verblendung.
Der Nataraj tanzt die gesamte Existenz. Das Leben selbst ist der Tanz Gottes, und in diesem Tanz sind alle Aspekte des Lebens vereint und kommen auch zum Ausdruck. Dabei handelt es sich durchaus um zunächst widersprüchlich erscheinende Elemente, die in diesem Bild auftauchen: die Friedensgeste findet mitten im Feuer der Zerstörung statt; die Befreiung und Erleuchtung des Bewußtseins ist ebenso Teil des Tanzes wie der Dämon der Verblendung. Alles vibriert, und Shiva selbst hat ein ekstatisches Lächeln auf den Lippen. Seine Haare fliegen im Wind.

In den *Upanishaden*, Texten, die etwas später als die Veden entstanden sind (5. - 8. Jahrhundert vor unserer Zeitrechnung), wurden vor allem Gespräche über das Verständnis von Brahman als Ursprung des Universums aufgezeichnet.

Wahrlich, diese Welt war am Anfang Brahman, dieses wußte allein sich selbst.
Brihadaranyaka-Upanishad 1,4,11 (119)

Eine der großen Botschaften der Upanishaden ist die Erkenntnis, daß Brahman seinem Wesen nach Bewußtsein ist (*Prajnam brahman* - "Brahman ist Bewußt--sein") und daß eben dieses Brahman identisch ist mit dem inneren Selbst (*atman*) des Menschen (*ayam atman brahmanasti* - "Das Selbst ist Brahman"). Der Mensch kann also die tiefste Wirklichkeit in sich selbst entdecken (*aham brahmasmi* - "Ich bin Brahman").

Dies bedeutet, daß wir, wenn wir in die Tiefen unserer eigenen Seele hinabsteigen, die sich jenseits unseres Körpers, unserer Gedanken und Gefühle befindet, dieses "Ich", <u>Atman</u>, entdecken und <u>Brahman</u> in uns finden werden, als unser wahres Wesen.
Bede Griffith (120)

Jedoch steckt die verborgene Essenz (Brahman) in der ganzen Schöpfung, in jedweder Existenz und ist Ursprung aller Dinge. Daher ist der Mensch seinem Wesen nach nicht getrennt von der Schöpfung, sondern im tiefsten Sinne mit ihr eins (*tat tvam asi* - "Das bist Du").(121) Die ganze Schöpfung wird in den heiligen Schriften Indiens daher auch als *Purusha*, als kosmischer Mensch beschrieben.

Der Purusha mit tausendfachen Häuptern, mit tausendfachen Augen, tausend Füßen umfaßt die Erde allerorten. Nur Purusha ist diese ganze Welt und was da war und was zukünftig währt. Herr ist er über die Unsterblichkeit. ....
Rig Veda (Purusha Shukta) (122)

In der Bhagavad Gita, dem Gesang vom Erhabenen, existiert der Purusha in der Gestalt von Krishna auf drei Ebenen: der physischen, der psychologischen und darüber hinaus auf der des Absoluten, des *Purushottaman*. Krishna ist eine göttliche Inkarnation (eine Inkarnation von Vishnu) und zeigt ähnlich wie später im Christentum den zum Menschen gewordenen Gott. Göttliches und Menschliches sind in allen Aspekten vollkommen eins.

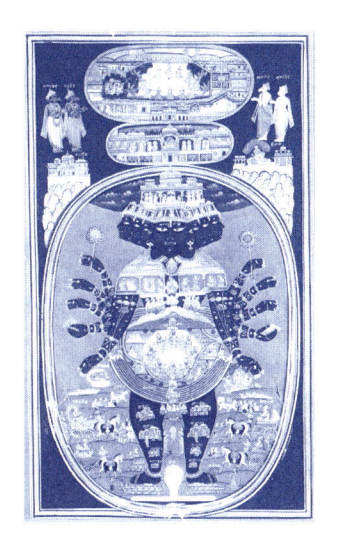

Ich bin der Ursprung aller Dinge; aus mir geht alles hervor. ...
Ja, ich will dir (Arjuna) meine göttlichen Gestalten erklären...; denn meiner Ausbreitung ist kein Ende gesetzt. Ich bin das Selbst, das im Herzen aller Geschöpfe wohnt. Ich bin der Beginn, die Mitte und das Ende aller Wesen. ...
Da ich das Vergängliche übersteige und höher selbst als das Unvergängliche bin, werde ich in der Welt und im Veda als die höchste Person (Purushottaman) gefeiert. ...
Krishna (in der Bhagavad Gita) (123)

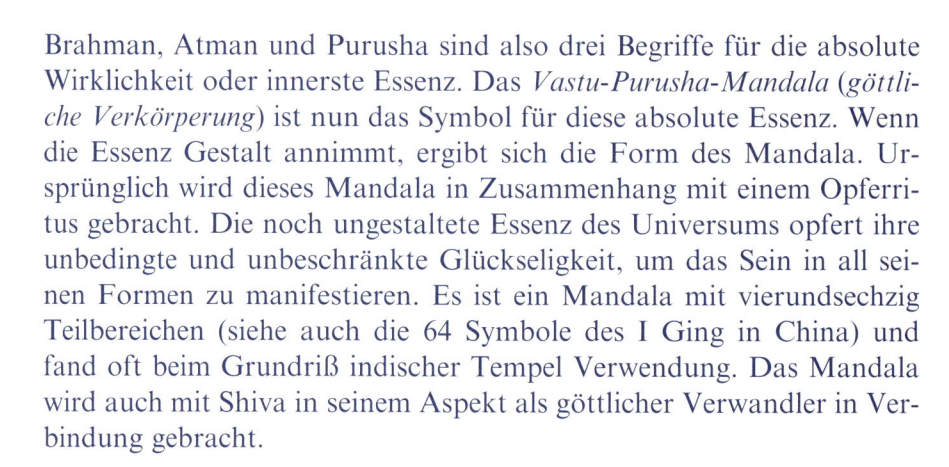

Brahman, Atman und Purusha sind also drei Begriffe für die absolute Wirklichkeit oder innerste Essenz. Das *Vastu-Purusha-Mandala* (*göttliche Verkörperung*) ist nun das Symbol für diese absolute Essenz. Wenn die Essenz Gestalt annimmt, ergibt sich die Form des Mandala. Ursprünglich wird dieses Mandala in Zusammenhang mit einem Opferritus gebracht. Die noch ungestaltete Essenz des Universums opfert ihre unbedingte und unbeschränkte Glückseligkeit, um das Sein in all seinen Formen zu manifestieren. Es ist ein Mandala mit vierundsechzig Teilbereichen (siehe auch die 64 Symbole des I Ging in China) und fand oft beim Grundriß indischer Tempel Verwendung. Das Mandala wird auch mit Shiva in seinem Aspekt als göttlicher Verwandler in Verbindung gebracht.

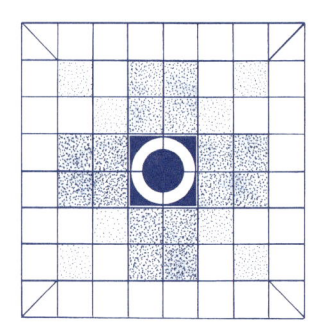

Im *Skanda Purana* (124) ist das Mandala des Paradieses von *Vaikuntha* beschrieben, dem himmlischen Wohnort Vishnus (Narayana). Der göttliche Palast hat zwölf Tore, die gemäß den vier Richtungen des Raumes aufgeteilt und jeweils mit Kreisbögen geschmückt sind. Diese deuten wahrscheinlich die zwölf Wächter oder *Pratiharinis* an, welche zwölf geistige oder göttliche Eigenschaften verkörpern.(125) Die vier Ecken des Vaikuntha-Mandala stellen Nebenheiligtümer dar und sind in jeweils 16 Felder unterteilt. Der heilige Raum (Mandapa) im Inneren des Vaikuntha besteht aus Kristall und Gold, Edelsteinen und Perlen und ist in 144 Felder aufgeteilt. Inmitten des Saales wächst der makellose Baum des Lebens.(126) Er erhebt sich aus dem strahlenden hundertblättrigen Lotos. Auf der Höhe des Daches von Vaikuntha befindet sich ein Gefäß (Kalasha), angefüllt mit der Milch der Unsterblichkeit.

Zwei göttliche Vögel sitzen zu Seiten des Kalasha in völligem Schweigen. In diesem schimmernden Heiligtum, welches aus sich heraus leuchtet, scheinen nicht Sonne noch Mond noch Sterne.
Das ist die Wohnung von Narayana, welcher jenseits der wandelbaren Welt ist und selbst jenseits der Unwandelbaren.
Skanda Purana (127)

Dschaina-Diagramm der Unterteilung des Kosmos
(Gudscharat, 15. Jahrhundert)

BUDDHISMUS

Ähnlich wie im Hinduismus, wo Brahma, der Schöpfer der Welt, in einer tausendblättrigen Lotosblüte geboren wird (siehe Kapitel Hinduismus), tritt der Prinz Siddharta, der nach seiner großen Erleuchtung schließlich Buddha (der Erwachte, der Erleuchtete) wird, und im Hinduismus als neunte Inkarnation des Lebensprinzips Vishnu angesehen wird, sofort nach seiner Geburt in eine Lotosblüte und behauptet so seine einzigartige und vollkommene Existenz.

Im Augenblick seiner Geburt öffnet sich eine Lotosblüte, und Buddha trat in ihre Mitte, um in die acht Richtungen des Horizonts zu blicken. Überdies schaute er in die Höhe und Tiefe. Die symbolische Geste des ordnenden Schauens drückt mit sparsamsten Mitteln aus, daß von Geburt an Prinz Siddharta eine einmalige Persönlichkeit war, ein Bodhisattva, zur Erleuchtung bestimmt. Durch die zehnfach gegliederte Ordnung empfing er, so könnte man in mythischer Sprache sagen, die Signatur seiner totalen Existenz.
Aniela Jaffé (128)

Bei fast allen Statuen wird Buddha daher auf einem Lotos sitzend dargestellt, und auf fast allen buddhistischen Mandalas ist eine Rosette von Lotosblütenblättern zu erkennen.

Als Prinz Siddharta nach intensivem Suchen schließlich unter einem Pipal-Baum in Gaya (129) beim Anblick des Morgensterns seine große Erleuchtung erfahren hatte, verkündigte er noch viele Jahre in ganz Indien seine Lehre vom mittleren Weg. Man sagt, Buddha habe das große Dharma-Rad (das Rad der Lehre; das Rad der Weisheit) in Bewegung gesetzt, und die buddhistische Lehre wird demgemäß manchmal als ein Rad mit acht Speichen dargestellt. Die acht Speichen symbolisieren die Grundbedingungen, die der nach Erleuchtung Strebende einhalten sollte, denn sie fördern seine Weisheit, helfen unnötiges

Leiden zu vermeiden und führen den praktizierenden Buddhisten auf einen sicheren Weg zum Erwachen. Im einzelnen handelt es sich um folgende acht Grundprinzipien: 1. rechte Einsicht (intellektuelle Klarheit über den Lebensweg); 2. rechte Gesinnung (gefühlsmäßige Klarheit über das, was man wirklich will. Sucht man wirklich vor allem anderen die Erleuchtung?); 3. rechte Rede (Bewußtwerden unserer Sprache; die Sprache sollte liebevoll sein, und falsches Zeugnis, eitles Gerede, Klatsch, üble Nachrede und Beschimpfungen sollten vermieden werden); 4. rechte Tat (Vermeidung egoistischen Handelns und Aufforderung zu selbstlosem Tun); 5. rechter Lebenserwerb (verschiedene Berufszweige sind zu meiden wie z.B. die des Metzgers, Sklavenhändlers, Waffenherstellers); 6. rechte Anstrengung (Buddha maß dem Willen große Bedeutung bei; es gilt Tugenden zu entwickeln und Leidenschaften zu zügeln); 7. rechte Achtsamkeit (es ist volle Achtsamkeit erforderlich, bei den Taten, aber auch bei den Gedanken;(130) denn nur so läßt sich die Unwissenheit überwinden); 8. rechte Sammlung (Versenkung, Meditation. Dies ist die zentrale Praxis, die es dem Prinzen Siddharta ermöglicht hat, seine eigene Buddhanatur zu erkennen. Der Verstand wird transzendiert, und alle Täuschung, Verblendung und Dummheit muß losgelassen werden. Nur so kann wahre Erleuchtung erreicht werden.) Das Innere des Rades, die Nabe, ist leer. Buddha hat erkannt, daß alle Existenz im tiefsten Grunde leer ist, und diese Leere (Shunyata) ist allen Dingen und allen Lebewesen immanent.

In den buddhistischen Mandalas symbolisiert daher der Mittelpunkt fast immer den Zustand der reinen, ungeformten Wirklichkeit. Er wird in der Regel durch ein Symbolzeichen der Leere oder durch einen Dhyani-Buddha (Meditations-Buddha) dargestellt. In der Meditation ist der Geist vollkommen leer geworden und kann nun so in seinem ursprünglichen Sein erscheinen. Jedoch bleibt die Leere allein unvollständig. Sie stellt nur einen Aspekt der Wirklichkeit dar. Der andere Aspekt ist die konkrete Form, die phänomenale Welt, in der jedoch überall die Leere aufscheint. Buddha erklärte, daß so, wie das Meer an jeder Stelle salzig schmeckt, auch alle konkreten Gegebenheiten denselben Geschmack der Leere haben. In diesem Sinne sind *Samsara* (die Welt der Veränderungen; das Reich der Formen und Bindungen) und *Nirvana* (das Reich jenseits der Veränderungen; die Welt der Leere) miteinander identisch. Jeder Punkt des Mandala ist seinem Wesen nach leer, und kann daher als kreatives Zentrum der Wirklichkeit angesehen werden, aus dem sich wie aus einem Samen ein neues Universum entwickelt.

In allen Zweigen des Buddhismus wurde die Symbolik des Mandala gepflegt und erforscht, jedoch ist vor allem der tibetische Buddhismus berühmt für seine unzähligen Mandalaabbildungen und deren komplexe Deutung. Gerade im kargen und weiten Himalajagebiet von Tibet und Nepal sind im Laufe der Jahrhunderte leuchtende, wunderschöne Mandalabilder entstanden, und die Kultur des tibetischen Buddhismus hat eine ausgesprochen tiefgreifende Mandalatradition entstehen lassen.

Bei der Konzeption vieler tibetischer Mandalas spielt der Berg *Kailash* eine dominierende Rolle. Sowohl im hinduistischen wie auch im buddhistischen Weltbild steht dieser Berg im westlichen Tibet an zentraler Stelle.(131) Von den Tibetern wird er als die Weltachse, als Berg Sumeru (Meru) angesehen. Er bildet das Zentrum der Welt, und von ihm aus breiten sich außerhalb magisch-mystischer Ringe, die verschiedene Götterhimmel beherbergen, die vier Weltteile aus. Dies wird in vielen tibetischen Mandalas in charakteristischer Weise dargestellt. Im Osten liegt Videha, halbmondförmig und weiß dargestellt, im Süden Jambudvipa, dreieckig und blau, im Westen Goddhyana, kreisförmig und rot, und im Osten Uttarakura, quadratisch und gelb dargestellt, wobei der südliche Kontinent Jambudvipa unsere bewohnte Welt darstellt. Die geometrischen Figuren und Farben stehen dabei gleichzeitig für die Elemente Wasser (Chu), Feuer (Me), Luft (rLung) und Erde (Sa) und damit auch für die Aggregatzustände flüssig, sich verwandelnd, gasförmig und fest.(132)

Kalachakra Kosmos
(Wandmalerei aus Butan)

Manche Abbildungen auf tibetischen Rollbildern (Thankas) zeigen das tibetisch-buddhistische Weltverständnis auf noch differenziertere Weise:

Der Rand wird von einem Feuerberg umschlossen, der das hohe Bewußtsein darstellt. Nach innen folgen Symbole für die "Unwandelbarkeit des kosmischen Bewußtseins", für die "Erleuchtung", der Diamantring, auch Diamanteinfassung genannt. Darauf folgt bei vielen, aber nicht allen Mandalas ein Ring mit acht "Leichenstätten", die u. a. als acht dem Menschen noch verbliebene Bewußtseinsarten gedeutet werden. Das nächste Rund nach innen bildet ein Lotoskranz, der für die geistige Wiedergeburt steht und in dem der quadratische "himmlische Palast", die "Götterstadt" auf dem "Weltberg", eingeschlossen wird. Der Mittelpunkt, das Zentrum und der heiligste Platz, steht zugleich für den Kailash, die axis mundi, und deren Entsprechung im Menschen, die Wirbelsäule. Der Palast öffnet sich nach jeder Seite mit einem Tor, das von einem Triumphbogen gekrönt ist.
Manfred Gerner (133)

Der symbolische Reichtum der tibetischen Mandalas ist jedoch außerordentlich groß und kann auch (zusammen mit der Farbgebung) unterschiedlich sein. So beschreibt Chögyam Trungpa ein Mandalaritual, bei dem die vier Himmelsrichtungen so aufgeteilt sind, daß der Osten blau ausgezeichnet und mit einem Symbol des Akshobhaya Buddha versehen wird (Reinigung und Friede, der innere Weisheit bringt). Der Süden ist mit Gelb und einem Symbol des Ratnasambhava Buddha gekennzeichnet (Gleichmut und Sieg über die Selbstsucht). Der Westen hat Rot als Farbe und zeigt ein Symbol für Amitabha Buddha (grenzenloses Licht, Mitgefühl und Freiheit von Begierden). Der Norden ist mit Grün gekennzeichnet und das Reich des Amoghasiddhi Buddha (erleuchtete Handlung und Überwindung von Neid). Im weißen Zentrum ist der Sitz des Vairochana Buddha (Erleuchtung, 'Schoß' des Dharma, Überwindung von Verwirrung und Unwissenheit).(134)

In vielen tibetischen Mahayana-Mandalas werden die "geistigen Buddhas", die Tathagatas, abgebildet. Das Zentrum und die vier Kardinalrichtungen sind bei diesen Mandalas mit je einem Tathagata (oder Dhyani-Buddha) besetzt. Sie "*stellen die Urkonzeption des Diamantweges dar: jene kosmischen Kräfte, aus denen alles entsteht.*"(135) Tathagata ist im Mahayana-Buddhismus auch einer der Namen Buddhas, der übersetzt etwa bedeutet: "*Der, der so kommt, wie er kommt, und so geht, wie er geht.*" Er wird als ein Hinweis auf die Vollkommenheit der Schöpfung in ihrem So-Sein verstanden.

In der Mitte vieler buddhistischer Mandalas steht auch die Ursilbe OM (ॐ) als Zeichen für die schöpferische Urwirklichkeit. Es deutet auf den Grundcharakter der Wirklichkeit hin und versinnbildlicht ihren tiefsten, unerschöpflichen Grund. OM ist die Quelle und der Ausdruck selbst, das Schlüsselwort der Schöpfung.(136)

Auch wenn alle buddhistischen Mandalas stets auf die ungeteilte Urwirklichkeit selbst, auf die sogenannte Buddhanatur aller Existenz, hinweisen, so haben viele Mandalas aus Tibet doch eine spezielle Charakteristik und Funktion. Manche Mandalas dienen der Heilung (sowohl der physischen wie auch der psychischen Natur), jedoch finden die meisten buddhistischen Mandalas direkt in der Meditationspraxis als Hilfsmittel zur Konzentration und Ordnung des Geistes eine Anwendung, wobei der Meditierende jedoch in der Regel erst durch einen erfahrenen Meditationsmeister in die inneren Bedeutungen des jeweiligen Mandalas eingeweiht (initiiert) wird.

Jedes Mandala birgt in sich als seine innerste Essenz stets ein Geheimnis, das sich dem Menschen letztlich nur in der Meditation und durch eine selbstlose Geisteshaltung erschließt. Durch besondere Mandalas können auch spezielle Bewußtseinsaspekte angesprochen und belebt werden. Eine Beschäftigung mit der inneren Bedeutung des Mandala kann den Übenden dann über seine oberflächlichen, begrenzten Bewußtseinsschichten hinausführen in eine letztlich endlos tiefe

Meditationserfahrung hinein. Jedoch ist hier eine intensive und oftmals langjährige Meditationspraxis Voraussetzung.

Ein besonders wichtiges Mandala in der tibetischen Tradition des Tantrismus ist das sogenannte *Kalachakra-Mandala*. Es unterscheidet sich sowohl in seiner besonderen Bedeutung wie auch in seiner Farbgebung (137) und Symbolik von vielen anderen tibetischen Mandalas. In einer mehrtägigen Zeremonie wird das Kalachakra-Mandala nach genauen Vorschriften mit gefärbten Pulvern auf einer zuvor rituell gereinigten und vorbereiteten Fläche errichtet. Die intensive Sammlung geistiger Kraft durch das Mandalaritual dient einer großen Bewußtseinsreinigung und der Vorbereitung auf den Augenblick des Todes. Am Ende der Zeremonie wird das Mandala schließlich durch Zusammenwischen des Pulvers zerstört. Das Pulver wird nun in einen Fluß geschüttet und ist somit wieder mit der gesamten Existenz verbunden. Das Kalachakra-Mandala-Ritual wurde vom Oberhaupt des tibetischen Buddhismus, von S. H. dem 14. Dalai Lama, auch bereits im Westen schon abgehalten und ist ein wesentlicher Beitrag des Buddhismus zur Schaffung und Erhaltung des Weltfriedens.

Die Zerstörung von Mandalas durch das Verwischen der Mandalastruktur mag manchen etwas sonderbar anmuten, ist jedoch ein wesentlicher Teil des Rituals und wird auch in anderen Traditionen praktiziert (siehe Schamanismus). Die konkrete Struktur des Mandala ist der "Welt der Vergänglichkeit" unterworfen. Es lohnt nicht, an Farben und Formen anzuhaften. Symbolisch wird dieser Zusammenhang auch im tibetischen Buddhismus durch die sogenannte Praxis der "Darbringung des Mandala" verdeutlicht.(138) Es ist eine einfache aber wirksame Methode zur "Anhäufung von Verdiensten" und zur Erlangung eines Bewußtseinsgrades der "Nichtanhaftung". Dabei werden auf einer nach Möglichkeit aus Gold gefertigten Scheibe, die die eigene Buddha-Natur symbolisiert, einige Reis- oder Getreidekörner (eventuell zusammen mit Edelsteinen oder Perlen) gestreut. Die Mandalascheibe wird in Herzhöhe gehalten, und mit einer bestimmten

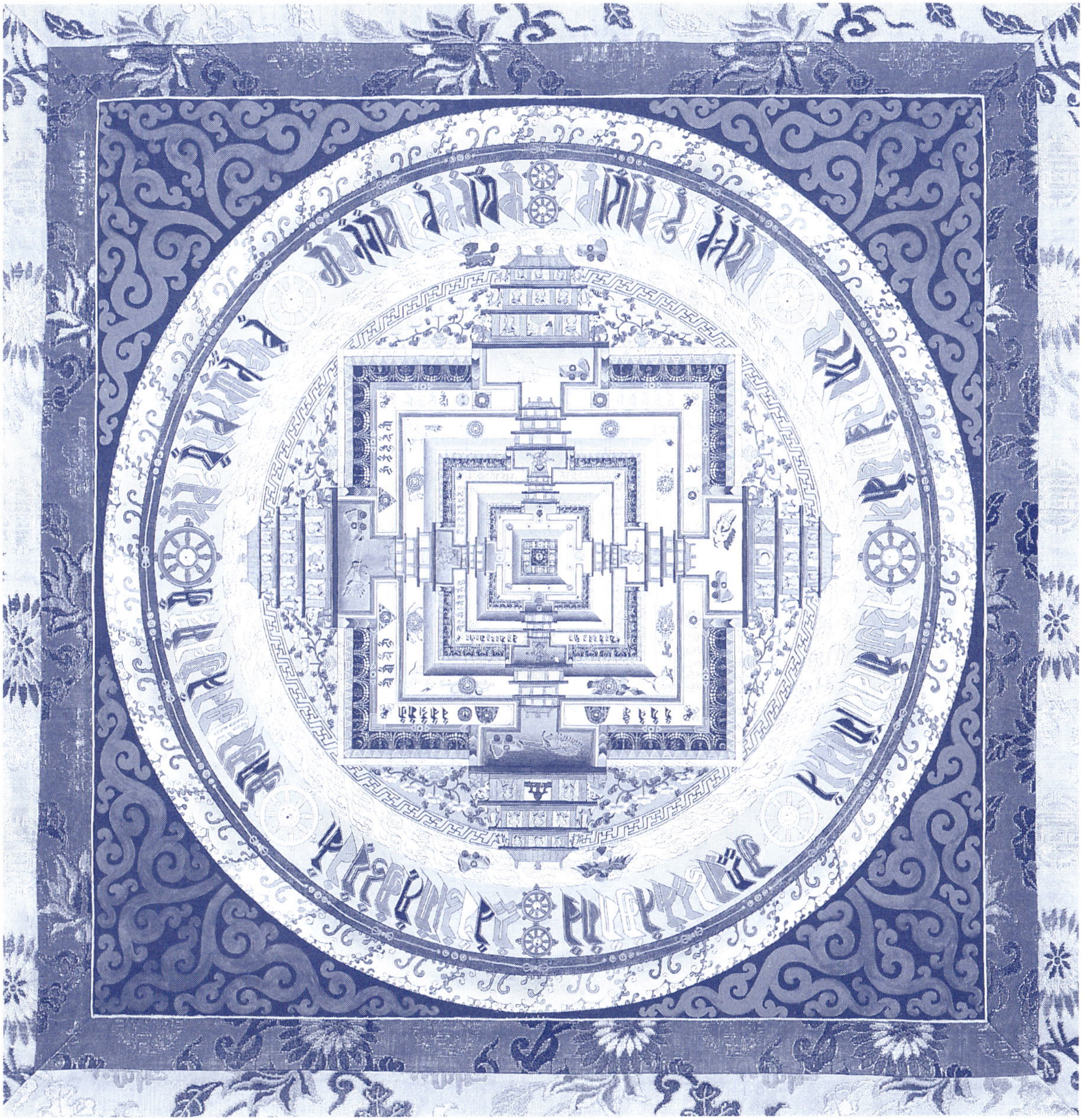

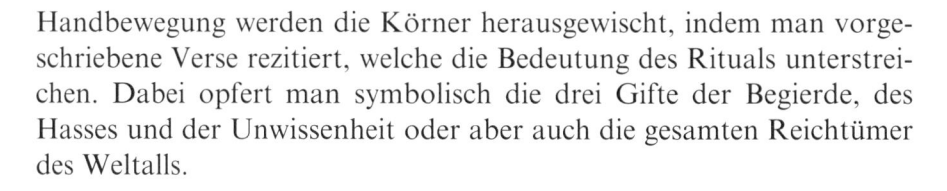

Handbewegung werden die Körner herausgewischt, indem man vorgeschriebene Verse rezitiert, welche die Bedeutung des Rituals unterstreichen. Dabei opfert man symbolisch die drei Gifte der Begierde, des Hasses und der Unwissenheit oder aber auch die gesamten Reichtümer des Weltalls.

Obwohl es merkwürdig erscheinen mag, alle Reichtümer der Welt darzubringen, kann das ein wirksames Mittel zur Überwindung der Anhaftung sein. Der Wunsch, alles, was man hat, anderen zu geben, ist das Wesen vollkommener Freigebigkeit.
Geshe Rabten (139)

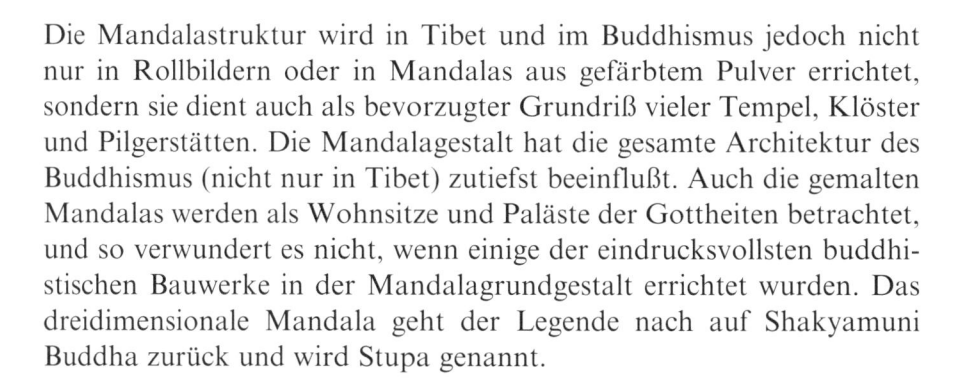

Die Mandalastruktur wird in Tibet und im Buddhismus jedoch nicht nur in Rollbildern oder in Mandalas aus gefärbtem Pulver errichtet, sondern sie dient auch als bevorzugter Grundriß vieler Tempel, Klöster und Pilgerstätten. Die Mandalagestalt hat die gesamte Architektur des Buddhismus (nicht nur in Tibet) zutiefst beeinflußt. Auch die gemalten Mandalas werden als Wohnsitze und Paläste der Gottheiten betrachtet, und so verwundert es nicht, wenn einige der eindrucksvollsten buddhistischen Bauwerke in der Mandalagrundgestalt errichtet wurden. Das dreidimensionale Mandala geht der Legende nach auf Shakyamuni Buddha zurück und wird Stupa genannt.

Der eigentliche Kultbau des Buddhismus ist der Stupa. In Tibet und den angrenzenden Himalajaländern heißen diese Reliquienschreine Tschörten, in der Mongolei Suburghan, in Thailand Prachedi, in China Pagode, in Indien und Ceylon Stupa, in Burma Dagoba. In allen buddhistischen Staaten, gleich ob die Bevölkerung dem Hinayana, der Lehre des "kleinen Fahrzeugs", oder dem Mahayana, der Lehre des "Großen Fahrzeugs", folgt, kommen Stupas millionenfach vor. In der Form variierend, den lokalen Architekturen entsprechend, gibt es sie in Größen von wenigen

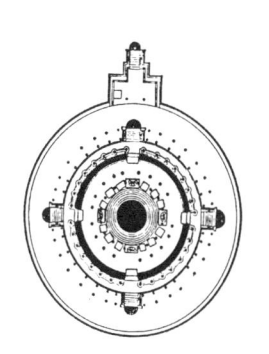

Zentimetern als Votiv- und Altargaben bis zu riesigen Anlagen von weit über hundert Metern Höhe.
Manfred Gerner (140)

Der Stupa wird manchmal mit dem menschlichen Herzen verglichen, in dessen Inneren der Weise alle Wahrheiten findet, wenn er mit Ausdauer in seine Geheimnisse einzudringen versteht.(141) Der Stupa bildet immer einen strukturierten kosmischen Raum, den man, zumindest bei den größeren Stupas, manchmal sogar betreten oder zumindest umkreisen kann. Der größte buddhistische Sakralbau in Form einer Stupa steht in Java (Indonesien) und zeigt in seinem Grundriß ein ausdifferenziertes Mandala. Es ist der über dreißig Meter hohe und in verschiedenen "Etagen" erbaute Borobodur aus dem 9./10. Jahrhundert. Der Pilger umkreist den Stupa hier in spiralförmiger, stufenartiger Weise, wobei er bei den untersten Sockeln beginnt, welche die Welt des Samsara (die Welt des Begehrens und der Anhaftung) in ihren Reliefs darstellt. Von dort führt der Weg über die Darstellung der Lebensgeschichte des historischen Buddhas zu den zukünftigen Buddhas Maitreya und Samantabhadra und schließlich in das bild- und gestaltlose Reich der Arupa-Himmel in der Mitte der drei inneren runden Gipfelterrassen.(142)

Einige Stupas umkreist man nicht nur auf der Höhe eines Stupa-Sockels, sondern spiralförmig auf mehreren Etagen bis hinauf zum wichtigsten Sanktuarium, in dem ein Symbol des Absoluten aufbewahrt wird. Dieses Beschreiten eines Stupa erinnert an den meditativen "Gang" durch einen Mandala-Palast, jenen Stufenweg zur Erleuchtung, auf dem der Initiand vom Grobstofflichen über den Feinstofflichen bis zum Formlosen Geistigen Bereich voranschreitet, um schließlich höchste Wonne und Leere zu erfahren.
Martin Brauen (143)

Stupas und Tschörten sind dreidimensionale Mandalas. Sie symbolisieren wiederum den Weltenberg als zentrale Aussage, die sowohl auf die Ganzheit des Ureinen wie auf die Mannigfaltigkeit der Schöpfung verweist. Der Stupa ist ein Ort der magischen Gegenwart des Buddhawesens, der Essenz der kosmischen Natur. Sie zeigt sich in allen Manifestationen des Universums und ist ihrem Wesen nach nicht von ihrem konkreten Ausdruck zu trennen. Stupa wie Mandala sind ein bildliches Zeichen für diese ureigenste Einheit.

Im tantrischen Buddhismus wird der Begriff Mandala in der Regel jedoch sehr weit verwendet und nicht nur auf die geometrische oder bildliche Darstellung von Kreis- und Viereckstrukturen begrenzt. Das alltägliche Leben selbst mit all seinen Aspekten kann als Mandala angesehen und verstanden werden.
Dabei geht man davon aus, daß die verschiedenen Wahrnehmungen von uns ständig zu einem Mandala geordnet werden, indem wir eine Erfahrung mit einer anderen verknüpfen.(144)

In manchen buddhistischen Texten wird darauf hingewiesen, daß es wesentlich ist, letzten Endes sich selbst, seinen eigenen Körper (worunter auch der spirituelle Körper verstanden wird), als Mandala wahrzunehmen.(145) Letztlich ist die gesamte Existenz unser eigener Körper. Wir sind nicht getrennt von der Wirklichkeit, im Gegenteil, wir sind die Wirklichkeit selbst. Und diese Wirklichkeit kann als großes, unendliches, vielschichtiges Mandala erfahren werden. Diese Erfahrung der Einheit in der Vielheit und der Vielheit in der Einheit ist ein wesentlicher Bestandteil der Meditation. In unserer Gestalt hat die Wirklichkeit selbst Gestalt angenommen, und in unserer Erfahrung erfährt sich die Wirklichkeit selbst.

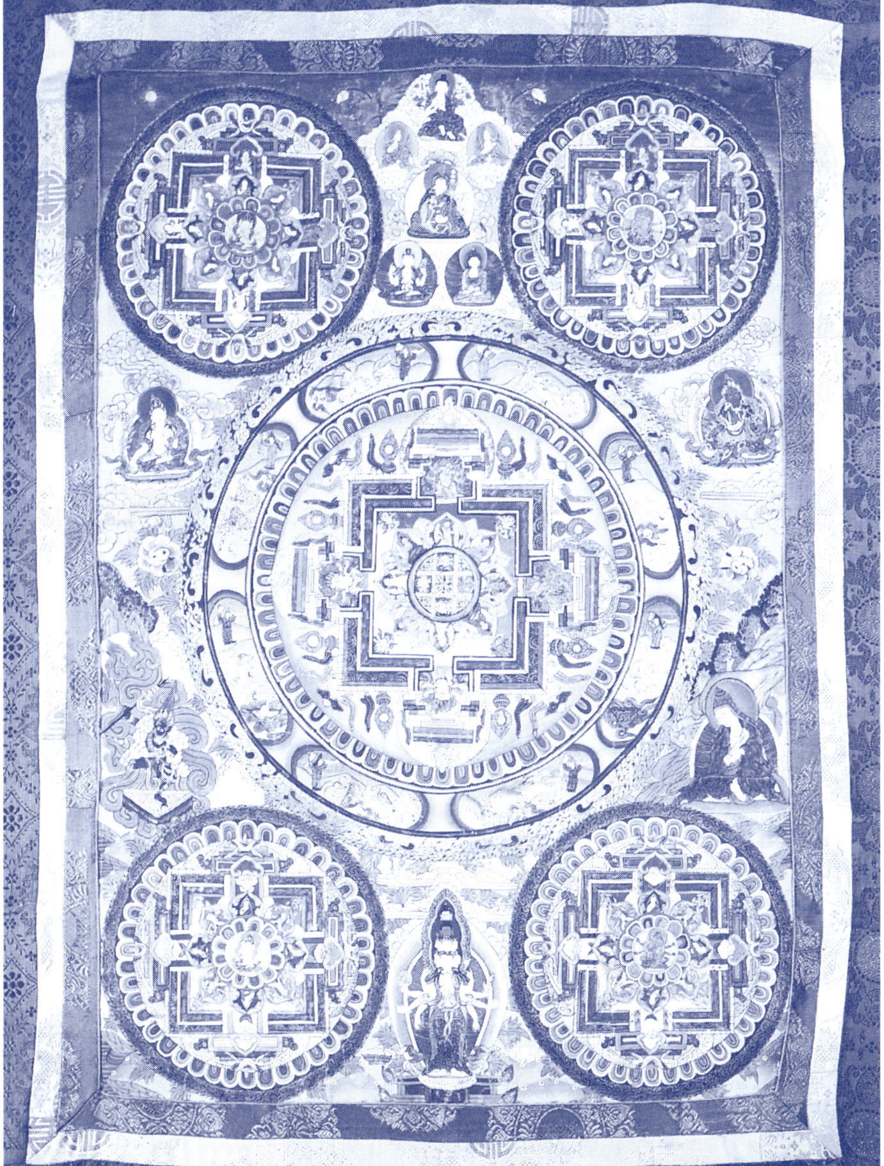

CHINESISCHE KULTUR

*Bitte,
greif nicht in das Spinnennetz.
Alles im Himmel
und
auf der Erde
ist ein hauchzartes kostbares Gewebe,
aus kristallenen Fäden gesponnen.
Greifende Hände zerstören es.
Schau dir das schimmernde Netz genau an -
ganz
ruhig.*
Timothy Leary nach dem Tao Te King (146)

Tung Jen - Gemeinschaft mit Menschen, I-Ging Orakelkarten

Das mittelalterliche China der großen Kaiserdynastien teilte nicht die Auffassung des Abendlandes, daß die Erde eine auf dem Ozean schwimmende Scheibe sei; man dachte sich die Welt vielmehr als ein großes kosmisches Quadrat. Die Eckpunkte versinnbildlichten die Enden der Welt und der mittlere Teil stellte China dar mit Peking im Zentrum. Dort war der Kaisersitz in der "Verbotenen Stadt" und der "Tempel des Himmels", in dem nur der Kaiser selbst für den Segen des neuen Jahres und für eine gute Ernte beten durfte. Hier im Zentrum soll der Kaiser unmittelbar mit den himmlischen Mächten in Verbindung gestanden haben, weshalb der Tempel des Himmels als eine der bedeutendsten Pagoden Chinas gilt und dementsprechend mit einer herrlichen Mandalakuppel ausgestattet ist. Die Vorstellung, der Regierungssitz in Peking sei das Zentrum der Welt, von dem aus sich die vier Himmelsrichtungen erstrecken, mag einerseits vielleicht auf die Überheblichkeit der chinesischen Kaiser zurückzuführen sein, andererseits kommt hier, wie in jeder Kultur, das grundsätzliche Mandalaprinzip als Bild für die kosmische Stellung des Menschen zum Ausdruck.

In China und anderen asiatischen Kulturen wird anhand der drei Prinzipien Himmel, Erde und Mensch dargestellt, wie das gesellschaftliche Leben des Menschen mit der natürlichen Ordnung in Einklang zu bringen ist. Der Himmel als Symbol für alle hohen Ideale, für die Erfahrung der Grenzenlosigkeit, Heiligkeit und Schöpferkraft steht für die göttliche Welt. Die Erde ist das Symbol der konkreten Wirklichkeit und der Empfänglichkeit; sie ist der Grund, der das Leben trägt und nährt. Der Mensch kann nun die Erde, indem er eine rechte Beziehung zwischen ihr und dem Himmel herstellt, kultivieren und auf ihr im konkreten Alltag ein vollkommenes göttliches Leben manifestieren. In gewisser Weise ist der Mensch der Mittelpunkt und das Bindeglied zwischen den beiden Grundaspekten, die er in sich ausgleichen kann und soll. Der Mensch wird zum Sinnbild für ein Leben der Harmonie zwischen Himmel und Erde. Die Grenzenlosigkeit und gedankliche Weite des Himmels kann mit der sinnlichen Kraft der Erde verknüpft werden; letztlich erhält so die menschliche Gesellschaft die Möglichkeit, das Ziel der höchsten Vervollkommnung zu erreichen. Das chinesische Zeichen für die "Himmel-Erde-Mensch-Harmonie" sieht folgendermaßen aus:

Das Prinzip Himmel mag uns trocken und philosophisch erscheinen, aber auch Wärme und Liebe kommen vom Himmel. Vom Himmel fällt der Regen zur Erde, es besteht also eine tiefe Beziehung zwischen den beiden. Wenn diese Beziehung hergestellt ist, öffnet sich die Erde, sie wird sanft und weich und formbar, so daß Pflanzen auf ihr wachsen und Menschen sie bearbeiten können.

Das Mensch-Prinzip ist Symbol für ein Leben in Harmonie mit Himmel und Erde. Wenn Menschen die Welt des Himmels mit der Handfestigkeit der Erde zu verknüpfen wissen, können sie in einer guten menschlichen Gemeinschaft miteinander leben. ..... Doch wenn der Mensch seine Beziehung und sein Vertrauen zu Himmel und Erde selbst zerstört, treten Naturkatastrophen und gesellschaftliche Wirren ein.
Chögyam Trungpa (147)

In dem berühmten "Buch der Wandlungen" oder I Ging wird die grundsätzliche Dreiteilung des Himmel-Erde-Mensch-Zeichens bei den sogenannten "pa kua" (den Trigrammen) beibehalten. Das alte I Ging - Orakel stützt sich in seiner Grundphilosophie auf dessen Symbolgehalt.

Die pa kua setzen sich aus drei übereinanderliegenden Linien zusammen. Jede Linie symbolisiert eine der drei Grundkräfte: die obere Linie den Himmel und seine Wechsel von Licht und Dunkel; die untere Linie die Erde mit ihren Aspekten des Hervorbringens und Festigens; und die mittlere Linie den Menschen in seinen Fähigkeiten von Liebe und Rechtschaffenheit. Diese drei Linien sind entweder geschlossen oder gebrochen. Sie versinnbildlichen nacheinander das Yang - die himmlischen, männlichen, positiven Kräfte - und das Yin - die irdischen, negativen, weiblichen Kräfte. Diese beiden Eigenschaften können als die lichten (Yang) und die dunklen (Yin) Mächte des Universums gesehen werden.
Jose und Miriam Argüelles (148)

Im I Ging werden zwei dreilinige pa kua miteinander kombiniert, wodurch sich eine sechslinige Form ergibt, das kua oder "Hexagramm". Die Kombinationen der einzelnen Linien lassen insgesamt 64 kua entstehen, die seit alters her in zwei Anordnungen als Mandalaform überliefert sind: das "Mandala des Früheren Himmels" oder die "Vorweltliche Reihenfolge" und das "Mandala des Späteren Himmels" oder die "Innerweltliche Ordnung".

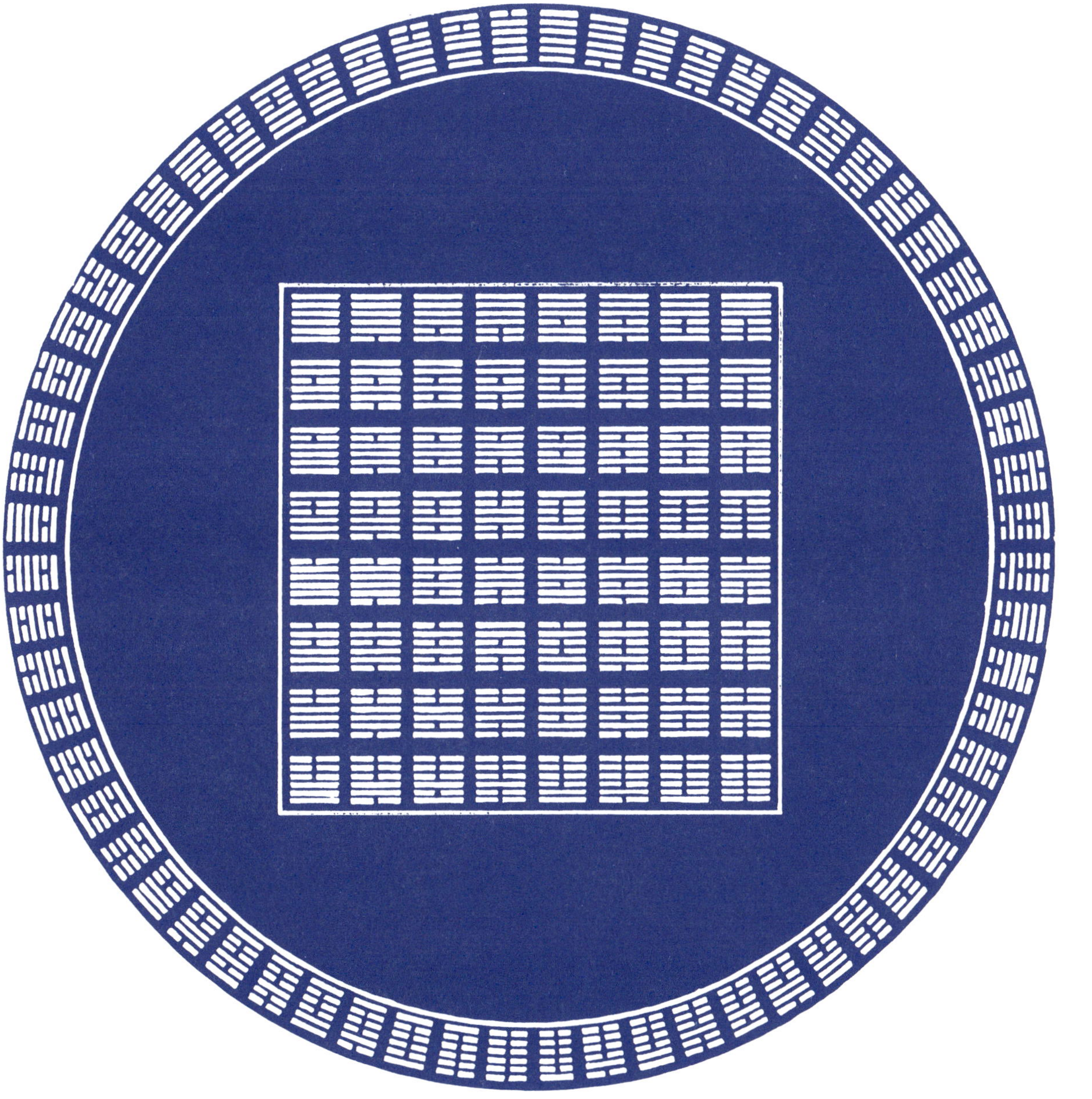

Die einzelnen kua stehen für die unterschiedlichen Kräfte, die im Kosmos wirksam sind. Ihre mandalaartige Anordnung verdeutlicht wiederum die Einheit oder Ganzheit der Schöpfung, in der die einzelnen Kräfte in Wechselwirkung stehen und ständig zum Wandel aufrufen. Im Mandala der Vorweltlichen Ordnung sind die kuas als fundamentale Kräfte des Universums so angeordnet, daß sie sich gegenseitig unterstützen und ergänzen, was auf die ungeteilte kosmische Harmonie hindeutet, die allem Wandel zugrunde liegt. Das Mandala der Innerweltlichen Ordnung illustriert die archetypischen Kräfte, wie sie diese vorweltliche Harmonie in der Erschaffung der Erscheinungswelt einerseits, aber auch in der Struktur unserer inneren Psyche ("Innere Welt") konkret hervorbringen und durchscheinen lassen. Durch die Praxis der Meditation kann die Einheit und vollkommene Durchdringung der beiden Ordnungen im Menschen realisiert werden.

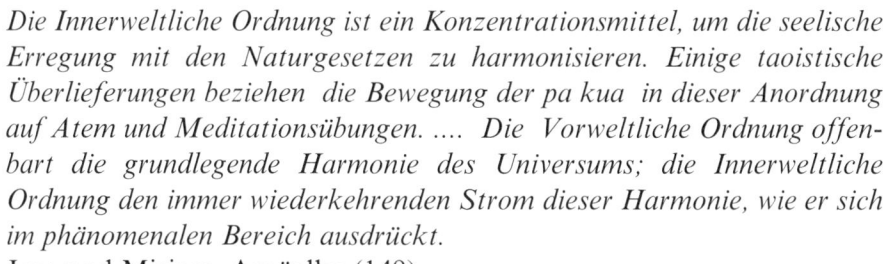

Die Innerweltliche Ordnung ist ein Konzentrationsmittel, um die seelische Erregung mit den Naturgesetzen zu harmonisieren. Einige taoistische Überlieferungen beziehen die Bewegung der pa kua in dieser Anordnung auf Atem und Meditationsübungen. .... Die Vorweltliche Ordnung offenbart die grundlegende Harmonie des Universums; die Innerweltliche Ordnung den immer wiederkehrenden Strom dieser Harmonie, wie er sich im phänomenalen Bereich ausdrückt.
Jose und Miriam Argüelles (149)

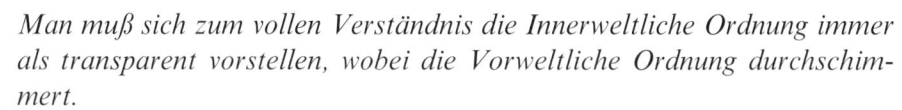

Man muß sich zum vollen Verständnis die Innerweltliche Ordnung immer als transparent vorstellen, wobei die Vorweltliche Ordnung durchschimmert.
Richard Wilhelm (150)

Innerweltliche und Vorweltliche Ordnung

Die einzelnen Kräfte des I Ging erhalten ihre Macht aus dem unnennbaren und unbeschreibbaren Mittelpunkt des kosmischen Mandala. Hier liegt der verborgene und geheimnisvolle Ursprung der Existenz, unberührt von jeder besonderen Kräftekonstellation. Jedoch sind die verborgene Welt ("Nichtsein") und die offenbare Welt ("Sein") nicht wirklich voneinander getrennt, wie Laotse schon in der Einleitung seines berühmten Gedichtes Tao te king betont:

Der SINN, der sich aussprechen läßt,
ist nicht der ewige SINN.
Der Name, der sich nennen läßt,
ist nicht der ewige Name.
"Nichtsein" nenne ich den Anfang von Himmel und Erde.
"Sein" nenne ich die Mutter der Einzelwesen.
Darum führt die Richtung auf das Nichtsein
zum Schauen des wunderbaren Wesens,
die Richtung auf das Sein
zum Schauen der räumlichen Begrenztheiten.
Beides ist eins dem Ursprung nach
und nur verschieden durch den Namen.
In seiner Einheit heißt es das Geheimnis.
Des Geheimnisses noch tieferes Geheimnis
ist das Tor, durch das alle Wunder hervortreten.
Lao Tse (151)

Das *Tao* (SINN) ist sowohl "Sein" wie auch "Nichtsein", ist sowohl "räumliche Begrenztheit" wie auch "wunderbares Wesen". Es ist das "noch tiefere Geheimnis ..., durch das alle Wunder hervortreten". Man kann es nicht aussprechen und nicht nennen, und doch bewirkt es Himmel und Erde. Trotz seiner Unfaßbarkeit hat die chinesische Kultur ein Symbol gefunden für diese Urwirklichkeit, welche die gesamte Schöpfung durchdringt - oder besser: *ist* - und diese Urwirklichkeit in einem Kreis dargestellt, der die zwei Grundprinzipien *Yin* und *Yang* ganzheitlich umfaßt.

Im *Yin-Yang*-Mandala sind die beiden polaren Grundkräfte ineinander verschlungen auf eine Weise dargestellt, daß sie sich optimal ergänzen und so eine vollkommene harmonische Einheit bilden.

Das männliche umarmt das weibliche Element. Himmel und Erde, Helligkeit und Dunkel, Sein und Nichtsein, Tätigkeit und Ruhe, sie sind alle untrennbar eins. Auffallend ist, daß der helle Teil des Mandala einen dunklen Kern enthält und die dunkle Seite einen hellen. Keine Seite kann ausschließlich für sich existieren. Jeder Mann trägt einen weiblichen Kern in sich und jede Frau einen männlichen. In moderner psychologischer Sprache könnte man sagen, daß der Punkt im hellen Yang-Element die Anima des Mannes symbolisiert und derjenige im dunklen Yin-Element den Animus-Aspekt der Frau. Der hellste Tag birgt in sich einen Schatten, und in der dunkelsten Nacht leuchtet ein Stern. Tag und Nacht, das Männliche und das Weibliche, Yang und Yin bilden jedoch insgesamt eine Einheit, was der große Mandalakreis verdeutlicht.

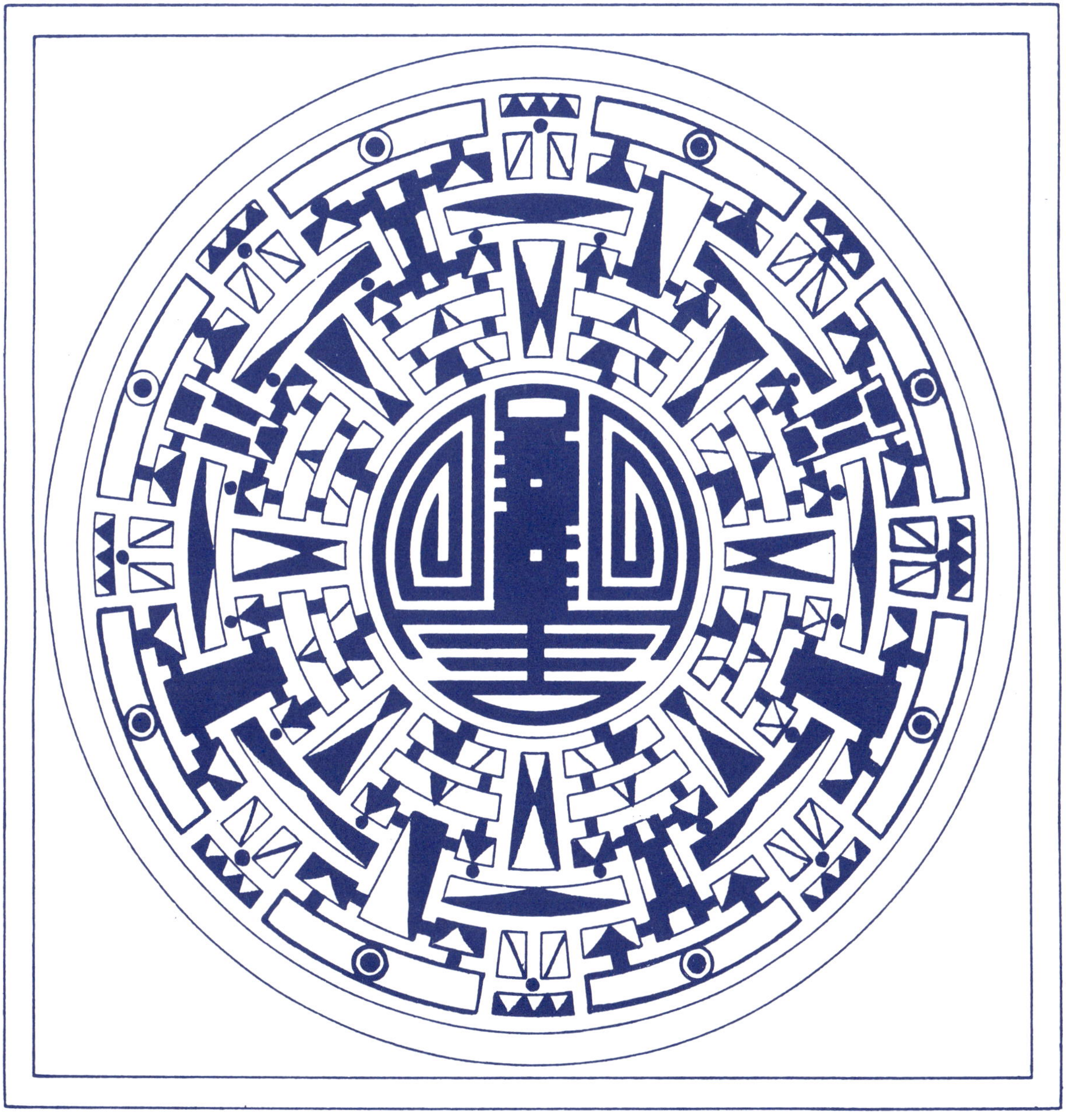

JUDAISMUS

Die meisten Mandaladarstellungen im Judentum beziehen sich auf das jüdische Grundmandala, das Hexagramm, bzw. den Davidstern.

Der sechszackige Stern wird von den Juden Davidstern genannt und ist ein Symbol der jüdischen Religion. Nach den Lehren der jüdischen Mystik stellt er ein mythisches Paar in enger Umarmung im Innern der Bundeslade dar.(152)
Susanne Fincher (153)

König David, der um 1000 v. Chr. über Israel herrschte, ist vor allem als Verfasser der Psalmen bekannt. Darüber hinaus sprach man ihm Weisheit zu und stellte ihn gelegentlich mit einer Schriftrolle dar, auf welcher die folgenden Psalmenworte standen: "*Herr, wie sind Deine Werke so herrlich, Du hast sie alle mit Weisheit geschaffen.*" (Ps.104, 24) Jedoch mehr noch als David ist sein Sohn Salomon eine herausragende Figur göttlicher Weisheit. Er vollendete den Tempelbau für die Bundeslade und wurde zuweilen mit der Textrolle "*Die Weisheit hat sich ihr Haus gebaut*" (Sprüche 9,2) dargestellt. Der sechszackige Stern aus den zwei gleichschenkligen Dreiecken ist auch als "Salomons Siegel" bekannt, da Salomon einer Überlieferung zufolge einen Siegelring mit einem Sechseck besessen haben soll.

Der Davidstern ist also ein Zeichen der Weisheit. Zwei unterschiedliche Prinzipien werden zu einer Einheit verbunden.(154) Dort, wo das menschliche Leben mit dem göttlichen eins ist, ist der Geburtsort der Weisheit; Gott selbst wird in den biblischen Texten oft als 'Bräutigam' bezeichnet, der den Menschen in das gelobte Land führen wird. Die beiden Dreiecke symbolisieren also in einfacher und vollkommener Weise die Verbundenheit Gottes mit dem Menschen.

Das Volk Israel hat mit Gott einen Bund geschlossen, das heißt das jüdische Volk ist der göttlichen Wirklichkeit in einer Weise teilhaftig geworden, die über einen einfachen Vertrag oder ein Abkommen weit hinausgeht. Bei einem Vertrag bleiben die Partner ihrem Wesen nach getrennt und einigen sich durch gegenseitige Zugeständnisse auf einige abgestimmte Vertragspunkte. Zudem sind Verträge meistens zeitlich begrenzt. Ein Bund wie etwa die Ehe fordert hingegen die Hingabe der ganzen Person. Die Lebensbereiche der Partner verschmelzen miteinander und bilden gemeinsam einen neuen Boden, aus dem der Bund sein Leben bezieht. Auf dem Berg Sinai wurde die Beziehung der Israeliten zu Gott als Bund bestätigt, und das Leben Jahwes ist seitdem mit dem Leben Israels untrennbar und in ganz besonderer Weise vereint. Aus dieser inneren Erkenntnis heraus konnten die Israeliten auch von sich behaupten, das "auserwählte Volk" zu sein, was nicht bedeutet, daß sie im landläufigen Sinne etwas Besonderes darstellten und den anderen Völkern einige Privilegien voraushätten (dies wäre nichts anderes als der "übliche religiöse Chauvinismus").(155) Die Israeliten fühlten vielmehr klar und deutlich, daß sie dazu ausersehen waren, Gott zu dienen und Seinem Willen zu gehorchen.

Sie waren dazu bestimmt, zu dienen und die Prüfungen zu erdulden, die dieser Dienst ihnen oftmals auferlegen würde. Indem die Erwählung von ihnen Gehorsam verlangte - "Achtet genau auf das, was ich, euer Gott euch sage, und handelt danach." (2. Mose 15,26) -, unterwarf sie einem moralischen Anspruch, der weit über das hinausging, was sonst üblich war.
Houston Smith (156)

Der Davidstern ist das äußere Zeichen dieses Bundes. Das Leben Gottes zeigt sich im Leben des Menschen, und das Hexagramm ist ein Symbol für dieses Verständnis.

Nach Moses (4. Mose 24, 17) soll ein Stern auch die Geburt des jüdischen Messias ankündigen. Daher ist das Hexagramm im Judentum

Siebenstrahliger Leuchter

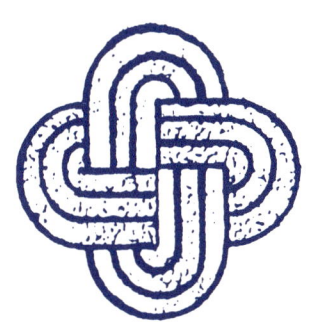

Salomonisches Siegel

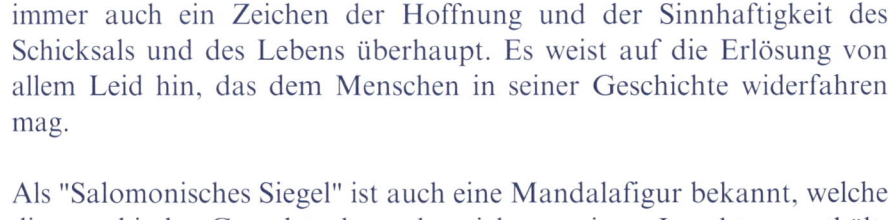

immer auch ein Zeichen der Hoffnung und der Sinnhaftigkeit des Schicksals und des Lebens überhaupt. Es weist auf die Erlösung von allem Leid hin, das dem Menschen in seiner Geschichte widerfahren mag.

Als "Salomonisches Siegel" ist auch eine Mandalafigur bekannt, welche die graphische Grundstruktur des siebenarmigen Leuchters enthält. Hier ergibt sich eine ineinander verflochtene, nach außen hin abgerundete Kreuzfigur, welche auch in der christlichen Ornamentik Verwendung fand. Der siebenarmige Leuchter ist ein uraltes Symbol, das noch auf den salomonischen Tempel zurückgeht. Er versinnbildlicht zumeist die Allgegenwart Gottes. Die sieben Lichter stellen in der Vision von Zacharja die sieben Augen Gottes dar:

Diese sieben sind die Augen des Herrn, die auf der ganzen Erde umherschweifen.
Zacharja 4, 10

In der Kabbala, der jüdischen "Geheimlehre" (im Hebräischen bedeutet Kabbala "Tradition"), werden einige Zeichen und Symbole verwendet, die über das verbale Schrifttum der Tora hinausführen und einen Freiraum für geistige Spekulationen eröffnen. Die meisten dieser Zeichen beziehen sich auf die sogenannten Sephiroth-Schemata. Die zehn Sephiroth sind die Emanationen der Gottheit und bilden in ihrer Gesamtheit sinnbildlich den himmlischen Menschen, Adam Kadmon. Nach einer Legende soll die Weisheit der Kabbala von Moses persönlich in das Judentum eingeführt worden sein. Moses hatte bei den Ägyptern gelernt, und tatsächlich gibt es alte Funde mit ähnlichen Zeichen, die denen aus dem Mittelalter, als die kabbalistische Lehre einen Höhepunkt erlebte, sehr ähnlich sind. In den Diagrammen werden oft hebräische Buchstaben als magische Zahlenwerte verwendet, die ein besonderes okkultes Wissen in verschlüsselter Form enthalten.(157) Das wichtigste kabbalistische Diagramm ist eine Darstellung des Lebensbaums mit einer Reihe von Sephiroth-Initialen. Die zehn

Sephiroth bilden zusammen eine geschlossene, vollkommene Welt, die Welt der ersten Emanation.

Ein weiteres dem Zauberbuch "Vincula Salomis" entnommenes Zeichen wird oft als Talisman verwendet und enthält die Initialen AGLA, die Abkürzung der hebräischen Form des Satzes: "*Allmächtig bist Du, Herr, in Ewigkeit*".(158)

CHRISTENTUM

Das Grundsymbol des Christentums ist das Kreuz. Obwohl das Kreuzzeichen selbst viel älter als das Christentum ist, erhielt es doch in der neutestamentarischen Lehre eine weitere und größere Bedeutung. Das christliche Kreuz ist das Zeichen für Leben und auch das Zeichen für den Tod.

"*Derjenige, der mir nachfolgen will, muß sein eigenes Kreuz auf sich nehmen.*" Dieser Ausspruch von Jesus wird oft mit dem menschlichen Leidensweg assoziiert, was jedoch in der ursprünglichen Bedeutung keinesfalls so ausgelegt werden muß. Das Kreuz als Grundsymbol verweist den Menschen vielmehr auf seine eigene Mitte, auf die Einheit von Himmel und Erde ("*Wie im Himmel so auch auf Erden*"), von Materie und Geist, von Mensch und Gott. "*Ich und der Vater sind eins*", sagt Jesus und spricht damit klar die Göttlichkeit des Menschen an, die Untrennbarkeit von Mensch und Gott. Jeder Mensch ist dazu aufgerufen, die eigene Göttlichkeit in seiner hinfälligen, menschlichen Gestalt zu erkennen und anzunehmen. Darin besteht die eigentliche Nachfolge Christi.

Das Kreuz, in dessen Mitte die Dualität und Trennung überwunden sind ist das Mandala des vollkommenen Lebens. (Das Kruzifix - der gekreuzigte Jesus - wurde erst in einer viel späteren Zeit zu einem Symbol der Verehrung; weder Jesus noch die Apostel erwähnen es). Die Nachfolge Christi muß nicht von besonderen Leiden und Schmerzen gekennzeichnet sein (wobei das Leid und der Schmerz jedoch durchaus von entscheidender Bedeutung für einen menschlichen Lebensweg sein können), sondern von einer Zuwendung zur Christusmitte (Paulus: "*Nicht ich lebe, sondern Christus lebt in mir*"). Dies ist die eigentliche Umkehr (Conversio) und das Annehmen des "eigenen Kreuzes", von dem Jesus spricht. Diese Christusmitte wird

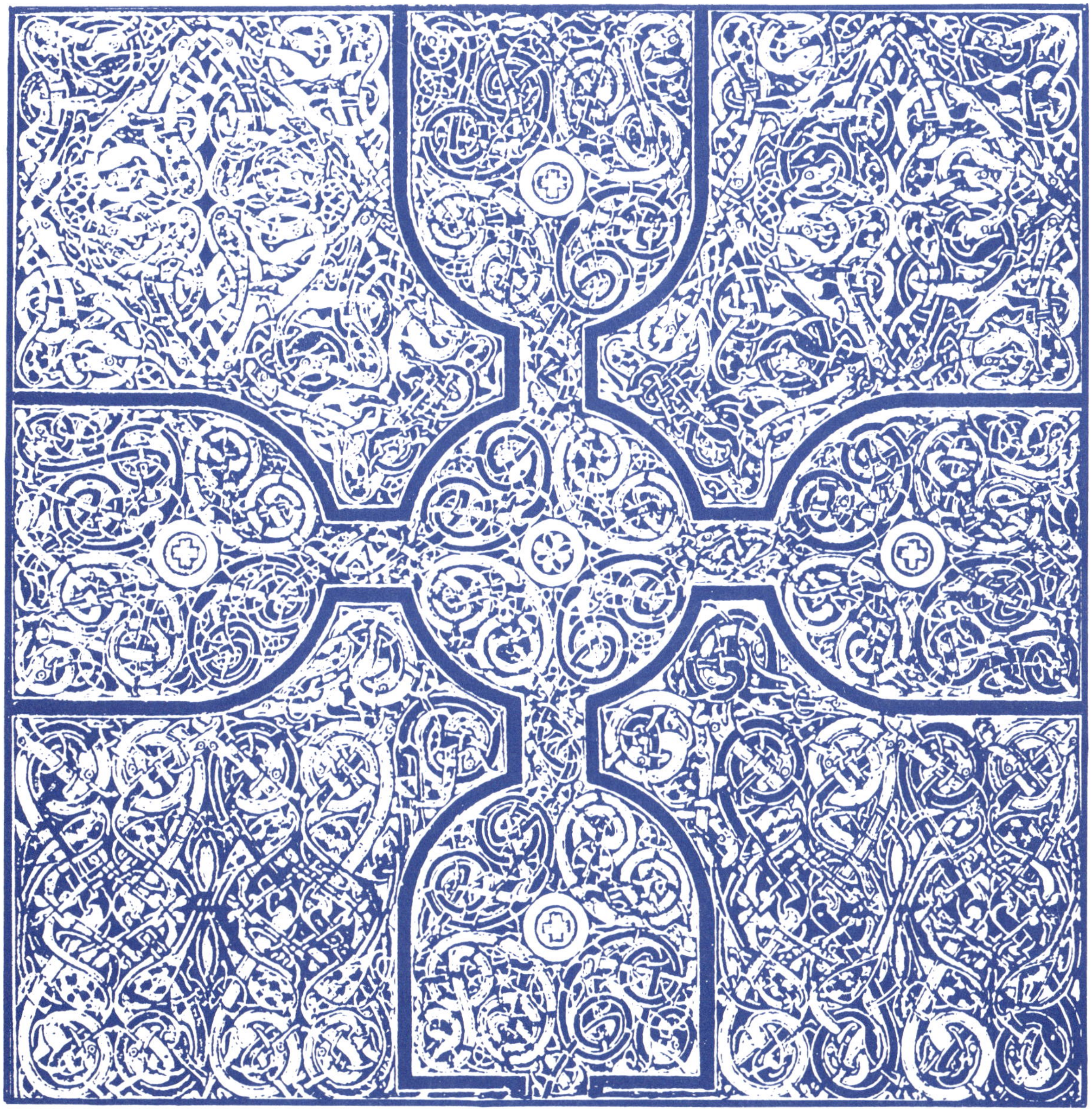

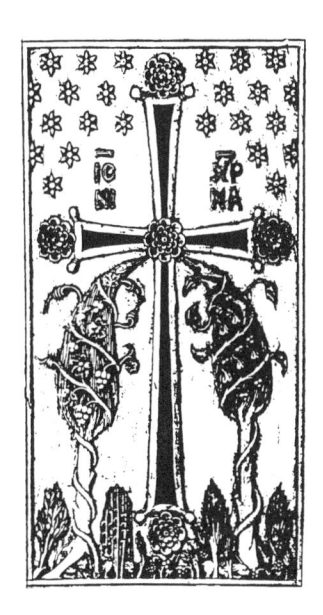

von Jesus selbst als das "*Himmelreich Gottes*" bezeichnet, und er sagt wiederum ganz deutlich: "*Das Himmelreich ist in euch!*" Im Herzen und in der Erfahrung der Liebe liegt daher die Grunderfahrung des Christen, zu der er aufgerufen ist. Das Kreuz als Zeichen der Liebe und als Archetyp der Einheit von Gott und Mensch (oder in biblischer Sprache von 'Vater und Sohn') soll jeden an seine zweifache Natur erinnern und ihm seine eigene Göttlichkeit bewußt machen.

Der Vater gebiert seinen Sohn ohne Unterlaß, und ich sage mehr noch: Er gebiert mich als seinen Sohn und als denselben Sohn. Ich sage noch mehr: Er gebiert mich nicht allein als seinen Sohn; er gebiert mich als sich und sich als mich und mich als sein Sein und als seine Natur.
Meister Eckhart (159)

Das Grundmotiv des Kreuzes wurde in der christlichen Kunst und im liturgischen Zeremoniell in zahlreichen Varianten verwendet.
Die häufigste Kreuzdarstellung ist dabei das griechische Kreuz mit gleich langen Enden. Diese Kreuzform diente auch als bevorzugte Grundrißform für mittel- und spätbyzantinische Kirchen. In der griechisch-orthodoxen Kirche erhalten alle Menschen bei der Taufe ein goldenes griechisches Kreuz, das sie niemals ablegen.(160)

Das vor allem im Westen verbreitete *lateinische* Kreuz oder *Antoniuskreuz* zeichnet sich durch ein längeres Ende aus. In nachbyzantinischer Zeit stellte man solche Kreuze auf Gräber und Gedenkmäler, und man verwendete es auch als Anhänger. Es entspricht dem Basisgrundriß der abendländischen Kirchen.(161)

Während noch in Bilddarstellungen aus karolingischer Zeit das Kreuz eine gleichschenklige Form aufwies und damit indirekt die Mandalaform implizierte, verschob sich im Laufe der Zeit das Kreuzzentrum nach oben, bis es die bekannte und auch heute noch übliche Form des langgestreckten Kreuzes annahm. Diese Formwandlung ist darum bedeutsam, weil sie einer inneren Entwicklung des Christentums bis zum Hochmittelalter

entspricht, nämlich der Tendenz, das Zentrum des Menschen und des Glaubens der Erde sozusagen zu entrücken und mehr und mehr ins Geistige zu "erhöhen".
Aniela Jaffé (162)

Beim *Radkreuz* steht ein griechisches Kreuz in einem Kreis oder einer nimbusähnlichen Scheibe. In frühchristlicher Zeit wurde das Kreuz auch inmitten eines Lorbeerkranzes dargestellt.(163) Der Heiligenschein, der das Haupt Christi umgibt, ist auf vielen Darstellungen als lichterfülltes Radkreuz zu sehen.

Das *Andreaskreuz*, das man mit der Legende der Hinrichtung des Apostels Andreas in Zusammenhang bringt, wird manchmal auch von einem Kreis (in der Ostkirche) oder einem Quadrat (Prosphorenstempel der orientalischen Christen) umgeben.(164) Auch das *Petruskreuz* leitet sich von einer Martyriumslegende her. Es kommt nur in Verbindung mit der Erzählung vom Tode des Apostels vor, der seinem Wunsch gemäß mit dem Kopf nach unten gekreuzigt worden sein soll.

Bei den Christen Kappadokiens findet sich auch das *Fünf-Punkte-Kreuz*, in dem lediglich die vier Endpunkte und der Mittelpunkt klar und deutlich herausgestellt werden. Auch bei dem in der Ostkirche gebräuchlichen *Eucharistischen Kreuz* im Kreis sind Punkte oder Kreise zu sehen; hier befinden sie sich aber zumeist zwischen den Kreuzarmen. Das Kreuz steht in der Eucharistie für das "erste Brot", das "Lamm Gottes", und die Punkte für die restlichen Brote zum Gedächtnis der Gottesmutter, der Heiligen, der Lebenden und der Toten. Der Kreis (Diskos), der das Kreuz umgibt, wird in der Regel als Erdkreis gedeutet, womit schließlich ein ganzes Kosmogramm aufgebaut ist. Die vier Punkte können auch als Chiffre für die Silben "IC XP NI KA" ("Jesus Christus siege") gedeutet werden.(165)

Beim *Astralkreuz* sind zwischen den Enden des Kreuzes manchmal zwölf blütenähnliche Gestirne angedeutet, die auf die zwölf Apostel hinweisen, welche Christus umgeben. Die Apostel wiederum werden oft mit den zwölf Tierkreiszeichen in Verbindung gebracht, die um die Christussonne kreisen.(166)

Beim *Armenischen Kreuz* steht ein *Malteserkreuz*, das zunächst von Pilgerampullen aus Palästina bekannt ist, in einem Kreise.(167)

Neben den hier vorgestellten Kreuzformen findet sich noch eine ganze Anzahl weiterer Varianten, denen zum Teil eine gesonderte Bedeutung zugeordnet wird. Die vorliegende Auswahl mag jedoch genügen, um die zentrale Stellung des Kreuzes im Christentum aufzuzeigen. Darüber hinaus hat die sakrale christliche Kunst aber auch andere Mandalagrundprinzipien entwickelt und aufgenommen wie zum Beispiel die Rosette, das Labyrinth, die Mandorla und den Stern.

Die Rosettenform fand im Christentum auf besonders beeindruckende Weise bei der Gestaltung der runden Fenster in den Kirchen und Kathedralen Verwendung. Von außen gesehen erscheinen diese zum Teil mit gemahlenen Halbedelsteinen gefärbten wunderschönen Fensterrosen eher schäbig und unattraktiv. Tritt man jedoch ins Innere der Kirche, so wird man augenblicklich verzaubert durch den kaleidoskopartigen Glanz, der in diesen großartigen Lichtmandalas zutage tritt. Hier wird auch die mystische Bedeutung der *Conversio* (Umkehr) deutlich. Der Mensch, der seinen Blick von der äußeren Welt abwendet und nach innen, ins Haus Gottes tritt, wird augenblicklich in einen Bereich der Erhabenheit und Heiligkeit erhoben, von dem aus alles leuchtend und wie verwandelt erscheint.

Auch die christliche Kunst kennt ungegenständliche Mandalas. Die Fensterrosen der Kathedralen gehören zu ihren großartigsten Verwirklichungen. Man kann sie als überpersönliche, ins Kosmische gesteigerte Symboldarstellungen der numinosen Ganzheit verstehen. Ein kosmisches

Astral Kreuz

Mandala offenbarte sich Dante in der Vision einer leuchtendweißen Rose.
Aniela Jaffé (168)

Im zwölften Jahrhundert sprach der Abt Suger von Saint-Denis von der 'anagogischen' Funktion der farbigen Glasfenster, die er in den vorangegangenen nüchternen Kirchenbau eingeführt hatte. Mit anagogisch meinte Suger dasjenige Element, das die Sinne mittels der Kontemplation zu einem Zustand jenseits der Sinne führen kann.
Jose und Miriam Argüelles (169)

Ein weiteres Mandalaprinzip, das die Kontemplation fördern und anregen soll, ist das Labyrinth. Labyrinthe wurden manchmal als Fußbodenmosaike in den Kathedralen eingelassen. Am bekanntesten ist sicherlich das Labyrinth der Kathedrale von Chartres, das in einer besonderen Weise in sich die Kreisform mit der Kreuzgestalt als Labyrinth verbindet. Auch hier führt der verschlungene Weg nach innen zum Zentrum des Herzens.

Christus wird in vielen mittelalterlichen Darstellungen auch in einer Mandorla abgebildet. In Jesus Christus sind die beiden Seiten der Wirklichkeit zur Deckung gekommen. Er ist vollkommen Gott und vollkommen Mensch. Das Göttliche leuchtet im Geschöpflichen auf. Man spricht von der *unio mystica*. Im Johannesevangelium wird berichtet, daß Jesus gesagt hat: "*Jeder, der mich gesehen hat, hat auch den Vater gesehen*" (Joh. 14, 9) oder "*Ihr werdet erkennen, daß ich mit dem Vater untrennbar eins bin*" (Joh. 14, 20). Aber nicht nur Jesus, sondern auch Maria wird manchmal in der Mandorla gezeigt. Die Mandorla ist der Innenbereich, in dem der Mensch nicht mehr gespalten ist, sondern ganz das, was er von Natur aus ist. Diese Erkenntnis der Verbundenheit und grundsätzlichen Einheit der Gegensätze ist für Jesus immer wieder ein zentrales Anliegen:

"Wenn ihr die Zwei zu Einem macht und wenn ihr das Innere wie das Äußere macht, das Äußere wie das Innere und das Obere wie das Untere und wenn ihr das Männliche und das Weibliche zu einem Einzigen macht, damit das Männliche nicht männlich und das Weibliche nicht weiblich ist, dann werdet ihr ins Reich eingehen."
Thomasevangelium - Logion 22

Diese polare Einheit kommt ebenso im sechsstrahligen Stern zum Ausdruck und wird auch in der christlichen Religion gefeiert.

Ich bin die Wurzel und das Geschlecht Davids, der hellstrahlende Morgenstern.
Offb. 22, 16

Als lebendiges Symbol für den vollkommenen Menschen sehen wir den sechsstrahligen Stern am Himmel leuchten. Er ist das Symbol für den Christusmenschen. Die himmlische Kraft, die in die Menschen einströmt, wird durch das Dreieck mit nach unten weisender Spitze dargestellt. Es durchdringt das die menschliche Natur symbolisierende Dreieck, dessen Spitze nach oben weist, und bringt somit vollkommenes Gleichgewicht in die irdische Natur des Menschen. Er wird vollkommen durch die Geburt und Entfaltung des Christus in ihm - das größte Ereignis, das je geschehen kann auf diesem Planeten.
White Eagle (170)

Sowohl als Symbol für Jesus wie auch als Wegweiser zu Jesus hat der Stern eine große Bedeutung. Der Stern von Bethlehem (Weihnachtsstern oder Christusstern) hat den drei heiligen Königen der Legende den Weg gewiesen.

Als eine Art strahlende Sonne findet das Mandala in Gestalt der Monstranz bei der Liturgie der katholischen Kirche eine oft zentrale

Bedeutung. Inmitten der meist aus Gold geschmiedeten Monstranz wird die Hostie, das Zeichen des "fleischgewordenen Gottes" aufbewahrt.

Mandalas wurden wie im Buddhismus auch im Christentum als Meditationshilfen verwendet. Der Schweizer Mystiker Nikolaus von der Flüe soll oft mit einem großen Mandala meditiert haben. Es ist die Meditation auf das "*Fließen und Bleiben im ewigen Jetzt*" in dem sich die lebendige Kraft aus dem innersten Sein offenbart. Das innere Rad deutet mit den drei nach außen in die Schöpfung weisenden Speichen auf das "*Fließen*", während das äußere Rad, das die Schöpfung wieder heimholt ins "Ewige Jetzt", auf das "*Bleiben*" deutet.

Der Ort des Lebens und das Leben selbst sind im Christentum heilig und sollten ganz von Gott durchdrungen sein. Es ist das große christliche Ideal, dieses irdische Leben als göttliches Leben zu erkennen. Es gilt daher, hier, inmitten aller Bedingtheiten und Schwierigkeiten, das Gottesreich zu gründen und in ihm zu leben. Das "Gottesreich" oder "Himmelreich", der geheime mystische Ort des vollkommenen und erfüllten Lebens, erhielt im Christentum im Rahmen der Schilderung des "Neuen Jerusalem" bei Johannes (Offenbarung 21, 9 - 27) eine beeindruckende Beschreibung. Hier wird der göttliche Bereich ähnlich wie im Buddhismus und Hinduismus (171) als eine mandalaartige, kosmische Architektur dargestellt, in der die Menschen vollkommen im Heiligen aufgehen. Johannes berichtet über die "heilige Stadt":

... Ihr Lichtglanz gleicht einem kostbaren Stein, wie kristallheller Jaspis. - Sie hat eine mächtige, hohe Mauer mit zwölf Toren, und auf den Toren zwölf Engel und Namen daraufgeschrieben; dies sind die Namen der zwölf Stämme der Söhne Israels. Von Osten her sind es drei Tore, von Norden drei Tore, von Süden drei Tore und vom Westen drei Tore. ... Die Stadt ist im Viereck gebaut, ihre Länge so groß wie ihre Breite. .... Der Platz der Stadt ist lauteres Gold, klar und hell wie Kristall. - Einen Tempel sah ich nicht in ihr; denn ihr Tempel ist der Herr, Gott, der

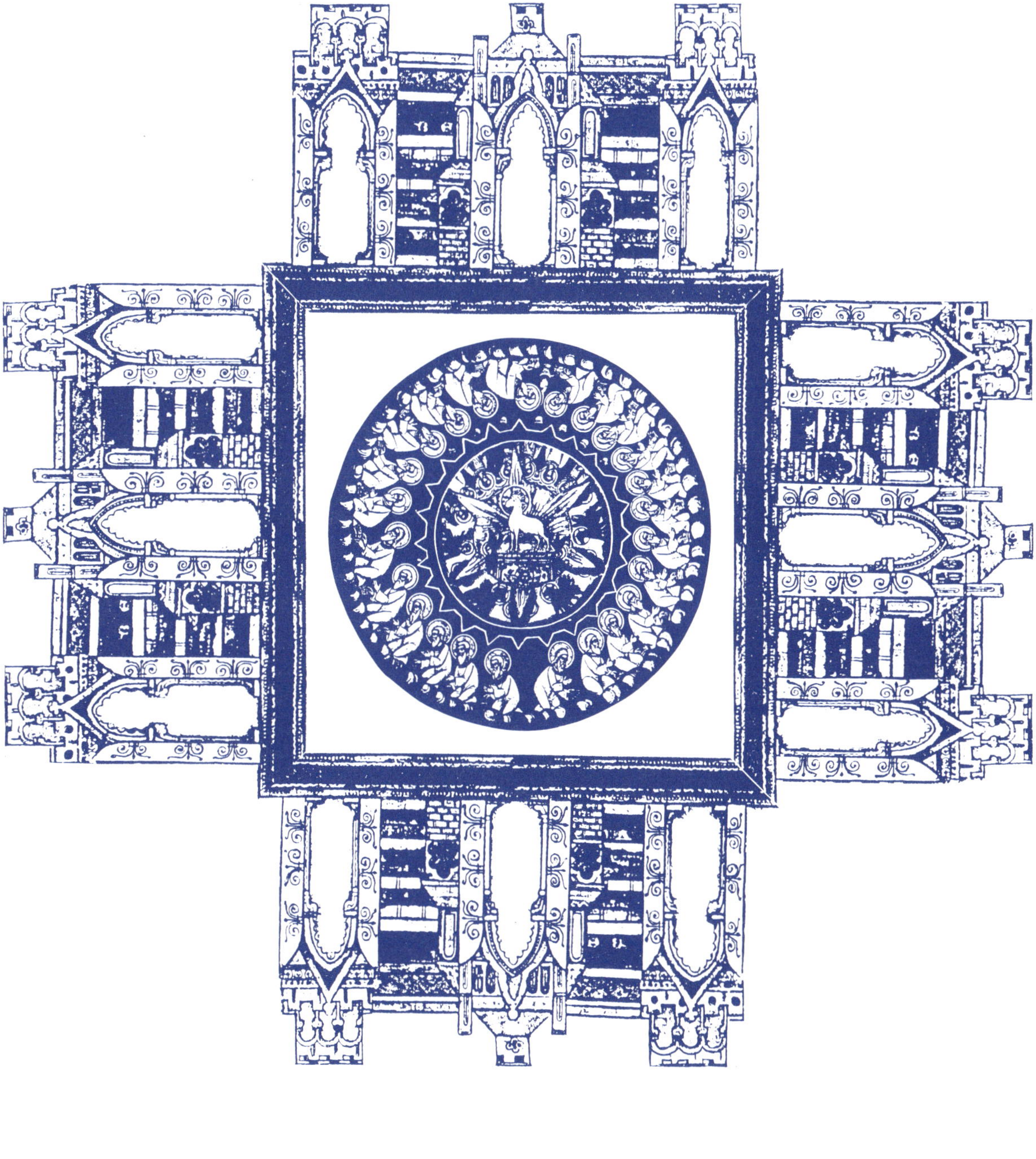

Allherrscher und das Lamm. Die Stadt bedarf weder der Sonne noch des Mondes, daß sie scheinen in ihr; denn die Herrlichkeit Gottes erleuchtet sie, und ihre Leuchte ist das Lamm. Die Völker werden in ihrem Lichte einhergehen, und die Könige der Erde werden ihre Herrrlichkeit (und ihre Kostbarkeit) zu ihr bringen. ... Nichts Gemeines wird eingehen in sie und niemand, der Greuel begeht und Lüge, sondern nur jene, die eingeschrieben sind im Lebensbuch des Lammes.
Johannesoffenbarung

Eine als Mandala angelegte Stadt übt auf den Menschen, der sie betritt oder in ihr wohnt, eine erhebende und sinnstiftende Wirkung aus. Der Mensch erfährt sich inmitten eines archaischen, heiligen Raumes, der eine größere Bewußtseinsintensität fordert und doch eine Gelassenheit (Geborgenheit) und daher Freiheit möglich macht, die in der Wildnis nur schwerlich zu erreichen ist.

Auch die mittelalterliche Stadt ist für gewöhnlich auf dem Grundriß eines Mandala erbaut. Sie ist umgeben von einer annähernd kreisförmigen Mauer. Zwei Hauptstraßen teilen auch sie in Stadtviertel (Quartiere) und münden bei den vier Toren der Mauer. Am Kreuzungspunkt der Straßen, also etwa im Zentrum der Stadt, steht die Kathedrale. Das Vorbild der mittelalterlichen viergeteilten Stadt ist das "himmlische Jerusalem" der Johannes-Apokalypse mit ihrem viereckigen Grundriß und der Mauer mit den viermal drei Toren. In ihrem Zentrum befindet sich jedoch, wie ausdrücklich erwähnt wird, kein Tempel, denn das himmlische Jerusalem ist erfüllt mit Gottes unmittelbarer Präsenz.
Aniela Jaffé (172)

Die Stadt ist der Wohnort des Menschen, und als solcher ein heiliger Lebensbereich, der die Lebenssituation des Menschen wesentlich bestimmt. Aus der Stadt ist der Mensch nicht wegzudenken, hier findet er seinen Platz und seine Heimat. Aniela Jaffé belegt in ihrer Arbeit über "Das Symbol des Runden in der Kunst" (173), daß die Städte nicht nur bei den Christen, sondern in vielen Kulturen mandalaartig entworfen wurden oder gewachsen sind. Auch Rom wurde deutlich als heilige Stadt gegründet, da man es nach klassischen Mandalaprinzipien erbaute.(174)

Im christlich beeinflußten Abendland spielt nun noch die Tradition der mittelalterlichen Alchimie, die vor allem von C. G. Jung intensiv untersucht wurde, eine wichtige Rolle. Eines der Hauptziele der Alchimie war es, den sogenannten "Stein der Weisen" zu finden, ein Symbol für die Einheit göttlicher Weisheit mit der Handgreiflichkeit der Materie. Während das offizielle Christentum sich im Laufe seiner Entwicklung manchmal sehr stark von der materiellen Seite der Wirklichkeit entfernte und ganz die rein-geistlichen Bereiche betonte, versuchte die Alchimie immer mit der Synthese dieser beiden gleichwertigen Grundprinzipien zu arbeiten.

Sie (die Alchimie) stellte einen "Geist der Materie" als gleichbedeutend neben den vom Christentum verkündeten "himmlischen Geist"; sie suchte eine Ganzheit, welche Geist und Körper umfaßt. Für diese Ganzheit ersann sie tausend Namen und Symbole. Eines der bekanntesten war die "quadratura circuli", das echte Mandala!
Aniela Jaffé (175)

ISLAM

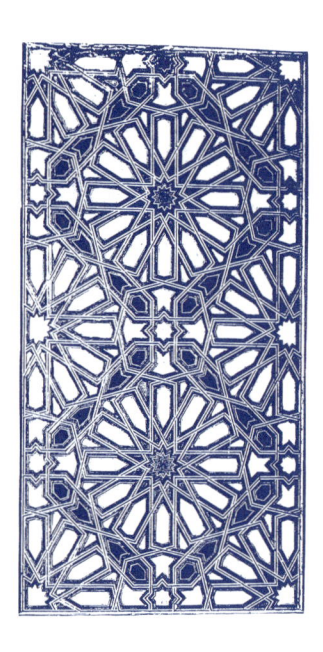

Einzigartig und unüberboten ist gewiß die Ornamentik in der islamischen Kultur. Da die islamische Kunst das Gebot "Du sollst dir kein Bild machen von Gott" in ihren verschiedenen Stilrichtungen sehr ernst genommen hat, fehlen antropomorphe Gottesdarstellungen vollkommen. Gott gilt als unbeschreiblich, und jede Darstellung Gottes würde sein Wesen nur verzerren und zu unnötiger Verwirrung führen. Darüber hinaus verwahrte sich der Islam aber auch gegen die figürliche Darstellung des Menschen, wobei er sich auf bestimmten Darlegungen des Koran berief. Nach ihnen ist Gott (*Allah*) nicht nur der alleinige Schöpfer (*al-bari'*) alles Lebendigen, sondern auch der *musawwir*, welches das gebräuchliche Wort für Maler ist.(176) Jede figürliche Darstellung eines Menschen könnte also bestenfalls eine schlechte Kopie sein und wurde deshalb oft als Anmaßung betrachtet.

Allah ist der alleinige, einzige und ewige Gott.
Er zeugt nicht und ist nicht gezeugt,
Und kein Wesen ist ihm gleich. (CXII)
Allah ist der Schöpfer aller Dinge,
Und nur Ihm allein ist alles möglich. (XIII,17)
Koran

Dieser strenge Verzicht auf menschliche Darstellung wird zum Wurzelboden einer Kunst, die sich ganz ins Ornamentale hinein entwickelt hat. In keiner anderen Kultur findet man daher so vielschichtige Ornamentalgeflechte und Gitterwerke von solch beeindruckender Ausgestaltung wie in der islamischen. Das Mandala spielt hier natürlich eine ganz besondere Rolle, denn in dieser archetypischen Grundstruktur findet der muslimische Künstler den geeigneten Freiraum, in dem er mit höchster Geschicklichkeit und Akribie seine Kreativität entfalten und zugleich spirituelle Akzente setzen kann.

In den mystischen Zweigen des Islam, im Sufismus, wird die menschliche Kreativität durchaus als göttliche Qualität im Menschen erkannt, ja, der 858 in al-Baida im südlichen Iran geborene Sufi-Mystiker Al-Halladsch (Mansur) wurde gerade durch seinen Ausruf *ana'l-Haqq* (*"Ich bin die schöpferische Wahrheit"*) bekannt. *Haqq* ist einer der 99 schönsten Namen Gottes im Islam, und Al-Halladsch mußte schließlich auch wegen seiner Kühnheit und Unerschrockenheit dank dem Unverständnis der damaligen Machthaber einen grausamen Märtyrertod erleiden.(177) Dabei bringt sein Ausruf nichts anderes zum Ausdruck als die Grundüberzeugung des Islams: *La illaha ill Allah* (*"Es gibt keinen Gott außer Gott"*). Nur Gott ist, und nichts ist außer Gott. Wie könnte sich der Mensch hier herausnehmen? Auch er ist eingebunden in die vollkommene Schöpfung, die vom Schöpfer nicht getrennt werden kann.

Das Mandala in der islamischen Kultur findet in unzähligen Abwandlungen Verwendung. Zu den prachtvollsten Mandalastrukturen zählen gewiß die gewaltigen Deckenmandalas in den Kuppelbauten der Moscheen. Betrachtet man beispielsweise die Trompenkonstruktion aus sphärischen Dreiecken in der Freitagsmoschee oder die Kuppel der Königsmoschee in Isfahan in Persien, so wird man sich einem Gefühl der Erhabenheit und Heiligkeit kaum entziehen können. Auch die Muqarnaskuppel des Saales der Abencerrajes oder die Kuppel in der Sala de las Dos Hermanas in der Alhambra in Spanien und die Mosaiken im Taj Mahal in Indien seien hier erwähnt. Jedoch sind auch die Wände und Fußböden islamischer Sakral- und Prachtbauten häufig mit immer wiederkehrenden Mandalamustern übersät. Im Grundschema finden sich oft Quadrate, vier-, fünf-, sechs-, acht-, zwölf-, sechzehn- und vierundzwanzigeckige Sternmuster, Zweig- und Blütenmandalas und anderes mehr. Viele Mandalas stellen ein komplexes Flechtwerk aus sorgfältig geordneten Schleifen, Bändern und Linien dar. Der Erfindungsreichtum der Künstler scheint grenzenlos zu sein.

Berühmt sind auch die großartigen Teppichmandalas mit ihren ausgefeilten Farbgebungen und inneren Verflechtungen. Der bekannte Ausdruck vom "Fliegenden Teppich" bezieht sich in seiner ursprünglichen Bedeutung ebenfalls auf die reichen und verzaubernden Mandalamuster. Der Teppich bietet die Möglichkeit, geradewegs ins Zentrum des Mandala (oder Medaillon, wie das Teppichmandala oft genannt wird) einzutreten und sich dort niederzulassen. Das Mandala des Teppichs (vor allem bei Gebetsteppichen) hat eine solch magische Wirkung auf den Menschen, daß sich unweigerlich ein erhebendes, "fliegendes" Gefühl einstellt. Nicht der Teppich selbst hebt sich vom Boden, aber er hat die Kraft, den Betrachter und Gläubigen so tief zu inspirieren, daß dieser in übertragener Bedeutung "abhebt".

In der islamischen Welt gibt es keine Trennung zwischen Kunst und Religion wie im modernen Westen. Teppiche dienten und dienen der Besinnung, auch wenn es sich nicht um eigentliche Gebetsteppiche handelt, und viele Motive haben eine religiöse Bedeutung. ...... (178)
Das "Medaillonmuster" ist offensichtlich eine abstrakte Schöpfung, hat aber auch einen religiösen Hintergrund. Der Mittelpunkt des Medaillons soll das allgegenwärtige Auge Gottes darstellen. Es wird auch vermutet, das Muster gehe auf die Lotosblüte zurück, die schon immer als heiliges Symbol galt, weil sie im Sumpf wächst, aber ihre wundervolle Blüte gen Himmel richtet. Doch höchstwahrscheinlich ist das Muster den Innenkuppeln der Moscheen nachempfunden. (179)
Essie Sakhai

Die vielschichtige Verwobenheit der einzelnen Mandalas ist ein häufig auftretendes Charakteristikum der islamischen Ornamentik. Sie zeigt die grundsätzliche Einheit der Schöpfung, die sich wie ein kostbares Netzwerk ausspannt. Auf den ersten Blick scheint die islamische Ornamentik zuweilen lediglich der Pracht und Zierde zu dienen, doch immer geht eine geheime Kraft von ihr aus, welche in die Tiefen der Psyche einzudringen vermag. Der Mensch erhält hier einen atemberaubenden Einblick in die innere Zusammengehörigkeit der Schöpfung;

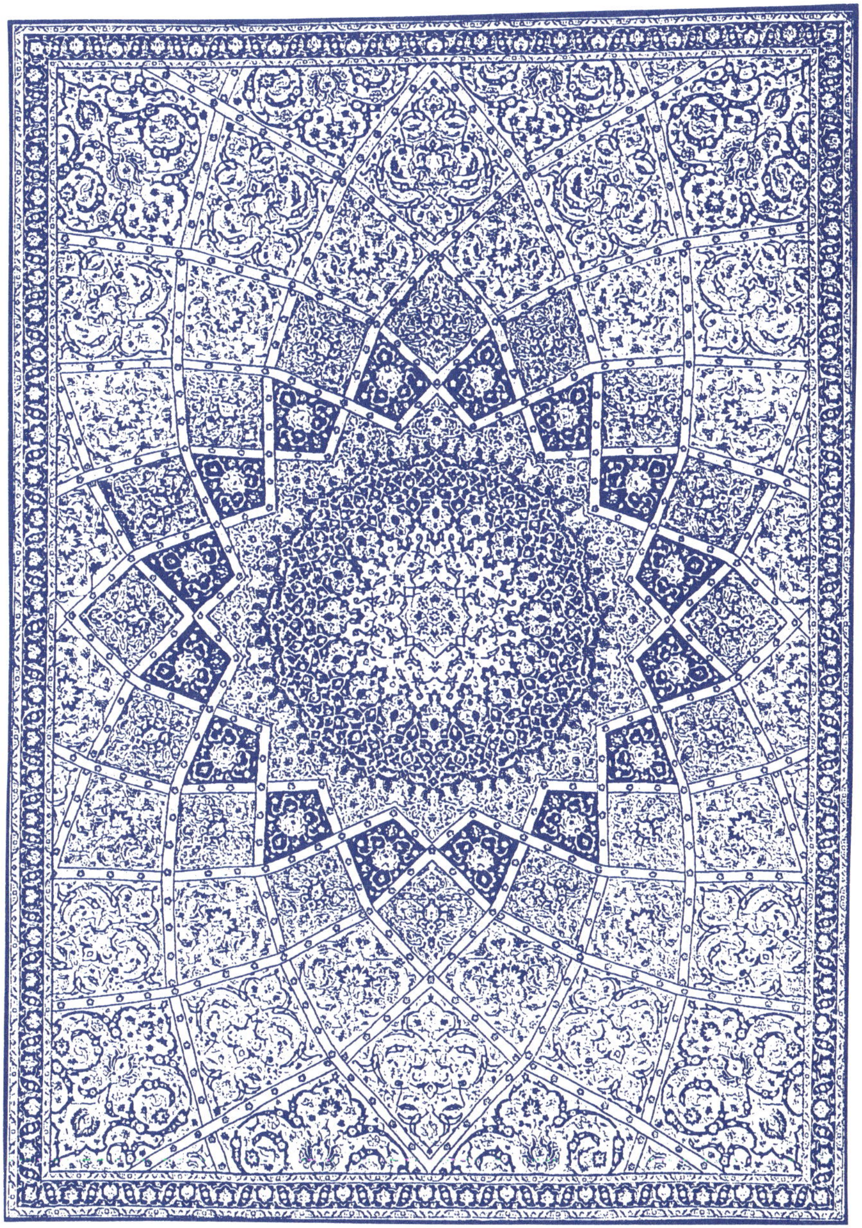

staunend mag ihm hier die Größe und Herrlichkeit Allahs aufgehen. Die mystische Wirkung der großen islamischen Mandalas erschließt dem Betrachter den eigenen göttlichen Innenraum.

Keinen Fehler kannst du in der Schöpfung des Gnadenreichen sehen. So wende den Blick: siehst du irgendeinen Mangel?
Koran (Sure 67, 4)

Eine besondere Kunstrichtung der spirituellen islamischen Malerei, die sich fast ausschließlich auf Mandalastrukturen bezieht, widmet sich der Ausschmückung des Korans. Diese oft tief mystischen Koran-Illuminationen zeigen vom späten 9. bis zum 14. Jahrhundert ihre Höhepunkte. Die Dekoration einer Seite des 1182 in Valencia (Spanien) geschriebenen Korans (heute im Besitz der Universitätsbibliothek von Istanbul - MS. A. 6754) beschreibt R. Ettinghausen wie folgt:

"Die Grundform, aus welcher sich die ganze Zeichnung entwickelt, sind ... zwei sich überschneidende Vierecke.... Dieser einfache Kern erweitert sich jedoch zu einem ungemein komplizierten Gebilde, das dauernd Überraschungen bietet. Die Kreissegmente, die die Vierecke umgeben, wechseln fortwährend die Richtung und werden selbst zu geraden Linien umgebildet, so daß der ganze verfügbare Raum gleichmäßig ausgefüllt ist. Dieses Rundmedaillon erscheint als ein Netzwerk schmaler weißer Bänder auf rein ornamentiertem Grunde, eine Kombination, die schon früher im östlichen Kalifat verwendet worden war. ....
.... Diese Buchseiten stellen die höchste Form der nichtgegenständlichen Malerei der arabisch-mohammedanischen Welt dar. Obgleich ihre vibrierenden Kreisformen und sternartigen Vielecke ursprünglich mit der Sonne verbunden waren (wie ihre arabische Bezeichnung als shamsa, von shams = Sonne, besagt), gehen sie als Schöpfungen abstrakten und geometrischen Denkens weit über die konkreten Formen der materiellen Welt hinaus. In solchen Gebilden aus strengen Linien und Kreissegmenten

wurde eine höhere, grundlegendere Form der ästhetischen Vollendung erreicht, eine Art platonischem Ideal, 'dessen Schönheit nicht relativ ist wie die der anderen Dinge' und die, wie Sokrates im Philebus sagt, 'immer vollkommen schön sind'. Sie haben in diesem Stadium und an dieser Stelle unzweifelhaft einen geistigen Sinn, wurden jedoch auf Grund ihrer Vielfalt niemals als religiöse Symbole betrachtet." (180)

In die Dekorationen islamischer Bücher und Moscheen wurden häufig Koranverse und andere Schriftsätze miteinbezogen. Die Mandalas, welche so gearbeitet wurden, erhielten durch die arabische Kalligraphie eine ganz besondere Charakteristik. Da der Koran im Islam über alles hoch geschätzt wird, wurden manche dieser Mandalas auch ganz aus solchen Versen gestaltet. Der Koran gilt hier nicht einfach als das Wort Gottes, sondern als der '*zum Wort gewordene Gott*'.(181) Er gilt als das größte Wunder überhaupt, und die kalligraphischen Kompositionen in arabischer Schrift können dies auf die würdigste Art ausdrücken.

Das Umkreisen des Heiligen hat im Islam auch eine zentrale Bedeutung bei der großen Pilgerfahrt nach Mekka (Haddsch) erhalten. Jeder gläubige Muslim ist dazu aufgerufen, wenigstens einmal in seinem Leben diese Pilgerfahrt anzutreten, um seine Hingabe an Gott zu bekräftigen und zu erneuern. Mekka ist der Ort, an dem der Legende nach Abraham seine zweite Frau Hagar und seinen erstgeborenen Sohn Ismael zurückgelassen hat. Er baute Hagar dort eine Hütte und einen Ort der Andacht mitten in der Wüste und kehrte dann zu Sarah und seinem zweitgeborenen Sohn Isaak zurück. Jedoch konnte Hagar an dem Ort kein Wasser finden und war der Verzweiflung nahe, nachdem sie die beiden nahegelegenen Hügel siebenmal erfolglos abgesucht hatte. Hagar und Ismael waren dem Verdursten nahe, und keine eigene Anstrengung konnte die beiden offensichtlich mehr retten. Dies ist ein entscheidender Punkt für das islamische Selbstverständnis: Hagar überließ nämlich ihr Schicksal von nun an vollkommen Gott und gab sich ganz Seinem Willen hin. "Dein Wille geschehe!" Die Legende berichtet, daß Ismael den Erdboden aufkratzte und daraufhin sofort eine Quelle entsprang. Hagar und Ismael konnten den vollkommenen Frieden finden, nachdem sie sich rückhaltlos Gott hingegeben hatten. Das Wort *Islam* selbst bedeutet gerade dies: 'der Friede, der sich einstellt, wenn das Leben Gott übergeben wird'. Hagar erkannte, daß dies ein heiliger Ort war, der mit der Gegenwart Gottes gesegnet war, und errichtete aus der Andachtstelle, die Abraham ihr hinterlassen hatte, einen Tempel, der später zur Kaaba erweitert wurde. Heute ist er ein geheimnisvoller, majestätischer schwarzer Quader mit einer quadratischen Grundfläche und stellt das größte Heiligtum des Islam dar. Die Muslime umkreisen die Kaaba siebenmal bei ihrer Pilgerfahrt. Auch hier wiederholt sich die Grundgestalt von Kreis und Quadrat.

In bestimmten Teilen des Islam wird auch Fatima, die jüngste Tochter Mohammeds, verehrt. Der Name Fatima setzt sich zusammen aus Fate und Ma, was als Schicksalsmutter gelesen werden kann. Das Symbol der Hand Fatimas gilt als Schutzsymbol und wird als Amulett gegen den "bösen Blick" verwendet. Es zeigt auf der Innenfläche der Hand ein Mandala mit einem kardinal geteilten Sonnenkreis in der Mitte, der von weiteren Kreisen umgeben ist.

Noch eine weitere großartige Bedeutung hat die Kreisbewegung im Islam durch den Tanz der Derwische erhalten. Die Sufi-Derwische haben durch ihren meditativen Tanz, der manchmal ganze Nächte hindurch andauert, zuweilen eine ekstatische Verschmelzung mit Gott erreichen können. Dabei kreist der Derwisch in einem traditionellen weiten Gewand um seine eigene Körperachse. Er kann sich so als ein Zentrum des Universums wahrnehmen und sein Bewußtsein ganz mit der Leere und Stille dieser Mittelachse verbinden. Im Inneren unbewegt, kreist die ganze Welt um ihn wie der Sturm um das ruhende Auge des Zyklons. Der Tänzer erfährt sich auch als eine Brücke zwischen Himmel und Erde. Seine Arme sind hoch in den Raum gestreckt, die eine vom Himmel empfangend, die andere zur Erde hin gebend.

Diese Haltung symbolisiert den entselbsteten Menschen, eingespannt zwischen Himmel und Erde als Vermittler zwischen den Welten.
Maria-Gabriele Wosien (182)

Der tanzende Derwisch ist auch insofern eine außergewöhnliche eindrucksvolle Gestalt, weil hier der Mensch selbst ganz bewußt zum Mandala wird. Im Tanz wird Gott gepriesen und verherrlicht als kreisender Mensch, der ganz auf seine eigene Mitte zentriert bleibt. Alle Hindernisse werden losgelassen, und die Aufmerksamkeit wird vollkommen auf die Kreisbewegung gerichtet. Es ist ein Tanz der Liebe, in dem der Tänzer mit seinem Geliebten letztlich verschmilzt und eins wird.
Der Derwischtanz wurde von dem berühmten Sufi Maulana Dschelaladdin Rumi eingeführt - inspiriert von der "Reise durch die Sieben Himmel in die Gegenwart Gottes" des Propheten Mohammed. Um diese mystische Reise anzutreten, muß sich der Sufi von seinem Alltagsbewußtsein lösen und sich vollkommen der göttlichen Gegenwart hingeben.

Das ist Liebe: Himmelwärts zu fliegen,
jeden Augenblick hundert Schleier zu zerreißen;
unser Herz von den sichtbaren Dingen zu lösen,
nicht nur zu sehen, was uns sichtbar scheint.
Auf das Selbst zu verzichten und immerdar in Gott zu wandern
ist Anfang und Ende jeder mystischen Reise.
Rumi (183)

New Age...

Laßt Einheit in der Verschiedenheit sein. Seht, wie die vielen Pfade alle zur Mitte führen, zu Mir, ein jeder ist anders, und doch führen alle in die gleiche Richtung. Je näher sie zur Mitte kommen, um so größer die Einheit, bis alle in Mir eins werden und es keine Verschiedenheit mehr gibt, nur noch vollkommene Einheit.
Eileen Caddy (184)

Die gegenwärtige Zeit steht im Zeichen des Gesprächs und des Austausches der Kulturen. Waren in den vergangenen Jahrhunderten die großen Geisteswelten räumlich und zeitlich noch weit voneinander getrennt, so findet nun eine rege konkreative Begegnung statt (eine Begegnung, die leider nicht immer unproblematisch abläuft). Die Völker und Religionen können viel voneinander und miteinander lernen, und jeder Mensch hat heute die Möglichkeit, über die engen Grenzen seines überlieferten kulturellen Horizontes zu blicken und zu erkennen, daß das Leben endlos und viel reicher ist, als er es vordem hat wissen können. Dazu müssen wir jedoch ganz offen sein und aufeinander zugehen, statt gewaltsame Konflikte heraufzubeschwören, die lediglich die eigene Borniertheit zur Schau stellen. In fast allen künstlerischen Bereichen finden sich die heutigen Künstler zu gemeinsamer kreativer Arbeit zusammen, und die Querverbindungen und gegenseitigen Inspirationen der einzelnen Kulturen werden sicherlich von entscheidender Bedeutung für die weitere Entwicklung der Menschheit sein.

Die zeitgenössischen Künstler, die sich mit Mandalas beschäftigen, vereinen daher manchmal Elemente verschiedener Kulturen in ihren Schöpfungen und zeigen dadurch schon die grundsätzliche Möglichkeit der gegenseitigen kreativen Befruchtung. Das Mandala ist das Symbol der Einheit in der Vielheit, und in das große Mandala der Menschheitsfamilie sind daher alle Kulturen mit ihren jeweiligen Formen und

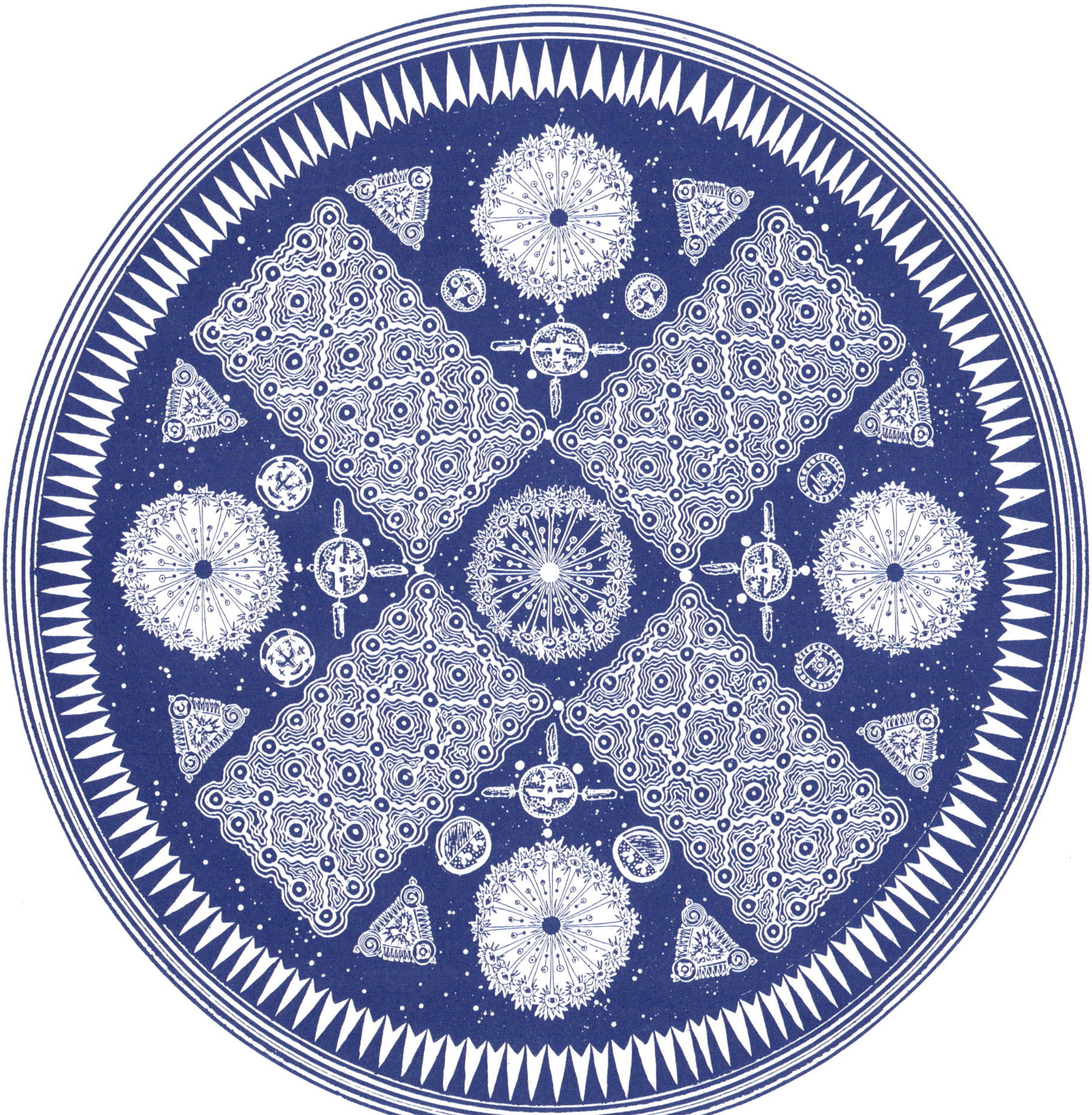

Symbolsystemen aufgenommen. Viele Künstler haben diese Vision zur Grundlage ihrer Bilder gemacht und enthüllen in ihren Werken die außerordentliche Harmonie und besondere Schönheit, die durch das Miteinander der einzelnen Geistesströmungen entstehen kann.

Es ist erstaunlich, daß gerade die lange Zeit mehr oder weniger brachliegende Kunst des Mandala heute wieder einen solchen Auftrieb erfährt. Auf unzähligen Bucheinbänden, Tonträgern, Plakaten und an vielen anderen Stellen tauchen Mandalas als Zeichen des Friedens und der Gemeinschaft auf. Die Wichtigkeit des gemeinsamen Handelns und Denkens der Kulturen wird erst in diesem Jahrhundert von einer breiteren Öffentlichkeit erkannt, und das Mandala scheint tatsächlich als Grundbild für diese Kommunikation und gegenseitige Unterstützung angenommen zu werden.

Eine erstaunliche Erfahrung bei diesem Prozeß ist sicherlich die Entdeckung, daß dieselben Grundsymbole und Strukturen, die eine bestimmte Kultur möglicherweise lange Zeit ganz für sich beansprucht hat, tatsächlich auch in den anderen Kulturen zu finden sind. Man erkennt, daß es sich wirklich um Menschheitsstrukturen - oder wenn man will: um kosmische Strukturen - handelt, die niemand ohne weiteres für sich patentieren kann. Allerdings hat jede Kultur ihre eigene Sichtweise und Interpretation dieser Grundelemente erarbeitet, und es ist gewiß für alle spannend und bereichernd zu sehen, welchen Nuancenreichtum und welche Bedeutungsvielfalt ein vielleicht altbekanntes Symbol in Wirklichkeit besitzt.

Viele zeitgenössische Künstler fühlen sich allerdings noch ganz der jeweiligen "alten" Tradition verpflichtet, welche nun all die neuen Einflüsse und Errungenschaften der "modernen" Zeit auf ihre eigene Weise deutet und einordnet. So gibt es beispielsweise christliche, buddhistische, islamische Mandalas, die - tief verwurzelt in der jeweiligen Tradition - den heutigen Zeitgeist zum Ausdruck bringen. Jede große und echte Kultur ist lebendig und entwickelt sich ständig weiter.

Vinzent Liebig
"Visionquest"

Ebenfalls kann auch die Kunst nicht stagnieren oder auf einer bestimmten traditionellen geschichtlichen Ebene festfrieren. Aufbauend auf einem reichen und tiefen Erfahrungsschatz, können und sollen die alten Kulturen ein zeitgemäßes Wort zur jetzigen Situation sagen. In der Kunst ist dies möglich, und man kann hier unfehlbar den gegenwärtigen Geisteszustand einer Kultur erkennen (vorausgesetzt, man hat ein Auge dafür entwickelt). Ein Kunstwerk ist immer ein Ausdruck des Bewußtseins und gleichzeitig ein Impuls, der in die jeweilige Situation hineingegeben wird.

Viele Mandalas zeitgenössischer Künstler sind jedoch nicht mehr bestimmten traditionellen Kulturen zuzuordnen, sondern versuchen, einen eher kosmopolitischen oder auch ganz eigenen Weg zu beschreiten. Die alten Traditionen dienen zwar in der Regel noch als reicher Nährboden und inspirierende Quelle, jedoch ist eine klare Zuweisung zu den kulturellen Überlieferungen der Vergangenheit manchmal nicht mehr möglich. Auch die Künstler sehen sich oft in einem vollkommen offenen, ungebundenen und konfessionslosen Raum arbeiten, der in keine Richtung hin festgelegt ist. Man versucht, neue Wege zu finden und neue Möglichkeiten zu entwickeln. Die alten Traditionen werden manchmal als zu starr erfahren, und der Künstler verläßt daher den alten Boden und versucht, neues Terrain zu erforschen. Der positive Blick in die Zukunft wird deshalb jedoch nicht vergessen oder zurückgestellt - im Gegenteil! Viele Künstler wollen ganz bewußt mit ihren Arbeiten richtungweisende Anstöße hin zu einer menschlicheren spirituelleren Zukunft geben. Allgemein bekannt wurde der Ausdruck "*New Age*" ("Neues Zeitalter"), den sich viele Gruppierungen und Geistesströmungen zu eigen gemacht haben.

Der wesentliche Aspekt von "New Age" ist sicherlich eine unbelastete und freie Lebensweise, die jedem die Möglichkeit gewährt, sich nach seiner inneren (spirituellen) Natur zu entwickeln. Dabei sollen die alten Kulturen keinesfalls ausgeklammert oder einfach vergessen werden,

Vinzent Liebig "Inspiration"

allerdings liegt der Schwerpunkt auch nicht mehr auf der überlieferten Tradition. Man spricht von einem "*Neuen Denken*" und einer "*Neuen Gesellschaft*", die Raum läßt, die alten Erfahrungen zu integrieren, sich aber davor hütet, die traditionellen Glaubenssätze dogmatisch zu vertreten. Jedoch ist "New Age" zu Recht ein sehr vager Begriff, der alle möglichen, zum Teil fließenden Übergänge von den "alten" zu den "neuen" Lebens- und Sichtweisen beinhaltet.

Das uralte und zeitlose Bild des Mandala hat ohne Schwierigkeiten in die Kunst und in das Denken des "New Age" Eingang gefunden und dessen Vision entscheidend beeinflußt und gefördert. Ein Mandala ist immer ein holistisches, freies und undogmatisches Bild, das sowohl die Differenziertheit wie auch die Einheit der Schöpfung zum Ausdruck bringt, und diese besondere Eigenschaft ist nicht nur für die alten spirituellen Traditionen von entscheidendem Wert, sondern gerade auch für die Zukunft. Das Mandala bietet die Möglichkeit einer kulturumfassenden und kulturübergreifenden Sicht, und es ist daher nicht verwunderlich, wenn dieses letztlich geschichtslose Prinzip (das sich jedoch immer einen geschichtlichen Ausdruck gibt) als Grundbild auch für das "New Age" seinen Platz gefunden hat.

Wichtige Vorläufer der "New Age"-Bewegung waren die Protest- und Befreiungsbewegungen der sechziger und siebziger Jahre. Vor allem die Beat- und Hippie-Bewegung revoltierten gegen ein zu materialistisch eingestelltes Gesellschaftsdenken. Im Rahmen eines Ablöseprozesses von den traditionellen Normen und des Versuchs einer Neuorientierung erhielt von hier aus die Kunst des zwanzigsten Jahrhunderts wichtige Impulse durch die sogenannte "*Psychedelische Kunst*". Hier wurde teilweise unter Zuhilfenahme bewußtseinserweiternder Drogen versucht, die optischen Eindrücke einer psychedelischen Erfahrung künstlerisch umzusetzen. Die Bewußtseinsräume und kaleidoskopartigen Bilder, die bei Erfahrungen vor allem mit der damaligen Szenendroge LSD entdeckt wurden, eröffneten einen neuen Freiraum, in dem

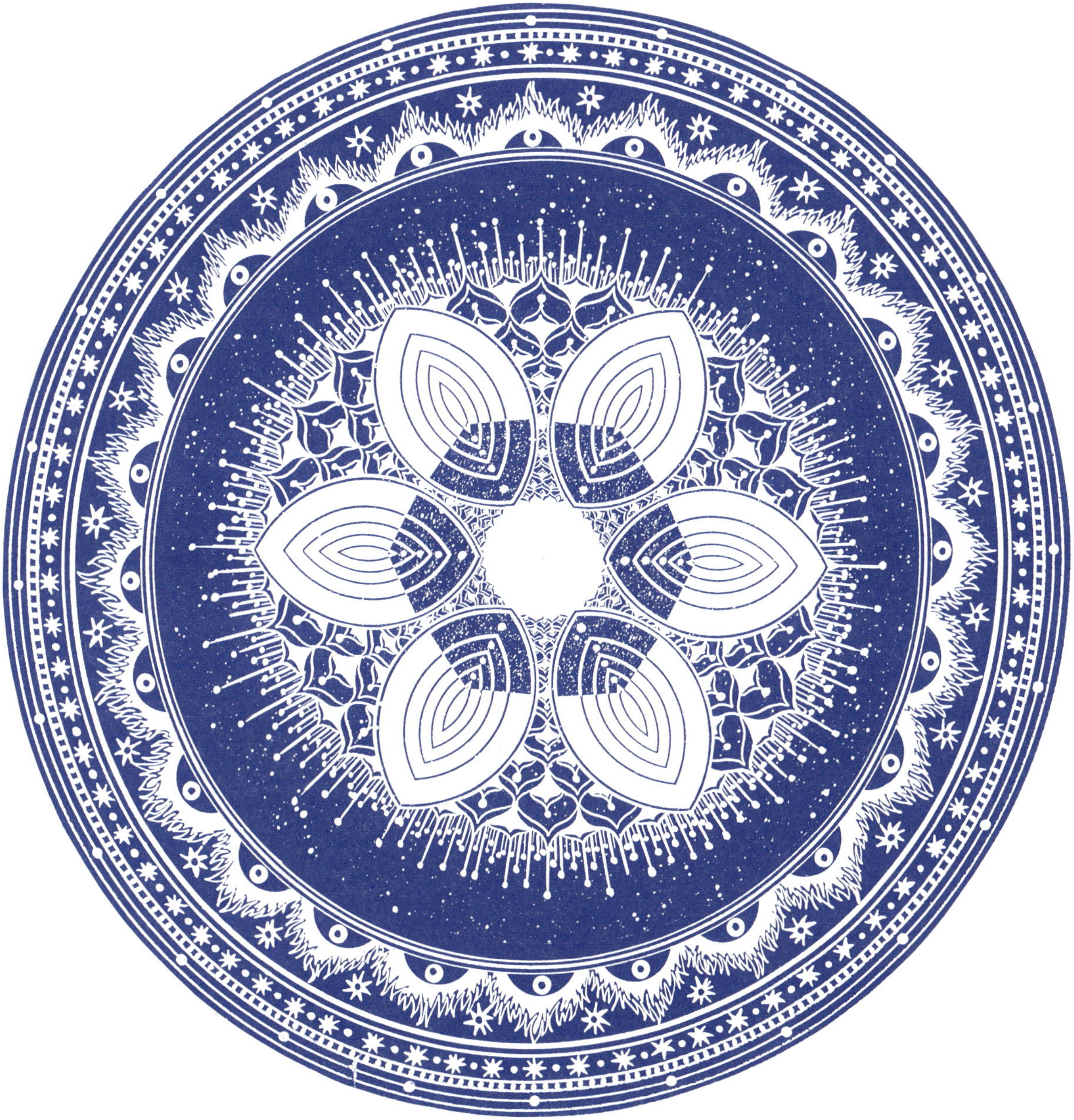

man experimentieren und sein eigenes Erleben und seine gesteigerte Wahrnehmungsfähigkeit beobachten konnte.

Auf eine einfache Formel gebracht, kann die psychedelische Erfahrung kurz als das Erleben von Erkenntnis- und Bewußtseinsstadien beschrieben werden, die sich vom gewöhnlichen wachen Bewußtsein, von Träumen und von den bekannten Rauschzuständen wesentlich unterscheiden. Sinnliche Erfahrung, Gedanken, Emotionen, Selbst- und Weltbewußtheit, all das wird hier bemerkenswerten Veränderungen unterworfen: Das Bewußtsein weitet sich aus und gleitet in tiefe, normalerweise unerreichbare Regionen hinab.
Robert E. L. Masters, Jean Houston (185)

Viele Menschen beschrieben ihre Erfahrungen als tief religiös und mystisch, und ein immer wiederkehrendes Grundbild, das bei psychedelischen Erfahrungen auftauchte, war die Mandalastruktur. Die Künstler begannen, das Mandala neu zu entdecken und in leuchtenden Farben und filigraner Ornamentik darzustellen. Masters und Houston sammelten einige Aussagen von Künstlern über ihre Erfahrungen mit psychedelischen Drogen:(186)

"Was ich gesehen habe, war schöner, als ich mit Worten beschreiben kann, und ich habe versucht, diese Visionen in meiner Kunst zu verarbeiten." Ein weiterer Künstler berichtete, er habe "an einem klaren Himmel die allerschönsten Muster und Mandalas gesehen; sie beeinflussen die Linienführung meiner Zeichnungen."(187)
Hugo Mujica bemerkte: "Während einer 'Reise' entdeckte ich die Figur, die ich nun für meine Kunst verwende. Erst später habe ich erfahren, daß es sich um ein Mandala handelte." Die uralte Form des Mandala besteht aus einem Kreis innerhalb eines Quadrates und stellt die Einheit zwischen Mensch und Weltall dar. Viele Künstler berichten, daß sie während ihre psychedelischen Erlebnisse zum ersten Male in ihrem Leben Mandalas gesehen hätten.(188)

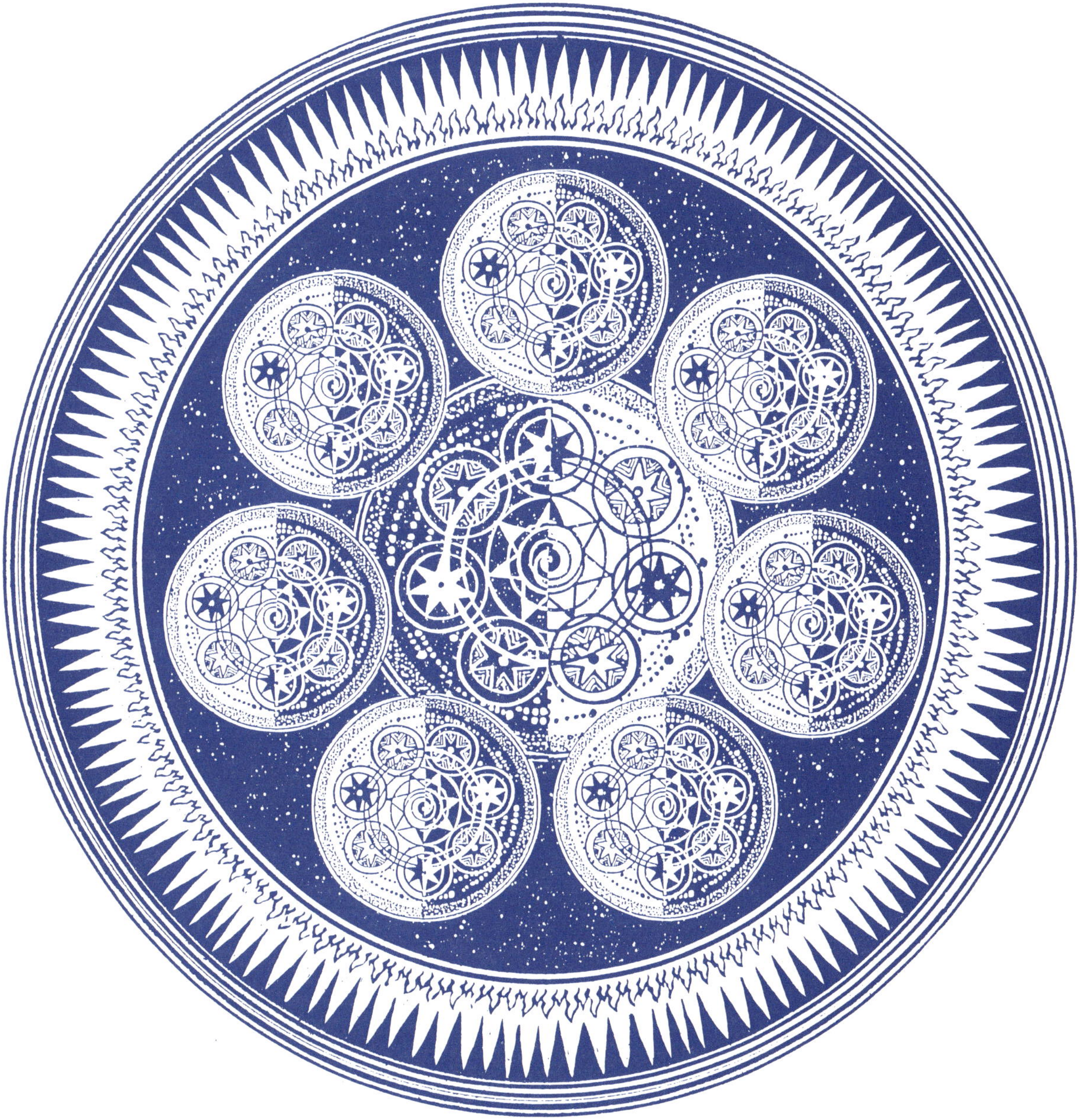

Neben den Eindrücken vom "inneren Weltraum" hat das optische Empfinden unserer Zeit auch wichtige Anregungen von den Bildern der wissenschaftlichen Weltraumforschung erhalten, die durch die Mondflüge und planetaren Erkundungsreisen verschiedener Weltraumsonden ins allgemeine Interesse gerückt sind. Die ungeheuren Weiten des interstellaren Raums und die Milliarden unerforschter Sonnensysteme und Galaxien haben sicherlich das Selbstverständnis und die allgemeine Weltsicht des heutigen Menschen stark mitgeprägt. Die fotografischen Aufnahmen des Kosmos sprechen in uns Bewußtseinsräume an, die innere Erlebnisse von großer Intensität und Schönheit auslösen können. Auch diese Bilder haben oft eine mandalaartige Struktur, welche die heutigen Künstler stark beeinflussen.

Das ganze Universum mit seinen intergalaktischen Räumen wird, ausgehend von Myriaden strahlender Sonnen, durchströmt und durchpulst von sich mandalaartig ausbreitenden schwingenden elektromagnetischen Energiefeldern, die alle Himmelskörper unsichtbar verbinden, ja sie vielleicht sogar geheimnisvoll miteinander kommunizieren lassen.
Heita Copony (189)

Auch die modernen Erkenntnisse und Theorien der Weltentstehung sind nun in ein umfassendes Verständnis und in eine holistische Sicht des Menschen integriert und verarbeitet. Manchmal geschieht dies in einer sehr poetischen und visionären Sprache. In vielen Texten und Bildern wird immer wieder auf die kosmischen Dimensionen und Bedingungen des Menschen hingewiesen, und erst seit diese Jahrhundert wird ausdrücklich von einem kosmischen Bewußtsein des Menschen gesprochen.

Haita Copony "Lichtmandala"

Am Anfang gab es nur einen Stern, den Stern, der wir sind.
Zusammen, zu Einem verschmolzen, leuchteten wir und drehten uns in den weiten Himmeln.
Jeder Funke, jeder leuchtende Strahl war eine Offenbarung unserer gemeinsamen Essenz.
Unser Stern war ein Wesen, vollständig, das alles umfaßte.
Dann .... Kritische Masse. Unser Stern barst, stürzte in sich zusammen und sandte Sternenteilchen seiner selbst aus. Sie schossen durch das endlose, leere Universum, nach oben, nach unten und mittendurch.
Stürzende Teilchen, nach außen geschleudert in himmlischen Strömungen. Sternenwellen,
schäumend inmitten der Trümmer des Sterns.
Teilchen, auseinandergerissen, die immer kleiner, kleiner, winziger werden. Sie breiten sich überall im Himmel aus: Kleiner, kleiner, winzig und immer weiter weg.
Doch wir hielten zusammen, so gut wir konnten, konzentrierten uns auf unsere Vision, auf den einen Stern, der wir gewesen sind, der wir wahrhaft sind.
Kleinere, kleinere, winzige Teilchen, gespalten, entfaltet als Mandala wie Feuerwerk, das den Himmel erhellt im kurzen Augenblick seines Glanzes.
Wir waren immer weiter getrennt ... einsam ... ausgeschlossen ... allein ...

Zuletzt konnten wir nicht kleiner mehr werden. So entwickelten wir uns zu individuellen Bewußtseinseinheiten.
Dies wird die Geburt der Engel genannt.
Solara (190)

Mit der wissenschaftlichen Weltraumforschung wurden auch viele alte Träume und Fragen des Menschen neu belebt, wie etwa die Frage, ob es außer uns noch andere intelligente Lebewesen im Universum gibt und ob diese möglicherweise die Erde mit ihren Raumschiffen bereits besucht haben. Das *UFO*-Phänomen tritt immer häufiger in die öffentliche Aufmerksamkeit, und viele Menschen behaupten, sogenannte

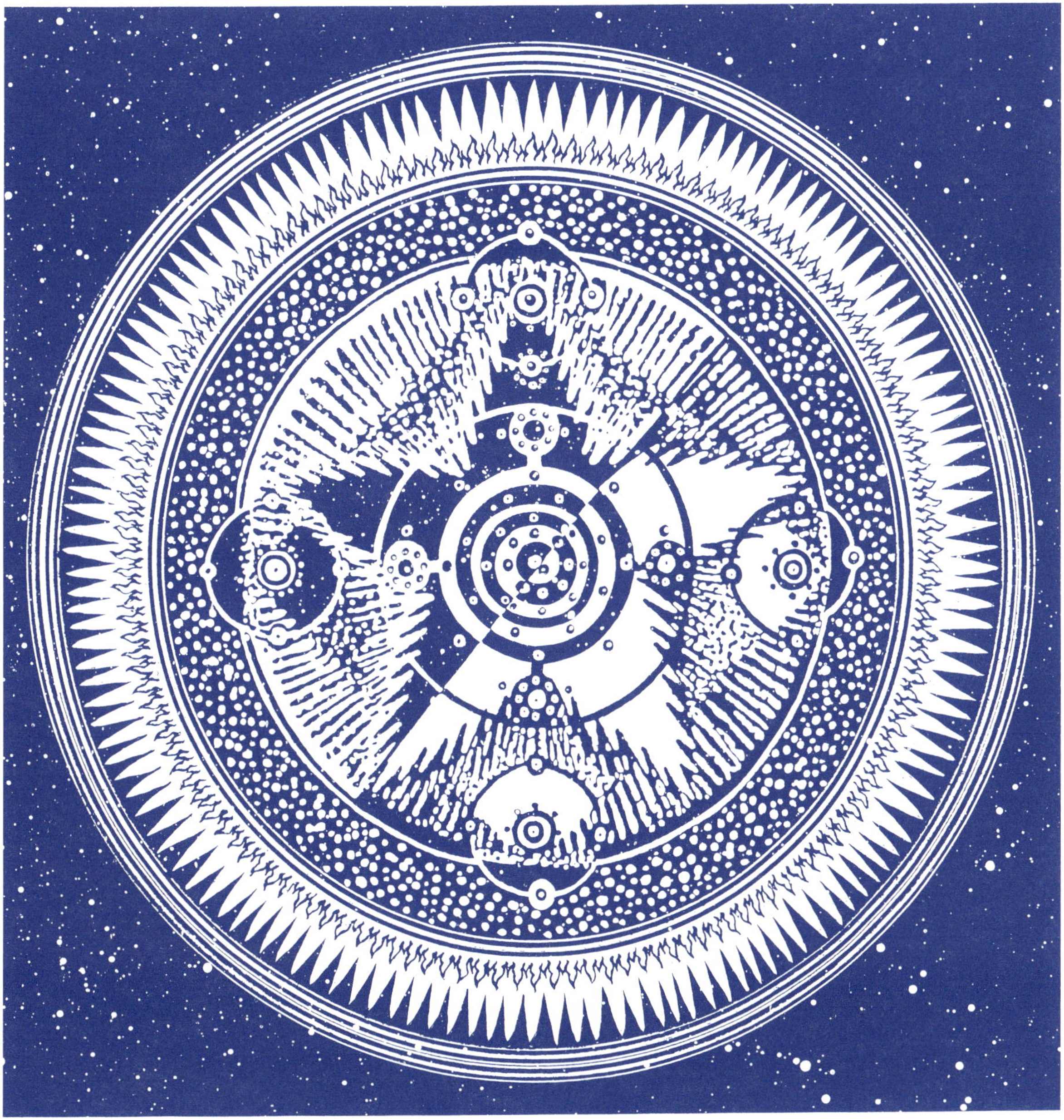

"fliegende Untertassen" bereits einmal gesehen zu haben, ja, zu einem Flug mit einem UFO schon einmal eingeladen worden zu sein. Das Erstaunliche an diesen Berichten ist, daß in den weitaus meisten Beschreibungen die unbekannten Flugobjekte eindeutig eine Mandalaform besitzen. Der Psychologe C. G. Jung meint, es handle sich hier um kollektive Projektionen, mit denen die Menschen sich ein Symbol der Ganzheit (*runde* fliegende Untertassen) geschaffen haben, das die Spaltung der Psyche in unserer apokalyptischen Zeit zu überwinden versucht.(191) Jedoch wird das UFO-Phänomen von vielen Menschen (auch von einigen Naturwissenschaftlern) als vollkommen real und nicht nur als psychische Projektion aufgefaßt.

Mit den UFO-Erscheinungen wird oft ein weiteres geheimnisvolles Phänomen in Verbindung gebracht, das jedoch sicherlich keine psychische Projektion des Menschen ist, sondern ganz konkret untersucht werden kann. Es handelt sich um das sogenannte Kornkreisphänomen, das vor einigen Jahren gehäuft vor allem in England in der Nähe der großen Steinkreise von Stonehenge und Avebury aufgetreten ist. Mittlerweile hat man jedoch Kornkreise in fast allen Ländern auf allen Kontinenten der Erde gefunden (in Deutschland, Kanada, USA, Japan, Australien usw.). Trotz langjährigen wissenschaftlichen Untersuchungen hat man noch keine Erklärung für die phantastischen Kreisgestalten gefunden, die manchmal ganz unerwartet und häufig über Nacht in Getreidefeldern und Wiesen auftauchen. Es handelt sich um geometrische Figuren und Symbole von großer Klarheit und Exaktheit, die sicherlich keinen einfachen, natürlichen Ursprung haben. Viele der Kornkreise sind nun wiederum Mandalafiguren, und auch das Bild der bekannten Mandelbrotmenge wurde bereits in einem Feld gefunden.(192) Es gibt unterschiedliche Spekulationen, wie die Kornkreise oder Piktogramme entstehen. Manche Forscher sind davon überzeugt, daß sie von nichtmenschlichen intelligenten Lebensformen geschaffen werden und sehen Verbindungen zu den UFOs oder zu bestimmten Geistwesen. Auf die Frage nach den Kornkreisen antwortete

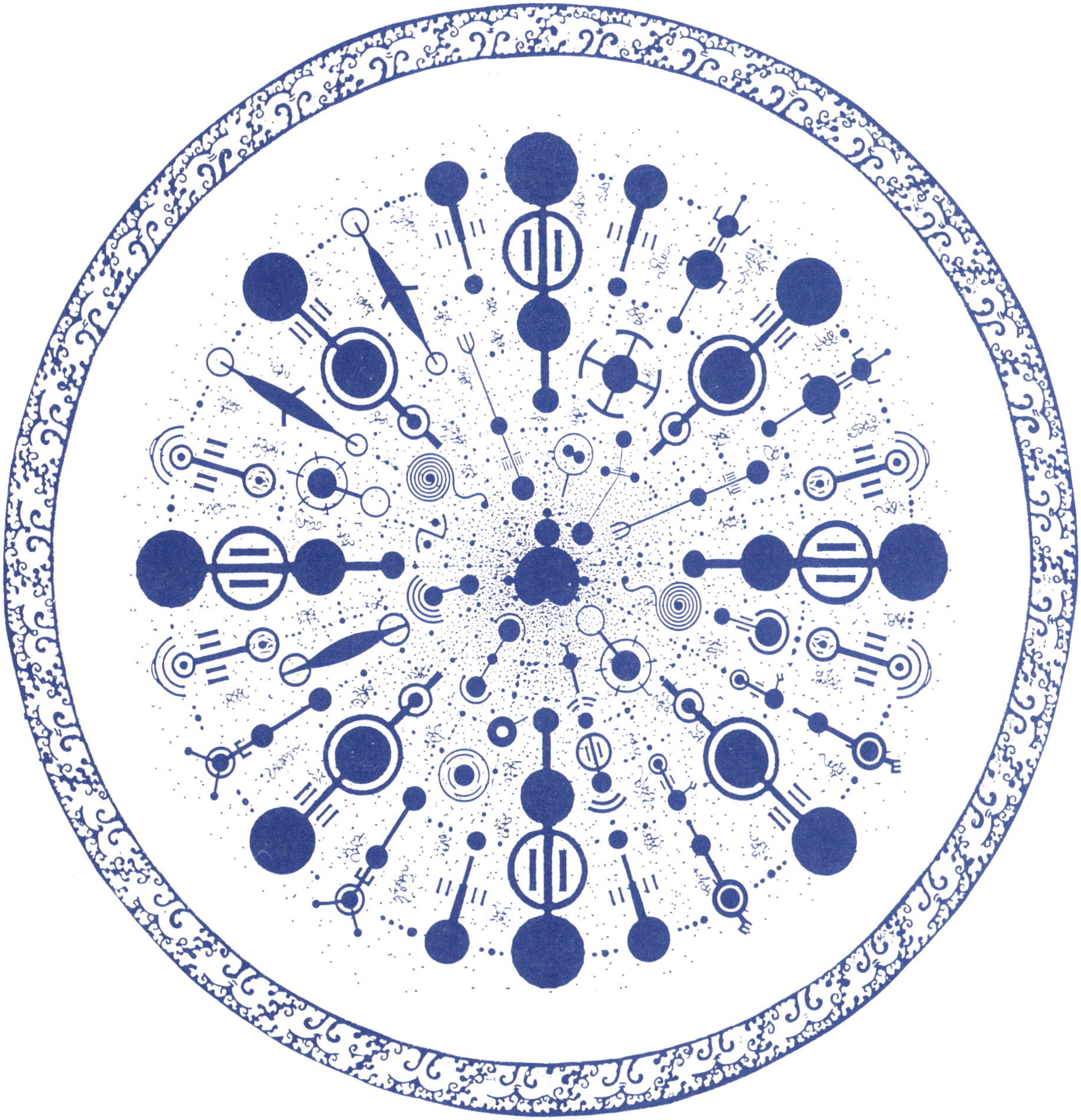

so zum Beispiel der mittlerweile verstorbene indianische Seher Sun Bear in einem Interview von 1991:

Als ich 1979 meine Vision vom Medizinrad hatte, erklärte mir der Geist: Wenn sie dir nicht zuhören, werden sie uns zuhören müssen. Ich wußte damals nicht, was das zu bedeuten hatte. Doch dann erfuhr ich, daß diese Kornkreise in allen Teilen der Welt auftauchen und daß ihre Symbole die heiligen Kreise der Alten sind. Deshalb sagen diese Kreise dasselbe, was ich den Menschen sage: Sie müssen zurückkehren in den heiligen Kreis, um zu lernen, daß die gesamte Schöpfung dasselbe Recht auf Leben hat wie sie selbst. ..... Die Kornkreise sind Symbole für die Zeremonialkreise der Alten und die heiligen Kreise, die man an den Wänden der Höhlen und alten Gräber in Europa und der ganzen Welt findet, die Kreise der alten Mutterreligion, in der die Erdmutter verehrt wurde. Wir müssen wieder dahin zurückkehren, die Erde zu ehren. ....
Sun Bear (193)

Aya "Im Strahl"

Allgemein kann man sagen, daß alle Möglichkeiten des künstlerischen Ausdrucks nun offen stehen und auch genutzt werden. Eines zeigt sich jedoch ganz deutlich: das kreative Potential des Menschen entfaltet sich in der heutigen Zeit geradezu explosionsartig und bringt (trotz allen sogenannten 'Degenerationserscheinungen') immer neue, überraschende und überzeugende Werke hervor, die den Gang in eine ganzheitliche, freundschaftlich gesinnte und spirituell ausgerichtete Zukunft begleiten und unterstützen. Die Kunst des Mandala hat an diesem Prozeß einen wichtigen und fördernden Anteil.

Aya *"Toltekenschild"*

MEDITATION MIT MANDALAS

Welch ein wunderbarer Lotos ist dies,
der blüht im Herzen
des Spinnrads des Alls!
Nur ein paar Seelen
wissen um seine wahre Wonne.
Musik ist allüberall,
und das Herz hat dort Teil
an der Freude der unendlichen See.
Kabir sagt:
Tauche in diesen Ozean der Süße:
also lasse entfliehen
alles Irren von Leben und Tod.
Kabir (194)

Meditation und Mandala sind aufs engste miteinander verknüpft. In seiner spirituellen Bedeutung ist das Mandala stets der Ort der Vollkommenheit, das Reich der Erleuchtung. In einem Mandala wird das Universum als heiliger Raum dargestellt, als Wohnort des erleuchteten Bewußtseins. Hier erkennt der Mensch sich selbst. Er selbst ist der Ort des vollkommenen Lebens.

Der Begriff mandala *setzt sich zusammen aus dem Sanskrit-Begriff* manda *- das heißt Essenz, Mitte, wahre Bedeutung, der reinste Geschmack süßer Milch und der Nachsilbe* la *- Vollendung oder Besitz. Ursprünglich bedeutete der Begriff Mandala im Sanskrit Plattform, Essenz oder Kreis und im übertragenen Sinne dann alles extrem Kraftvolle und Tugendhafte.*
Taiko Yamasaki (195)

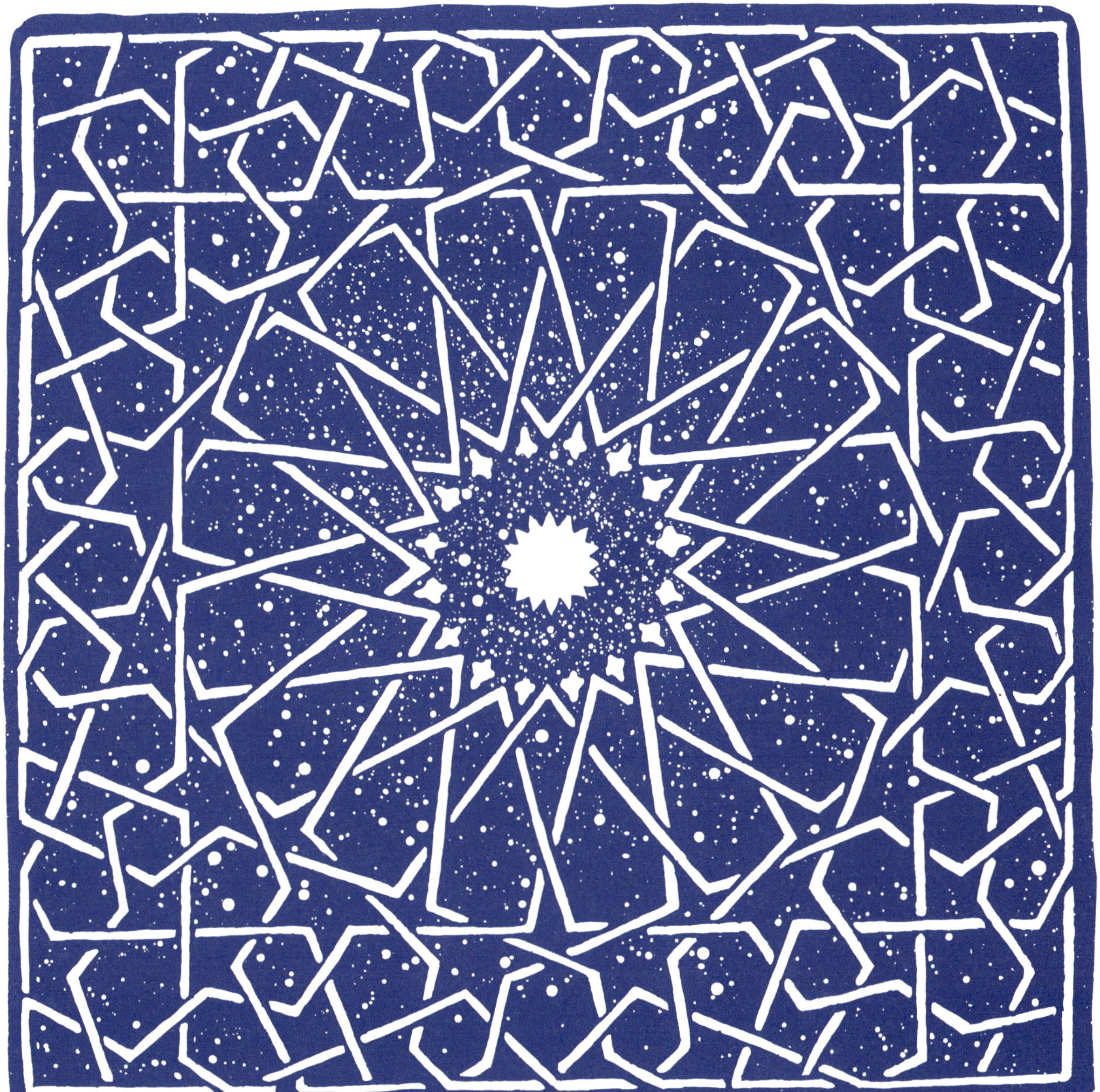

Der Ort der Weisheit, der dem Menschen zu seiner Verwirklichung verhilft, ist der Ursprung und Mittelpunkt des Mandala. Von hier aus breitet sich die erleuchtende Kraft aus, bis sie den ganzen Kosmos erfüllt. Der Meditierende läßt sich vollkommen in dieses Zentrum fallen und verschmilzt mit der inneren Kraft des Geistes, die auch seine eigene Kraft ist. Die Mandalabilder können hierbei als Meditationshilfen genutzt werden, denn sie vermitteln uns 'auf einen Blick' und ohne daß das rationale Denken aktiv eingreifen muß ein intuitives Verständnis dieser inneren Zusammenhänge. Doch wie können wir mit Mandalas wirklich arbeiten?

Hat man sich entschlossen, einige Meditationen mit Mandalas zu versuchen, so mag es zunächst einmal sinnvoll sein, ein persönliches und freundschaftliches Gefühl zu den einzelnen Farben und Formen entstehen zu lassen. Hilfreich sind hier einige einfache Sensibilisierungsübungen, die ohne jede Vorbildung die eigene Intuition unmittelbar ansprechen. Dabei ist es wichtig, nicht sofort gedanklichen oder intellektuellen Konzepten zu folgen, wie sie in manchen Farben- und Formenlehren angeboten werden, sondern ganz ohne Vorwissen einfach zu spüren, was einem beim Betrachten und Vergegenwärtigen der Farben und Formen entgegenkommt. Unsere Gefühle sind dann direkt und spontan, wenn wir sie nicht mit Theorien und Lehrvorstellungen belasten, und so können sie uns ganz natürlich - durch einfaches, unmanipuliertes Beobachten - zeigen, welchen Bezug wir zu den Grundelementen der Mandalas haben.

Man kann zunächst damit beginnen, jede Farbe einmal ganz für sich wirken zu lassen und nur zu schauen, was sie in uns auslöst. Welche Kraft und Stimmung wird bei einem Karmesinrot freigesetzt, welche bei Maigrün, Preußischblau, Lichtem Ocker, Zitronengelb, Rabenschwarz und so fort. Unsere Wachsamkeit erhöht sich, und unser Geist kommt schon alleine durch das einfache Betrachten der Farben in einen angeregten und gesteigerten Zustand. Die Spektralfarben (Regenbogenfarben) sind ein essentieller Bestandteil unserer alltäglichen

Radiolarien-Zelle

Erfahrung - und welcher Reichtum liegt in den unendlichen feinen Abstufungen, die sich zwischen den reinen Regenbogenfarben auftun! Unsere Feinfühligkeit wird sich bei dieser Übung erhöhen, wenn wir einfach zulassen, was immer kommen mag - ohne Beurteilung und Bewertung. Es geht im Grunde nur um die Wachsamkeit. Innere Zusammenhänge werden so ganz von alleine transparent und klar und zeigen sich uns in einer gelösten und entspannten Art und Weise. Es ist wichtig, sich hier etwas Zeit zu nehmen und wenn möglich einen stillen und friedlichen Raum zu wählen, in dem wir uns ganz der Übung widmen können.

Ein erstaunliches Resultat dabei ist, daß die Farben selbst - ungeachtet ihrer eigenen Charakteristik - im Menschen einen heiteren und freudigen Gemütszustand erzeugen können. Vielen Künstlern ist die Erfahrung gegenwärtig, daß sie oft schon alleine durch das Betrachten der Farben in ihren Malkästen oder auf der Palette schöpferisch angeregt werden. Die Farbe allein hat eine grundsätzlich inspirierende, fördernde und heilsame Qualität, die dem Menschen, der sich darauf einlassen kann, immer zur Seite steht.

Wie mit den einzelnen Farbtönen kann man ebenso auch eine Übung mit den Grundsymbolen und fundamentalen Strukturen beginnen. Man betrachtet ein Quadrat, einen Kreis, ein Kreuz, ein Dreieck, einen Stern, Wellenlinien, Spiralen, Swastikas, das OM-Symbol usw. und beobachtet nur, was geschieht. Jede Grundform trägt eine ganz eigene Schwingung und Potenz in sich und offenbart diese Qualität demjenigen, der sich die Zeit nimmt, sie zu betrachten.

Wenn man nun dazu übergeht, mit klassischen Mandalas zu meditieren, so sollte man auch hier in einem losgelösten, freien und gelassenen Bewußtsein die Bilder betrachten. Ein zu großes Vorwissen mag die tiefere Sicht eher verstellen und blockieren, denn zu viele Konzepte und kulturelle Vorgaben können durchaus hinderlich bei einer echten Meditation sein. Sie müssen früher oder später transzendiert und

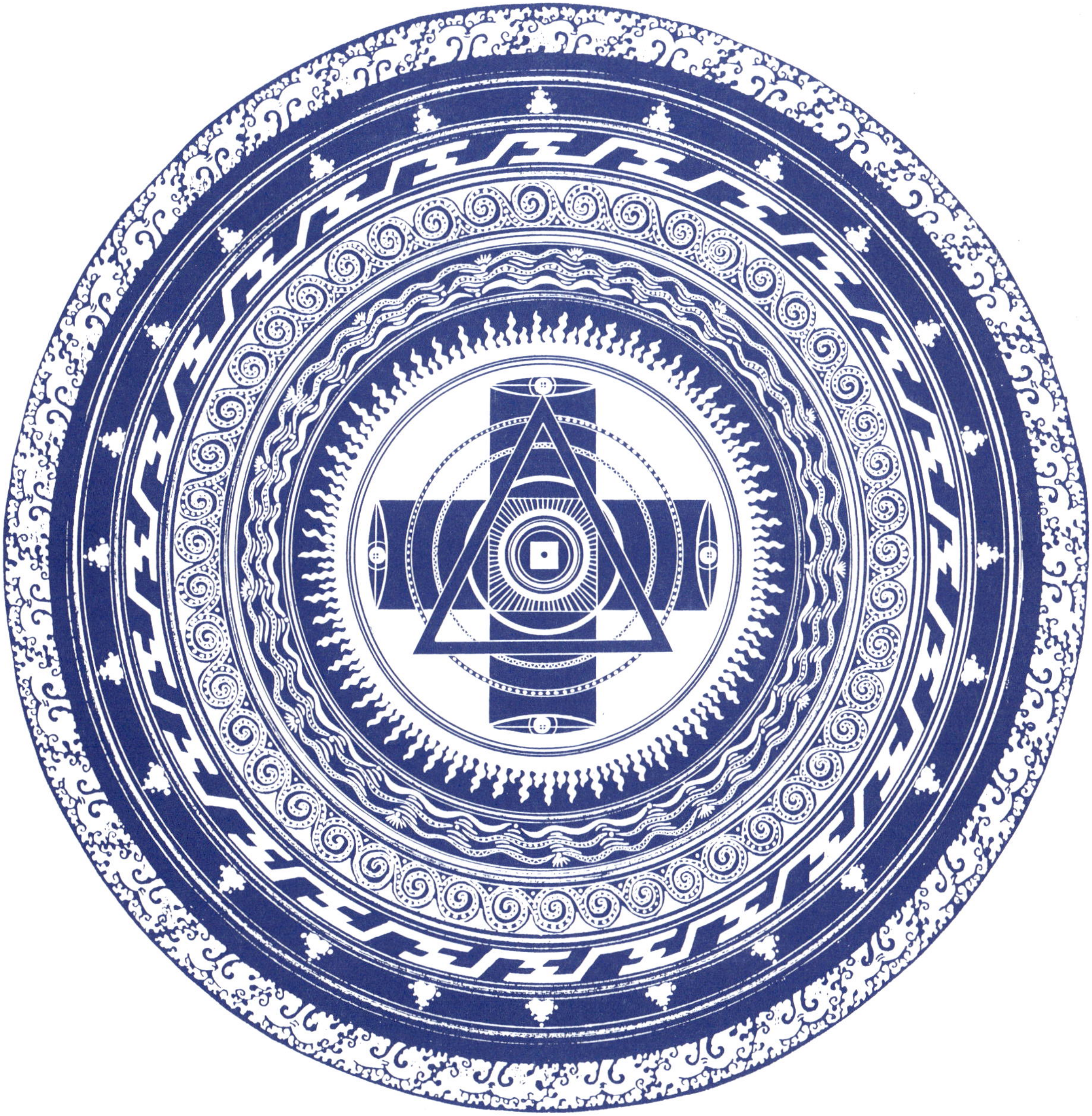

losgelassen werden, will man ins namenlose Zentrum des Bildes vorstoßen. Mandalas sind grundsätzlich unmittelbare Offenbarungen des inneren Geistes und können ohne weiteres für sich selbst sprechen. (196)

Andererseits ist es jedoch auch möglich, sich durch ein allgemeines Verständnis der Kultur, in der das jeweilige Mandala geschaffen wurde, inspirieren und anleiten zu lassen. Die einzelnen Kulturen haben in ihren Mandalastrukturen oft Aspekte in einer verschlüsselten Symbolsprache integriert, die sich ohne ein gewisses Vorwissen nur schwer in ihrem tieferen Sinn verstehen lassen. Es ist also möglich, über die Kultur zum Verständnis eines Mandala zu kommen, wie auch umgekehrt. Die Kulturen können sich zum einen nicht von der Mandalastruktur abspalten, und auf der anderen Seite bringt jede klassische Mandalastruktur einen bestimmten kulturellen Geist zum Ausdruck. So kann man durchaus mit Recht sagen, daß die Menschheitskulturen und ihre Mandalas nicht voneinander getrennt werden können. Letztlich sind jedoch alle Kulturen und auch alle Bewußtseinsformen der Natur dem menschlichen Bewußtsein zugänglich und können zu dessen Quelle und Ursprung führen, so daß ein intuitives Erkennen des wesentlichen Prinzips der Ganzheit in ihrer Entfaltung immer möglich ist. Die innere Freiheit und Flexibilität des Betrachters ist jedoch ein ganz entscheidendes Moment. (197)

Jeder Mensch hat seinen eigenen kulturellen Hintergrund als ein ihm zur Verfügung stehendes Potential. Je nach der Beziehung, die der Betrachter zu seiner Kultur entwickelt hat, wird er zunächst mit den Mandalamustern dieser Kultur in einem besonderen Verhältnis stehen. Das Mandala wirkt oft wie ein Spiegel, der dem Meditierenden seinen eigenen Standort im Kosmos anzeigt. Es mag daher ratsam sein, sich zunächst einmal auf die Mandalas des eigenen Kulturkreises einzulassen, um die eigene Position abzuklären und einen guten Stand zu finden. Unser Bewußtsein ist jedoch - wie bereits erwähnt - weit und ungebunden. Wir sind in unserem innersten Wesen nicht an eine

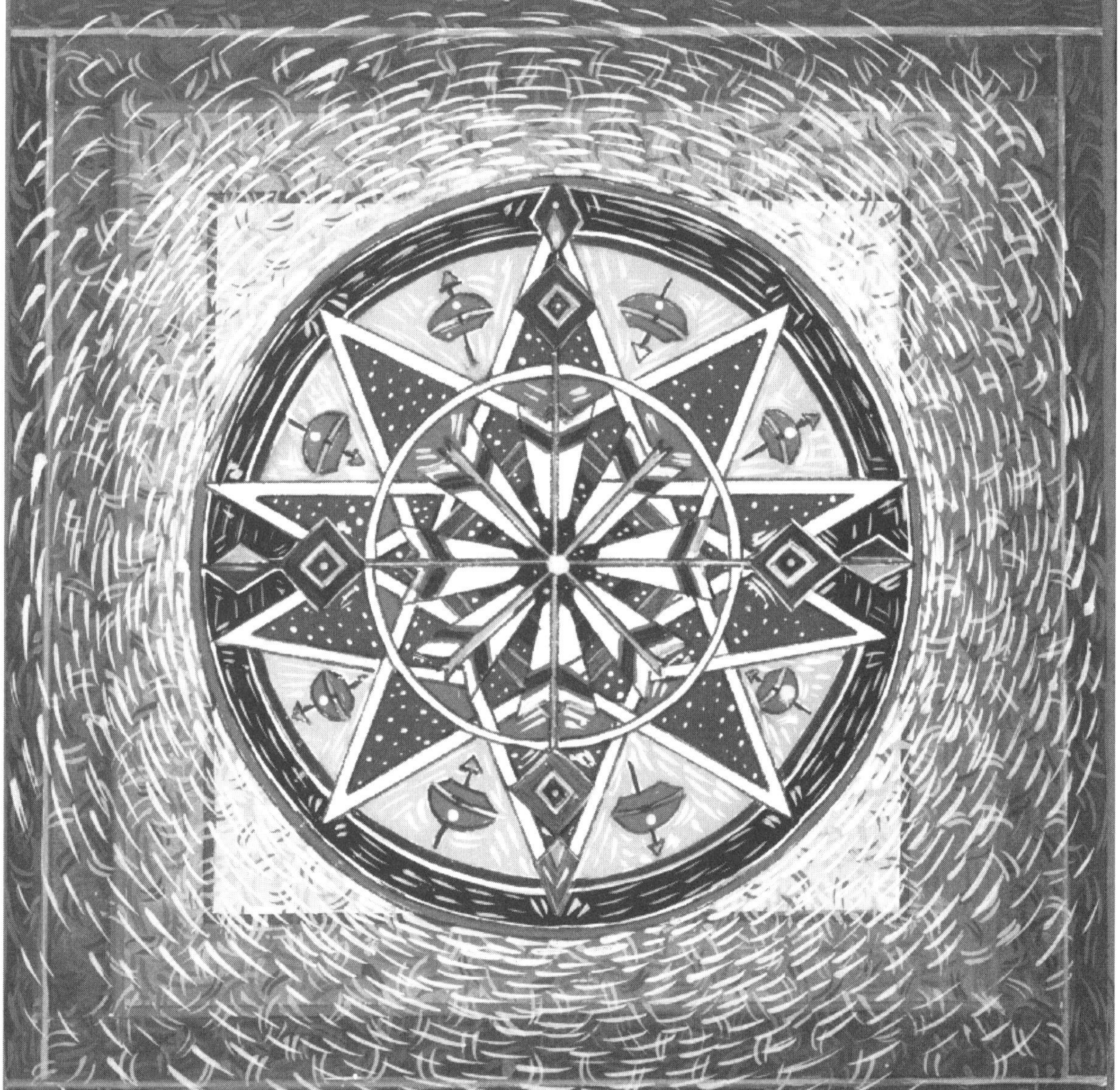

Aya "Engelmensch"

bestimmte Kultur gebunden und können uns frei entfalten. Es mag daher ein regelrechtes Abenteuer sein, die Mandalastrukturen anderer Kulturen einmal auf sich wirken zu lassen, da hier möglicherweise wichtige Aspekte der Psyche angesprochen und belebt werden, die in der 'eigenen' Kultur vielleicht kaum beachtet wurden. Alle Kulturen gehören zum Erbe des Menschen, und der Reichtum dieses Schatzes ist tatsächlich gewaltig. Überall wurden einzigartige und ganz besondere Gaben zu diesem Schatz beigesteuert, und es lohnt sich, durch die Mandala-Meditationen eine Ahnung von der schöpferischen Größe des Menschen und der Natur (und damit des Göttlichen) zu erlangen.

Gerade weil die Grundstruktur der Mandalas so tiefgreifend und einfach ist, wird sie von allen Menschen gleichermaßen akzeptiert und kann als ein gemeinsamer Boden der Verständigung dienen. Eine Meditation auf die Mandalastruktur wird immer die Grundverfaßtheit des Menschen selbst ansprechen und kann daher zu einem reicheren und bewußteren Leben der Menschlichkeit führen, denn es ist die Menschlichkeit, die als spirituelle Grundqualität in allen Menschen als deren wahre Natur lebt. Die Menschlichkeit, die jenseits aller nationalen, ideologischen und konfessionellen Unterschiede und Schwierigkeiten liegt, zu erkennen und zu erwecken, darin liegt gewiß die größte und wichtigste Aufgabe und Herausforderung der heutigen Zeit überhaupt, und die Mandala-Meditation kann uns diese Qualität bewußt machen.

Es können jedoch auch mit Hilfe spezieller Mandalas bestimmt spirituelle Aspekte fokussiert werden. In den Meditationspraktiken der tibetischen Kultur wurden daher Mandalas zur Erweckung besonderer Qualitäten entwickelt. Ein Symbol der jeweiligen Qualität bestimmt hier den Geist des Mandala und steht zumeist im Zentrum des Bildes. Jedoch weisen auch diese zentralen Symbole letztlich auf die Einheit von Leere und Form hin. In Tibet ist es zum Beispiel in vielen Meditationsmandalas üblich, daß eine Gestalt des Dhyani-Buddhas (des Buddhas der Meditation) oder sein stellvertretendes Symbol im

Aya "Zwillingswoge"

Zentrum des Mandala steht. Der Buddha selbst symbolisiert jedoch wiederum nichts anderes als Leere und Form in einem.

Viele tibetische Mandala-Meditationen dürfen nur unter der Anleitung erfahrener und autorisierter Meditationslehrer durchgeführt werden und können im Rahmen dieses Buches nicht eingehend beschrieben werden. Jedoch läßt sich klar sagen, daß auch in den komplexen tibetischen Meditationspraktiken das Grundprinzip der Meditation darin besteht, daß sich der Mensch selbst inmitten all seiner ineinandergreifenden Beziehungen zur sogenannten 'Außenwelt' als Einheit und als vollkommenes Wesen begreift. Die ganze Schöpfung ist durch und durch göttlich ohne jeden Abstrich.

Gabi Fladda "Mandala der vier Jahreszeiten"

... Es hängt vom Meditierenden ab, welches Symbol er in den Mittelpunkt seiner Betrachtungen stellen will, und von dieser Wahl hängt die Position aller übrigen Symbole des Mandala ab. Der Körper selbst wird in der Meditation zum Mandala, und in ihm sind unzählige kleinere Mandalas - denn jedes Zentrum stellt ein solches dar. Die den Körper umgebende Außenwelt aber wird zu einem allumfassenden Mandala, dessen Kreise, wie die eines ins Wasser geworfenen Steines, ins Grenzenlose weiterschwingen.
Darum heißt es im Demchong-Tantra, daß man "sich selbst und alles Sichtbare als göttliches Mandala" betrachten solle und "jeden hörbaren Laut als Mantra und jeden im Geiste erscheinenden Gedanken als magische Entfaltung der Großen Weisheit".
In anderen Worten, der Meditierende muß sich selbst im Mittelpunkt des Mandala als göttliche Gestalt vollendeter Buddhaschaft vorstellen, deren Verwirklichung er anstrebt. Hiermit verschwinden alle Zufälligkeiten. Es gibt nichts mehr, das nebensächlich oder willkürlich wäre. Die Dinge der Außenwelt schließen sich zum geweihten Kreis zusammen, in dessen Zentrum der Körper zum Zentrum wird. Die bloße Tatsache des <u>Bewußt</u>seins und der geistigen Schöpferkraft wird zum unaussprechlichen Wunder. .....
Lama Anagarika Govinda (198)

Gabi Fladda "Mandala der vier Himmelsrichtungen"

Die besondere Freude, die bei der Mandala-Meditation - wie bei jeder echten Meditation - erfahren werden kann, resultiert also daraus, daß man sich selbst als göttliches, freies, reiches und wunderbares Wesen erfahren kann, das durch seine jeweilige Lebensstruktur vollkommen in einen heiligen Kosmos integriert ist. Wir sind untrennbar eins mit der Außenwelt, mit unserem Körper, unseren Gefühlen, Gedanken, Vorstellungen, mit dem ganzen Innenleben unserer Psyche und auch mit dem spirituellen Lichtraum, der die Grundlage aller Existenz darstellt. Ein Mandala kann uns auf diese Weise helfen, die Einheit und Vollkommenheit unseres Lebens zu erkennen.

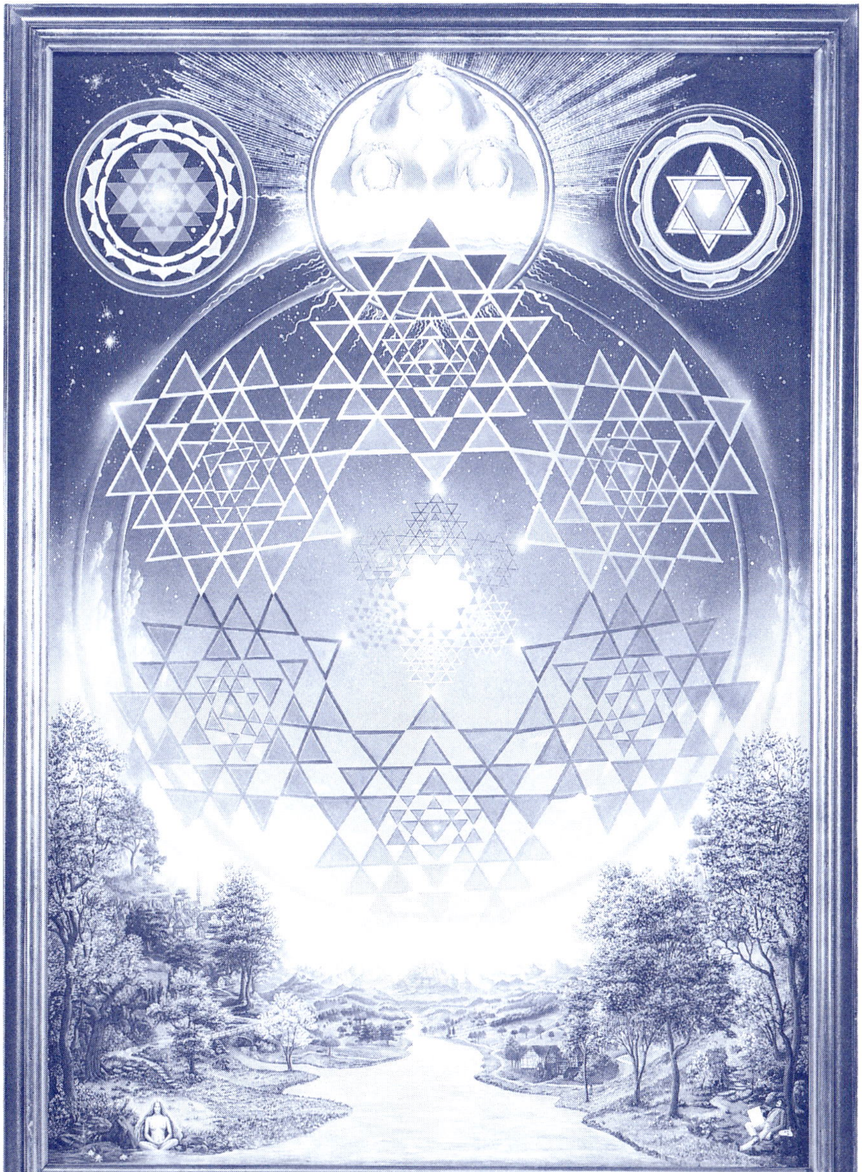

DIE HEILWIRKUNG VON MANDALAS

Die Heilwirkung von Mandalas ist eng mit der Meditation verbunden. In der Meditation gehen wir zurück zu unserer eigenen Mitte, zum Kraftpunkt der eigenen Lebensenergie. Dieser Kraftpunkt ist jedoch gleichzeitig der Verbindungspunkt mit der Lebenskraft schlechthin, mit der "Universellen Energie". Aus diesem unerschöpflichen Reservoir strömt uns die Stärke zu, die wir zur Heilwerdung so dringend nötig haben. Im innersten Punkt unseres eigenen Wesens, in der "Lotoskammer unseres Herzens", öffnet sich ein Kanal der absoluten Heilenergie, und ein Mandala kann uns helfen, diesen Kanal zu erschließen.

Vollständig, ganz zu werden bedeutet, dazu fähig zu sein, Kontakt zum eigenen Mittelpunkt aufzunehmen. Mandala bedeutet eine <u>mittelpunktsbezogene</u> Technik, ein Entwicklungsvorgang, bewußt dem eigenen Weg zum Mittelpunkt nachzufolgen. Ein völlig individualisiertes Wesen, mag ihm im äußeren Bereich zustoßen was will, ist befähigt, die Beziehung zum Mittelpunkt aufrechtzuerhalten, jegliche Erfahrung durchzumachen und miteinander in Einklang zu bringen, ohne die Verbindung zu seiner tiefsten Lebensquelle zu verlieren.
Jose und Miriam Argüelles (199)

<u>Konzentrierung</u>, <u>Heilung</u> und <u>Wachstum</u> bestimmen den Bewegungsrhythmus des Mandala. Lenkt ein Organismus seine Energie auf sich, kann er sich selbst heilen, wachsen und über sich selbst hinaus entfalten.
Jose und Miriam Argüelles (200)

Mandalas sind *konzentrische* Energiediagramme. Sie zentrieren unsere Aufmerksamkeit und verbinden die einzelnen Aspekte unseres Bewußtseins zu einem Ganzen. Indem wir der Struktur des Mandala nach innen hin zum Nullpunkt folgen, erschließt sich das Bewußtsein

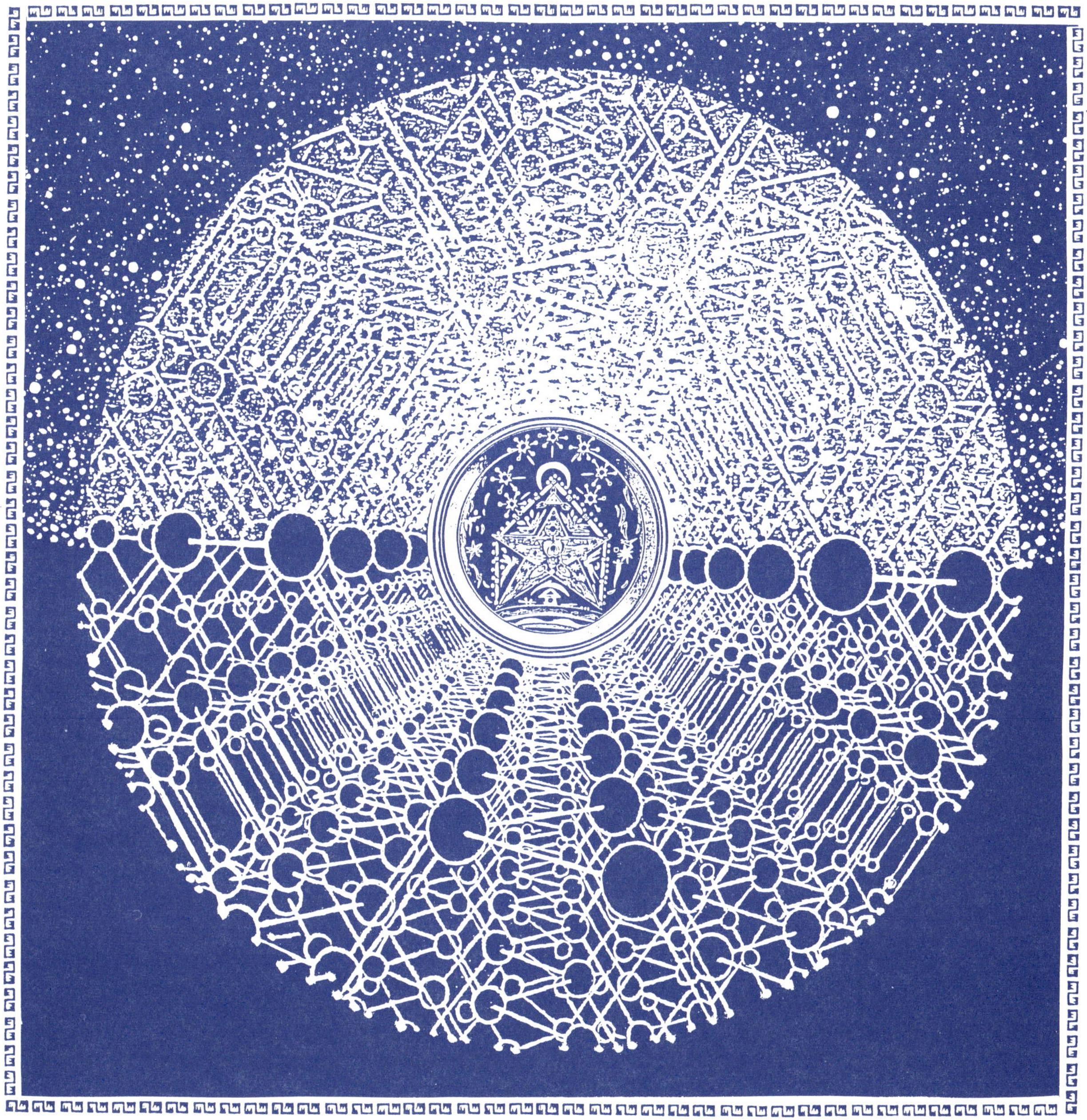

seinen natürlichen, ursprünglichen, ungeschaffenen Raum. Es ist ein Lichtraum der Ruhe und des Friedens. Hier alleine ist Sicherheit und Geborgenheit möglich, denn im Zustand der Ungeschaffenheit kann nichts zerstört werden und nichts unter Druck geraten. Die christlichen Mystiker nannten diesen Raum den "Gottesfunken im Menschen". Es ist eine Reise zu unserer wahren Natur, zum Wesensgrund oder Gottesgrund, der unzerstörbar und unveränderlich in jedem Menschen west und der die eigentliche nie versiegende Quelle aller Heilung darstellt. An diesen Ort gelangt, erfahren wir, daß alle vorgegebenen Strukturen und Beschränkungen verschwinden, und unser innerstes Wesen sorgt dann selbst für unsere Heilung. Diese Hinführung zum Urgrund ist die grundlegende und wichtigste Möglichkeit, wie Mandalas zum Heil- bzw. Ganzwerden genutzt werden können.

Der andere Aspekt der Mandalas, der die Heilung fördert, ist die besondere "*Heilschwingung*", die ein Mandala ausstrahlen kann. Bestimmte Mandalas besitzen eine "*Heilstrahlung*", die unsere Physis und auch unsere Psyche in einer solchen Weise stimuliert oder beruhigt, daß eine Heilung möglich ist. Sie versorgt uns genau mit der Energie, die den Heilprozeß in Gang setzt.

Durch die spezifische Lokalisierung von bestimmten Farben, Strukturen und Flächen entsteht eine anregende, fördernde Spannung. Jedes Mandala ist energetisch aufgeladen. Diese Energie hat immer eine besondere Qualität, eine bestimmte Ausrichtung, und hierin liegt seine Potenz und Wirksamkeit. Die Farben, Himmelsrichtungen, Symbolgestalten eines Mandala sind schließlich keineswegs belanglos und zufällig. Die Bedeutung und der wirksame Effekt auf den Betrachter werden gerade hier bestimmt. So gibt es spezielle Heilmandalas (Medizinmandalas), die, falls man sich auf sie einläßt und mit der energetischen Struktur arbeitet, auch die Struktur der Lebensenergie beim Betrachter stabilisieren, harmonisieren und anregen können. Hierzu wurde vor allem in der indischen und tibetischen Kultur eine hochentwickelte

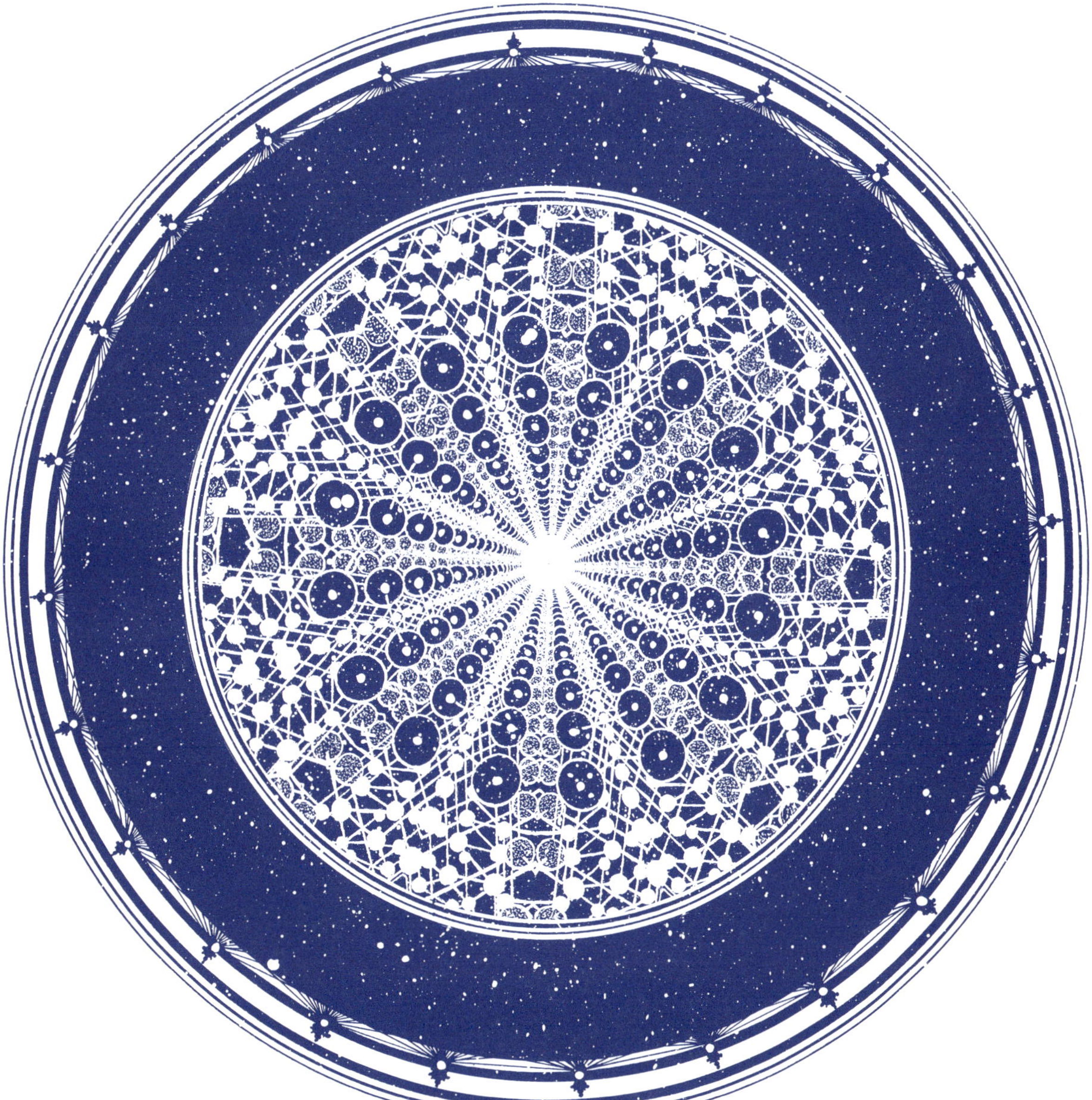

Wissenschaft erarbeitet;(201) aber auch die nord- und südamerikanischen Indianerkulturen verwenden Mandalas ganz bewußt und gezielt, um psychische wie physische Heilprozesse einzuleiten und zu fördern. Eine tiefe Meditation auf die Lichtgestalt eines Mandala kann eine immense Heilwirkung zeitigen.

Das Sich-Einlassen und Meditieren auf ein Medizinmandala hat auch deshalb einen heilenden Effekt, weil hier die im Mandala verwirklichte 'heilige' Ordnung im Innern des Meditierenden erzeugt wird, d.h. der sich Versenkende wird eins mit der Welt des Mandala. Vor allem in Tibet werden seit alters her Mandalas als Hilfen zur Bewußtseinssammlung verwendet, und selbst Buddha soll Menschen mit einem verwirrten und ungeklärten Geisteszustand geraten haben, tief auf Mandalastrukturen zu meditieren.

Bei den Tibetern versetzt das Mandala den sich Versenkenden in eine vollständige Identifikation mit dem vorhandenen Muster. Der Meditierende erfährt, daß er sich in einer grundlegenden Beziehung zu den kosmischen Abläufen befindet. Diese erneuerte Empfindung einer Verbundenheit schafft die Selbstenthüllung als ein organisches Ganzes.
Jose und Miriam Argüelles (202)

Für eine besonders wirkungsvolle Heilung sind hier jedoch in der Regel spezielle Rituale und Zeremonien vorgeschrieben, die in den verschiedenen Traditionen überliefert sind. Hier sollte man sich mit erfahrenen Heilern der entsprechenden Traditionen direkt in Verbindung setzen.

Eine für jeden praktikable Möglichkeit, die Heilwirkung von Mandalas zu erfahren, ist jedoch das schöpferische Arbeiten. So wie jede Materie nur ein besonderer Zustand von Energie ist (Einstein: $E = mc^2$), so ist jedes Bild ein besonderer Zustand des Lichts - und Licht ist Energie! Es ist die Essenz bzw. ein wesentlicher Aspekt der schöpferischen Kraft. Echte Kreativität und jeder wirklich schöpferische Prozeß hat eine

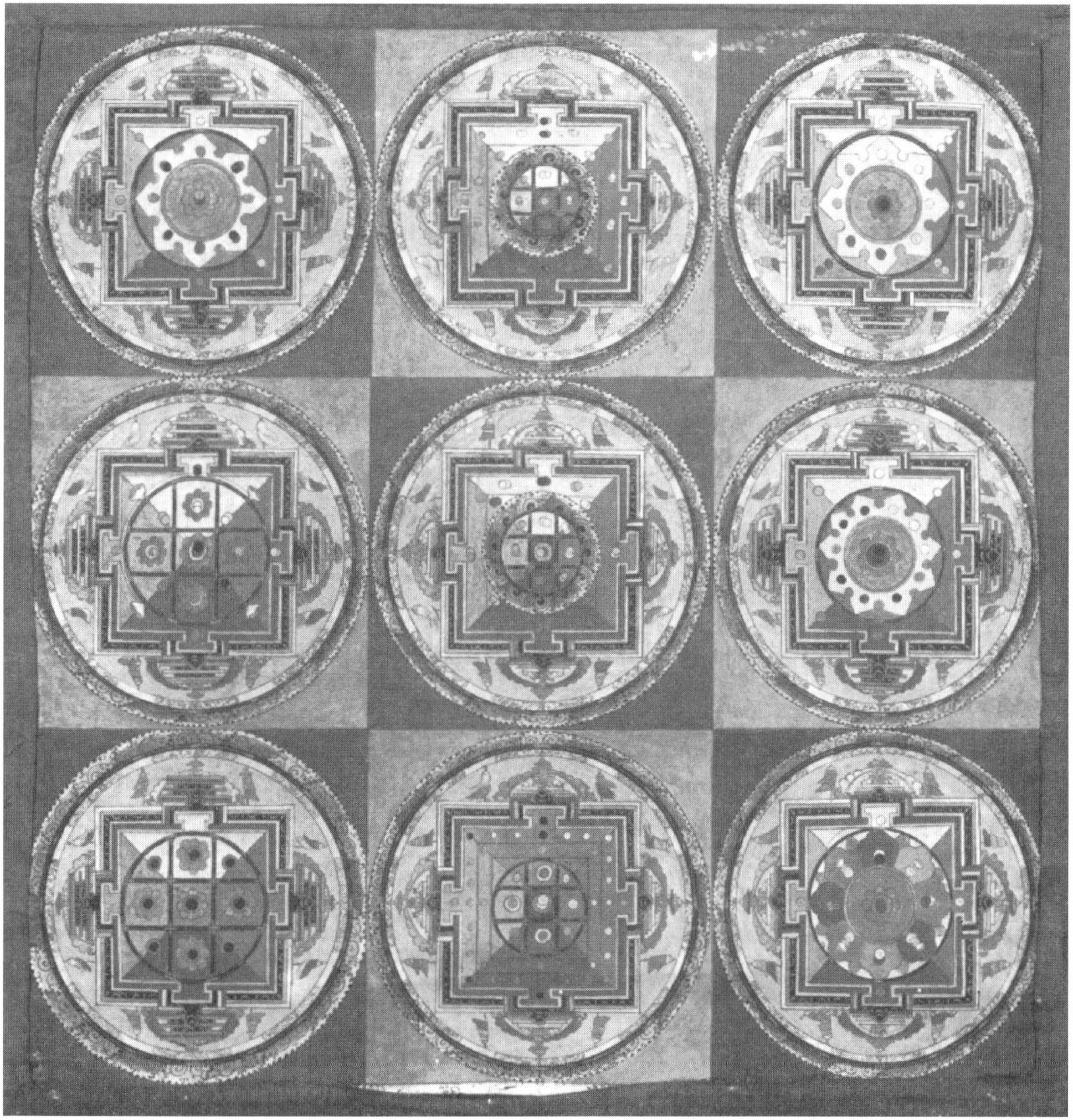

heilende und erfüllende Wirkung auf unser Bewußtsein (und somit auch auf unseren Körper, der einen Teilaspekt unseres Bewußtseins darstellt). Das Erschaffen von Mandalas hat deshalb einen klärenden und heilenden Effekt, da es unsere Lebensenergie anregt und gleichzeitig ordnet.

Unsere Psyche selbst ist ihrem Wesen nach kreativ, und eine Heilung ist daher in erster Linie immer eine "Selbstheilung", wobei unser Selbst aktiv eine neue Ordnung und Ganzheit in uns erzeugt. Dabei werden zuweilen ganz spontan "Heilmandalas" in unseren Träumen und im Unbewußten erschaffen, die wie Medizin auf unseren Organismus wirken.

Werden wir existentiell erschüttert, ist das Leben in Unordnung geraten, sehen wir uns chaotischen Zuständen ausgesetzt, erleben wir schwere Krankheiten oder menschliche und berufliche Disharmonien, so fordert uns das Leben auf, uns zu wandeln, neue Wege der Ganzwerdung zu betreten. Dann mögen im Traum heilende, die Ganzheit wiederherstellende Mandalas erscheinen, die wir als Äußerungsformen der Selbstheilungsbemühungen unseres psychophysischen Organismus auffassen können. .... Im Mandala strukturiert sich, klärt sich unsere zersplitterte Seele. Unser scheinbar desolates Dasein erhält eine neue, heilende Ordnung.
Heita Copony (203)

Die spirituelle Kunst hat nun immer den Anspruch, heilend zu wirken. Sie verbindet uns mit der schöpferischen Kraft und setzt diese in uns frei. Wir selber sind zum Künstler geworden, und in diesem Sinne kann nun jeder Atemzug zu einem unverwechselbaren Kunstwerk werden. Es ist dabei gar nicht nötig, ein Dichter, Musiker oder Maler zu sein, denn wahre Kreativität kann sich im alltäglichen Leben eines jeden Menschen zeigen. Man wird zum "Lebenskünstler", und ein echtes spirituelles Kunstwerk kann uns dazu inspirieren. In der Mandala-

Mudra zur Abwehr negativer Energien

Meditation erfährt sich der Mensch als vollkommener Gestalter seiner Welt, und jede Handlung und jeder Gedanke hat seinen Platz und Bestimmungsort in diesem Kunstwerk. Jeder trägt hier Verantwortung bei der Erschaffung seines eigenen Lebensmandalas.

Das künstlerische Erschaffen von Mandalas ist eine bewußte Tat, die unsere ganze Aufmerksamkeit erfordert. Die Heilwirkung und die ausgleichende und zugleich bewußtseinserweiternde Atmosphäre, die sich beim Malen und Zeichnen oder auch nur beim Imaginieren eines Mandala einstellt, ist hauptsächlich darauf zurückzuführen, daß man gleich einem Medium seine eigene Welt (oder auch die Welt einer ganzen Lebenskultur) für sich und andere sichtbar zum Ausdruck bringt. Indem man das Mandala malt, erschafft man auch die Welt. Auf dieser Tatsache beruht die außergewöhnliche Faszination, die den Mandalas zugrunde liegt. Man beschäftigt sich mit der eigenen Welt, gibt ihr Farbe und Form und entdeckt und erschafft sie gleichzeitig neu. Man lernt, die unterschiedlichsten Elemente zu einem Ganzen zusammenzufügen und ist in der Regel selbst überrascht von der Schönheit und Grazie, die sogar einander widerstrebende Aspekte im Ganzen des Mandala zum Ausdruck bringen.

Daß derartige Bilder unter Umständen beträchtliche therapeutische Wirkung haben, ist empirisch festgestellt und auch leicht verständlich, indem sie oft sehr kühne Versuche zur Zusammenschau und zur Zusammensetzung anscheinend unvereinbarer Gegensätze und zur Überbrückung scheinbar hoffnungsloser Trennungen darstellen. Schon ein bloßer Versuch in dieser Richtung pflegt heilsame Wirkung zu haben ...
C. G. Jung (204)

Auf die Frage, welcher Archetyp die Menschheit in der heutigen Zeit beherrsche, antwortete der Psychologe C. G. Jung, ohne zu zögern: "Auflösung!" Auflösung der alten Werte, der alten Sozialstruktur, der Normen und Verbindlichkeiten. Diese "Ungeklärtheit" enthält in sich zwei große Möglichkeiten: zum einen das Chaos, in dem sich der

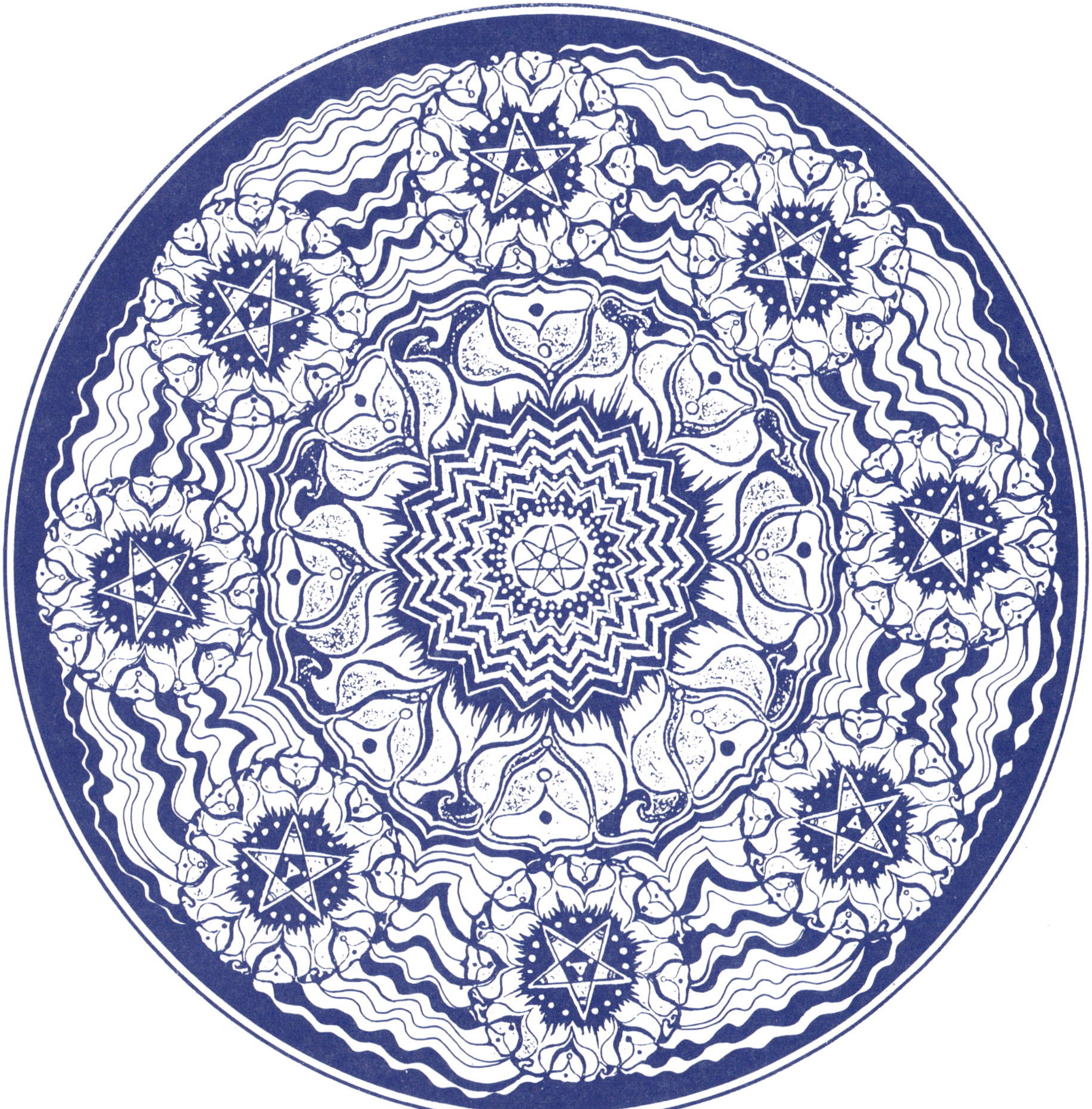

Mensch verloren fühlt und nicht mehr zurechtfindet. Hier liegt die große Gefahr der heutigen Zeit, an der viele Menschen leiden. Zum anderen kann man diese Situation auch als eine Herausforderung annehmen. Jedem bietet sich eine vordem nie dagewesene Freiheit, die Raum für ungeahnte Entwicklungen eröffnet.

Indem der Mensch nicht mehr an alte Systemvorstellungen gebunden noch von äußeren Autoritäten abhängig ist, können Kapazitäten freigesetzt werden, die zuvor vielleicht vollkommen brachlagen. Es geht darum, diesen Freiraum bewußt neu zu ordnen und eine lebenswerte Welt zu gestalten, in der alle Menschen leben können. Die Ganzheit der Persönlichkeit und die Ganzheit der menschlichen Gemeinschaft muß neu erschaffen werden. Ein Gefühl für diese Vision der Ganzheit kann uns das Mandala vermitteln. Es inspiriert uns zu der Suche nach einer solchen integrierten Lebensweise, welche die verschiedensten Aspekte - ohne einen von ihnen zu unterdrücken - in einer freundschaftlichen und schönen Weise miteinander vereint. Eine solche Vision vermag unmittelbar zu heilen.(205) Heilung heißt "Ganzwerdung".

Johannes Frischknecht "Im Einklang mit dem Universum"

DAS PERSÖNLICHE MANDALA

Male nach Herzenslust und stirb glücklich!
Henry Miller (206)

In seiner ungezwungenen und natürlichen Weise ist der künstlerische Akt immer ein befreiendes und beglückendes Erlebnis. Irgend etwas wird zum Ausdruck gebracht, und dieses "irgend etwas" ist das Wichtigste, das es in unserem Leben gibt, nämlich unser "Selbst". In einem Bild oder einem anderen Kunstwerk wird immer unser "Inneres" ausgesprochen, gestaltet, deutlich gemacht, und unser Inneres ist letztlich die ganze Schöpfung selbst. Das "All" artikuliert sich, und wir werden uns dessen bewußt, daß wir beide Aspekte der Wirklichkeit in uns vereinen: Der Schöpfer und die Schöpfung sind eins! Die Trennung ist aufgelöst, und wir - als isolierte "Außenseiter" - sind "glücklich gestorben".

In solchen Augenblicken spielt man das Spiel der Schöpfung. Und wenn wir den Alten glauben sollen, dann ist Schöpfung Spiel. Wer immer der Schöpfer sein mag, man hat das Gefühl, daß Er sich nicht um Erfolg oder Fehlschlag, um Trauer oder Freude bekümmert, sondern um das Drama selbst. Es liegt bei jedem von uns, die Regeln des Spiels zu entdecken. Die Probleme, die sich im Laufe eines Lebens erheben, werden niemals wirklich gelöst; aber dazu waren sie auch nie gedacht.
Henry Miller (207)

Kreativität ist Spiel, und ohne zu bedenken oder mit unserem Verstand zu kalkulieren, entstehen oft die wunderbarsten Werke. Man läßt geschehen, was geschehen will, oder hört intuitiv auf das, was sich Gestalt geben will. Kunst ist eher ein Zulassen als ein Machen, und man selbst wird zum Instrument von etwas anderem - vom Göttlichen

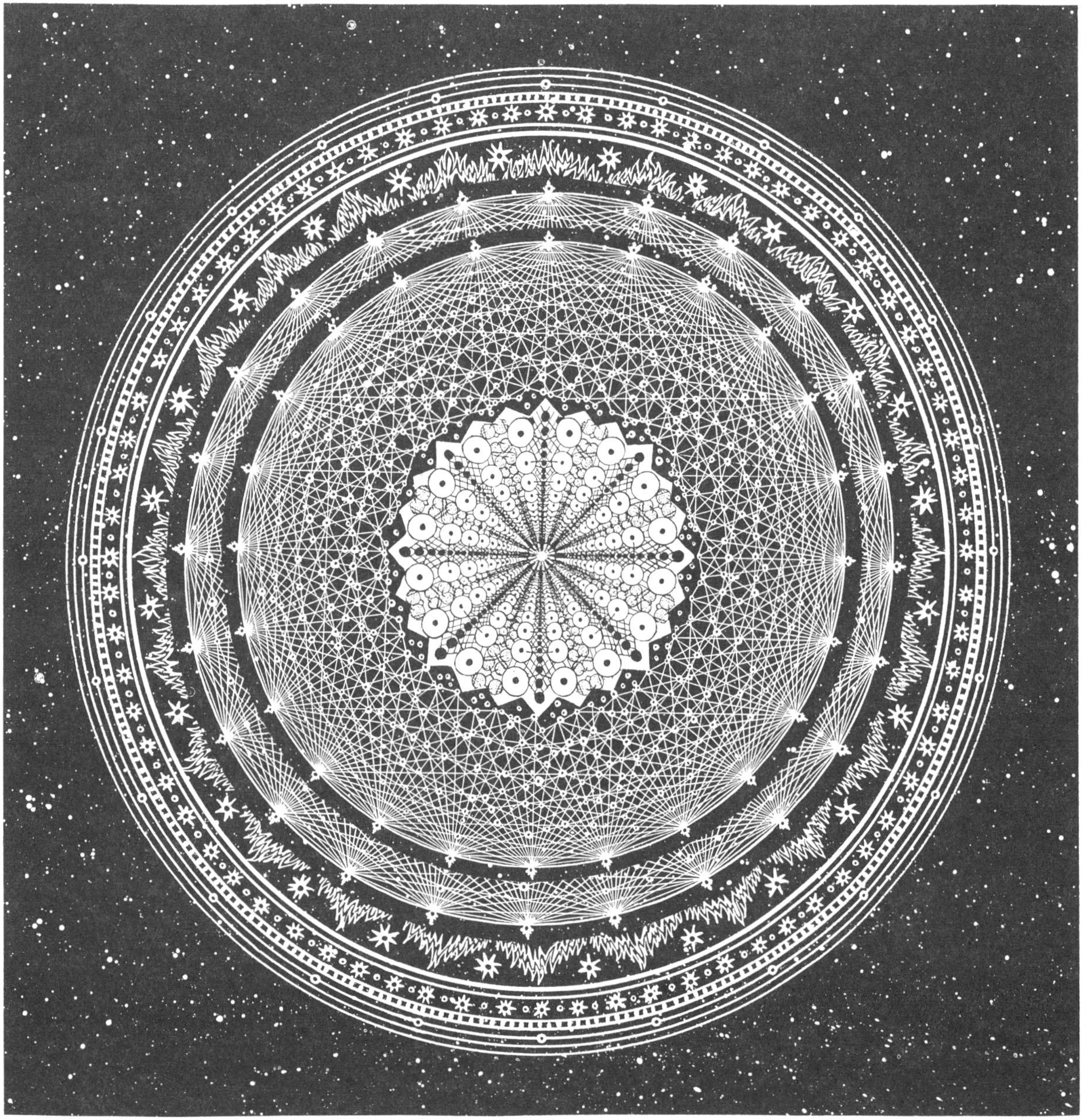

vielleicht oder vom inneren Geist, der sich durch uns in einer ganz besonderen Weise artikuliert. Sind einmal die gröbsten Hindernisse und Blockaden weggeräumt und haben wir uns von unserer gewohnheitsmäßigen Wahrnehmung etwas freigemacht, so wird das kreative Potential selber aktiv, und wir brauchen im Grunde nur zuzusehen, was nun geschieht. Man mag dann sagen, das Bild entstehe "von selbst", und tatsächlich wird hier eine tiefe Wahrheit ausgesprochen: Unser "Selbst" bringt sich zum Ausdruck. Die Schlüsselworte mögen hier "Spontaneität" und "Intuition" sein, und wem es gelingt, in einen solchen Zustand zu gelangen, dem werden sich die inneren Welten öffnen.

Das Malen selbst entwickelt aber auch unseren Sinn für Ästhetik und fördert unser künstlerisches Verstehen im allgemeinen. Wir bilden alleine durch das künstlerische Gestalten eine höhere Sensibilität heran, eine Wachsamkeit, die uns in unserer persönlichen Evolution unterstützt. Das spontane Malen eines Mandala kann uns ganz ungezwungen die Welt der Farben und Formen erschließen und näherbringen und uns so auf viele zuvor vielleicht unbekannte Seiten unserer Phantasie aufmerksam machen.

Ein Mandala, intuitiv, selbstvergessend und spontan hingemalt, erweckt im Malenden ungeahnte kreative Kräfte, die aus dem Unbewußten aufsteigen. Die malerisch freien phantasierenden Bewegungen können wie ein Sesam-öffne-dich wirken. ......
Benutzen wir den Schlüssel der Phantasie richtig, so mag eine schillernde Buntheit aus der subtilen inneren Welt ins Tagesbewußtsein aufsteigen, sich im Phantasie-Mandala ordnen.
Heita Copony (208)

Jedoch ist ein spontan gemaltes persönliches Mandala zunächst einmal ein Spiegel der momentanen inneren Verfassung des Künstlers. Auch Schattenelemente können hier zutage treten. Rohe, bedrohliche Elemente und verdrängte Energien können so bewußt gemacht und dann

Johannes Frischknecht "Energie-Strahlen-Sonne"

im täglichen Leben transformiert werden, wenn man das will. Gerade unsere "dunkle", geheimnisvolle Wesensseite setzt oft ein Potential höchst dynamischer und kreativer Schaffenskraft frei, das durchaus positiv ins aktive Leben integriert werden kann. Der Künstler erhält dann einen direkten Zugang zu unbewußten Teilen seiner eigenen Psyche und entdeckt so wichtige Aspekte seiner selbst, die vordem vielleicht gänzlich unbekannt bzw. unerkannt waren.

Vor allem Carl Gustav Jung hat immer wieder auf die Bedeutung des persönlichen Mandala hingewiesen. Er selbst hat viel mit dieser Methode experimentiert und so ein klareres Bild auch über sich selbst gewonnen:

Ich skizzierte jeden Morgen in ein Carnet eine kleine Kreiszeichnung, ein Mandala, welches meiner jeweiligen inneren Situation zu entsprechen schien ... Nur allmählich kam ich darauf, was das Mandala eigentlich ist: ...das Selbst, die Ganzheit der Persönlichkeit, die, wenn alles gut steht, harmonisch ist ....
C. G. Jung (209)

In individuellen Mandalabildern treten oft Schatten- wie auch Lichtseiten unseres Wesens in ganz besonderen Konstellationen und Zusammenhängen auf, die klar gedeutet oder zumindest in ihrer Bedeutung erspürt werden können. Vollkommen spontan mögen sich hier auch ganz individuelle Symbole zum Ausdruck drängen, die ähnlich wie Traumgestalten dem Menschen eigene Strukturen der Psyche verdeutlichen können.

Man kann auch um bestimmte Mandalas bitten, sich darauf einstimmen und in einer geeigneten Meditation auf die Gestalt des betreffenden Bildes warten. Die eigene Psyche antwortet dann mit einem charakteristischen Mandala, das die Situation klärend zeigt oder möglicherweise einen Lösungsweg für bestimmte Lebensprobleme anbieten mag. Mit einem flexiblen, offenen Geist kann man zum Beispiel das Mandala der eigenen Vergangenheit, der Gegenwart oder

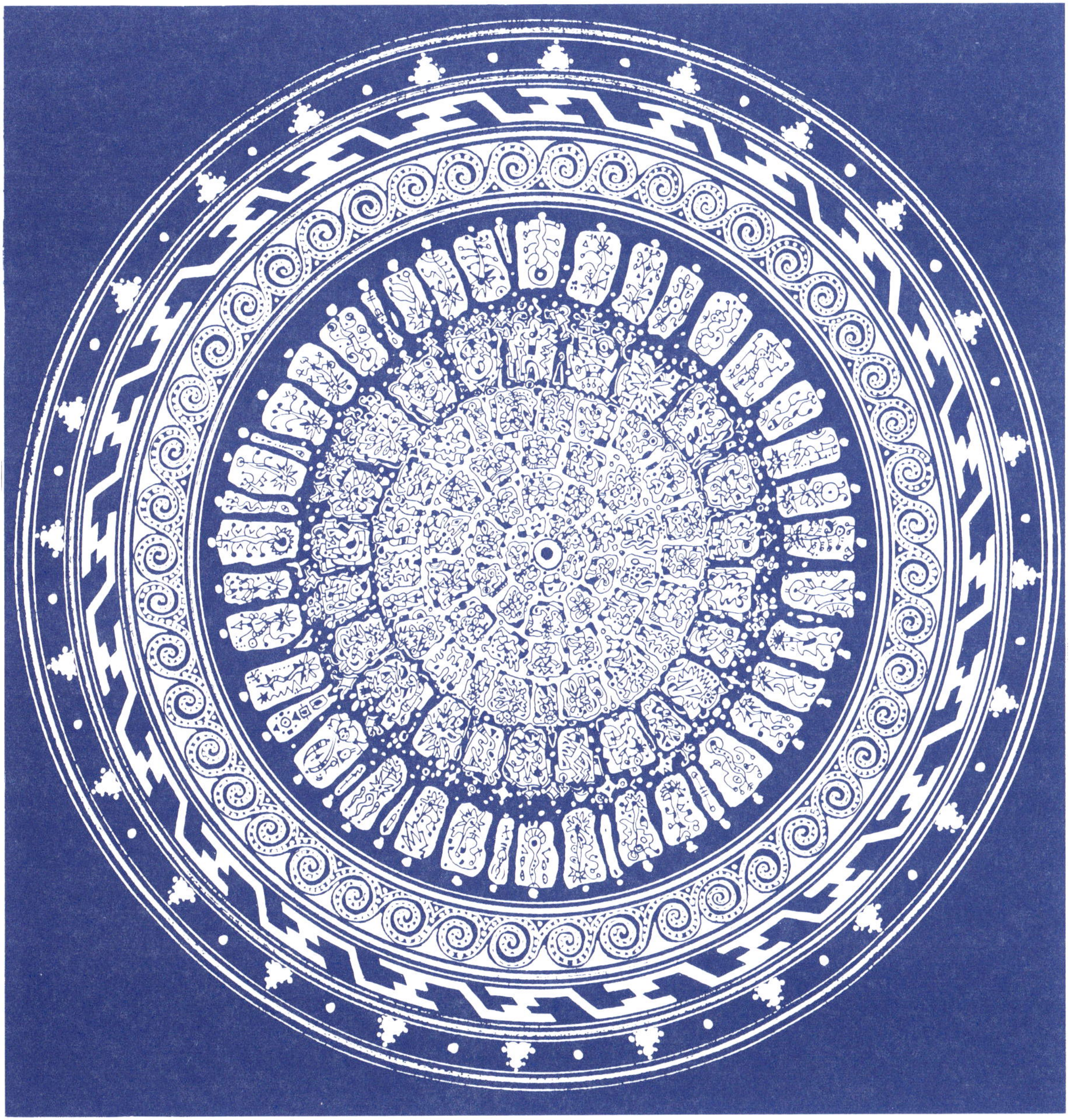

Zukunft erkennen. Das Entscheidende ist, daß die Bilder nicht durch unseren Verstand konzipiert werden und so erst durch den Filter des rationalen Bewußtseins gehen müssen, sondern auf direktem, intuitivem Weg empfangen bzw. geschaffen werden. Anschließend mag man dann einen rationalen Deutungsversuch unternehmen, wenn man will. Der individuelle Symbolgehalt und die Deutung dieser Strukturen kann dabei jedoch in der Tiefe wohl nur vom Künstler selbst geleistet werden, da die Kunst des "persönlichen Mandalas" ein ausgesprochen intimes Kennenlernen der eigenen inneren Natur und ihrer Wesensmerkmale ist.

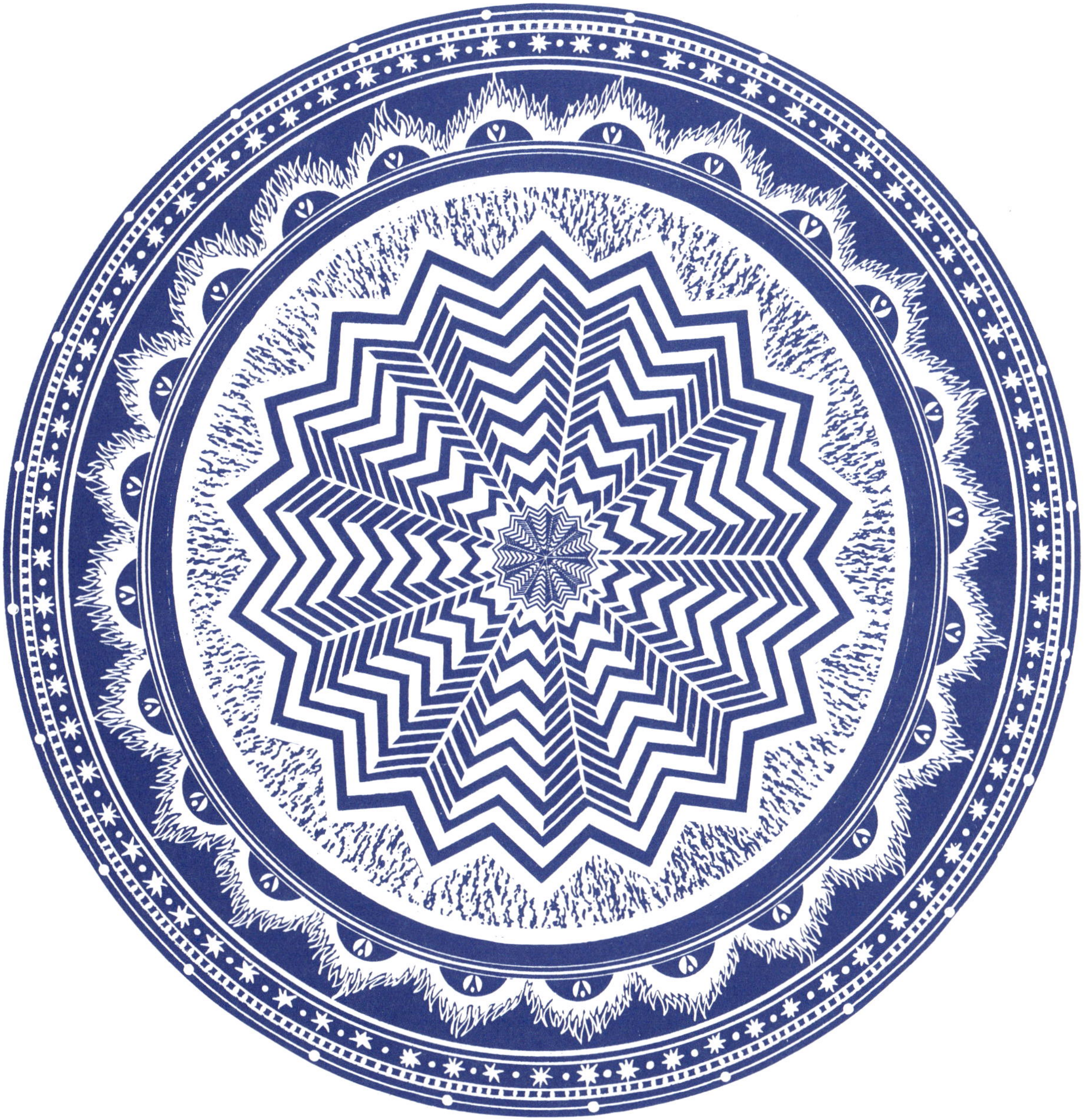

Schlußbemerkung

Die Zeit ist ein Mandala. In Kreisen bewegt sich das Leben voran, und Werden und Vergehen sind *ein* Bild. Das Lebensrad rollt, und in jedem Augenblick verändert alles seine Position und seinen Zustand. Nur der leere Mittelpunkt bleibt unbeweglich und ruhig. - Auch der Verlauf der Geschichte kann daher als Mandala aufgefaßt werden, in dem sich das entfaltende Drama zwischen den Kräften des Lichts und des Dunkels in zyklischen Veränderungen widerspiegelt.(210) So haben auch die Traditionen, welche die Kunst des Mandala pflegen, stets einen Auf- und Niedergang.

Ein Mandala ist mit einem lebenden Wesen zu vergleichen. Es wird geboren, entfaltet sich und löst sich eines Tages wieder auf, um an irgendeinem Ort im Kosmos dann neu zu entstehen. Im Abendland sind nach dem Mittelalter mit dem Auftauchen der rational-positivistischen Wissenschaft die alten Mandalatraditionen fast vollkommen in den Hintergrund getreten.

Mit dem Aufstieg des wissenschaftlichen Rationalismus im siebzehnten Jahrhundert verschwindet das Mandala-Prinzip von der Bildfläche der bewußten kollektiven Betätigung des Westens. Von dieser Zeit an nehmen die künstlerischen und ästhetischen Grundlagen und Methoden im Westen eine zunehmend wissenschaftliche, rationale Einstellung an. Vom Standpunkt des Mandala aus betrachtet verhält sich dieser Ansatzpunkt diametral entgegengesetzt zur Gesundheit des Organismus als Ganzheit; solch ein strenger Rationalismus schließt mehr und mehr die Möglichkeit zur Ergänzung mit nicht-rationalen Fähigkeiten aus.
Jose und Miriam Argüelles (211)

Es begann auch eine Expansionsphase Europas, die mit der Kolonisierung großer Teile der Erde viele alte Kulturen zerstörte oder zumindest stark schädigte. Allmählich unterlagen die meisten ganzheitlichen

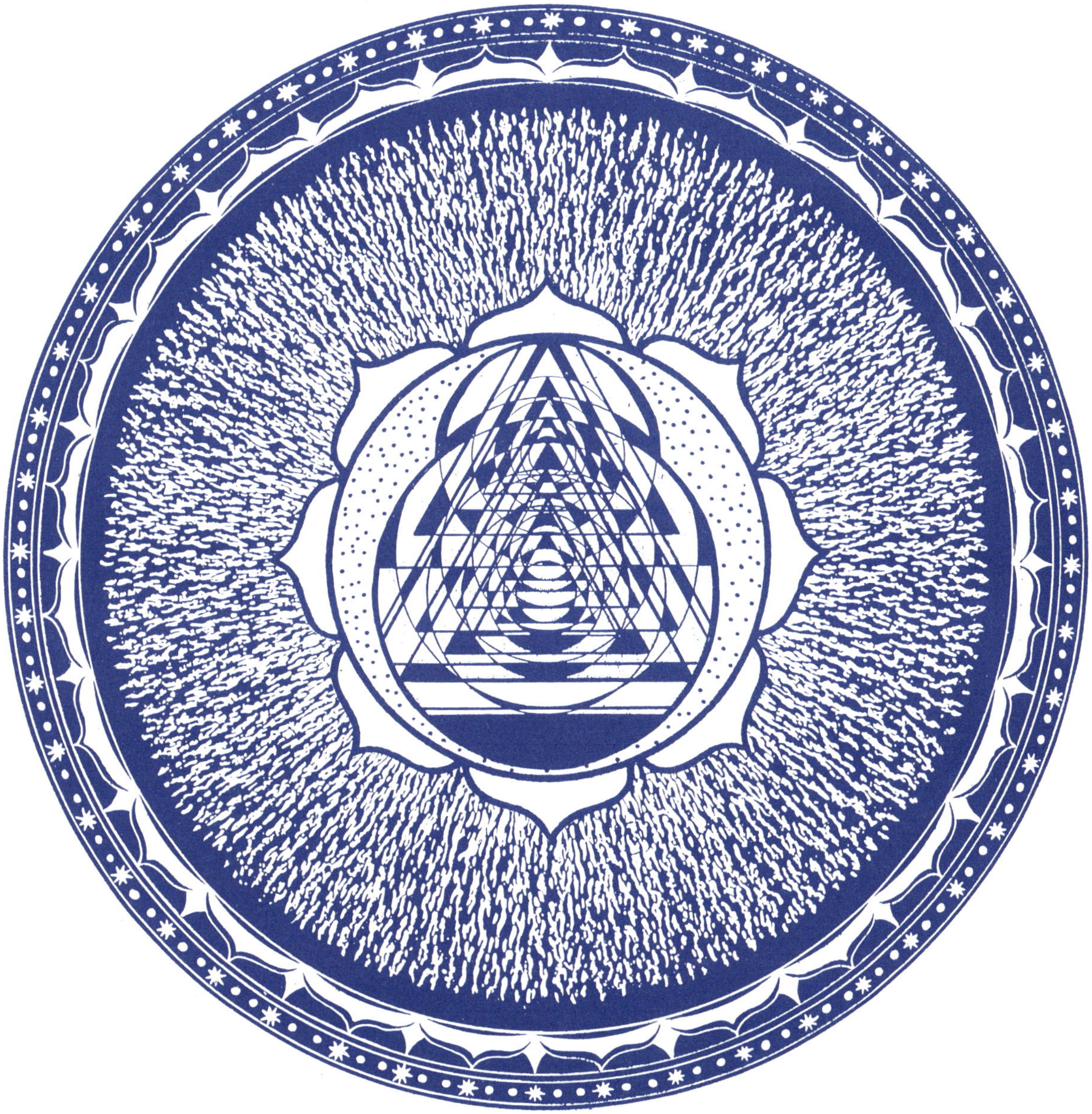

Überlieferungen der verschiedenen Völker dem auslöschenden Charakter dieser neuen Strömung, wobei schließlich auch die letzte große ganzheitliche Kultur verwischt wurde, als die Truppen des neuen rationalistisch-materialistischen Chinas 1959 in Tibet einmarschierten und das Land und seine Menschen unterwarfen und ausbeuteten. Bezeichnenderweise hatte wohl kein anderes Volk das Mandala so klar in die Mitte seines täglichen und zeremoniellen Lebens gestellt wie das tibetische.

Doch alle spirituellen Traditionen kennen das Prinzip des "*stirb und werde*" als grundlegendes Faktum der Evolution, und es ist nun lediglich eine Frage der Zeit, wann das Mandala wieder im großen Mysterienspiel des Lebens auftauchen wird.

Das Mandala ist nun frei dafür, irgendwo auf dem Planeten wiederaufzuerstehen - um damit einen neuen Entwicklungszyklus zu beginnen. Auch dies ist wiederum Teil der Magie ...
Jose und Miriam Argüelles (212)

Tatsächlich schreibt die Tradition der Sandmandalas in Tibet wie auch in Nordamerika vor, daß nach dem Erstellen des Mandala und der Ausführung des entsprechenden Ritus das Sandgemälde wieder zerstört und der Natur zurückgegeben wird. Der Archetyp des Mandala, seine Essenz bzw. die Ganzheit, für die es steht, kann jedoch niemals zerstört werden.

Die Zeit des Mandala scheint nun neu zu beginnen. Der Phönix erhebt sich aus der Asche, und das Bewußtsein der Ganzheit und Heiligkeit allen Lebens kommt erneut zum Vorschein - und zwar in einer frischen und kraftvollen Art und Weise, die mittlerweile überall offenkundig geworden ist. So findet das Mandala mehr und mehr Einlaß in unser alltägliches Leben und hilft uns, uns als einen integralen Bewohner des Kosmos zu erkennen und zu verstehen.

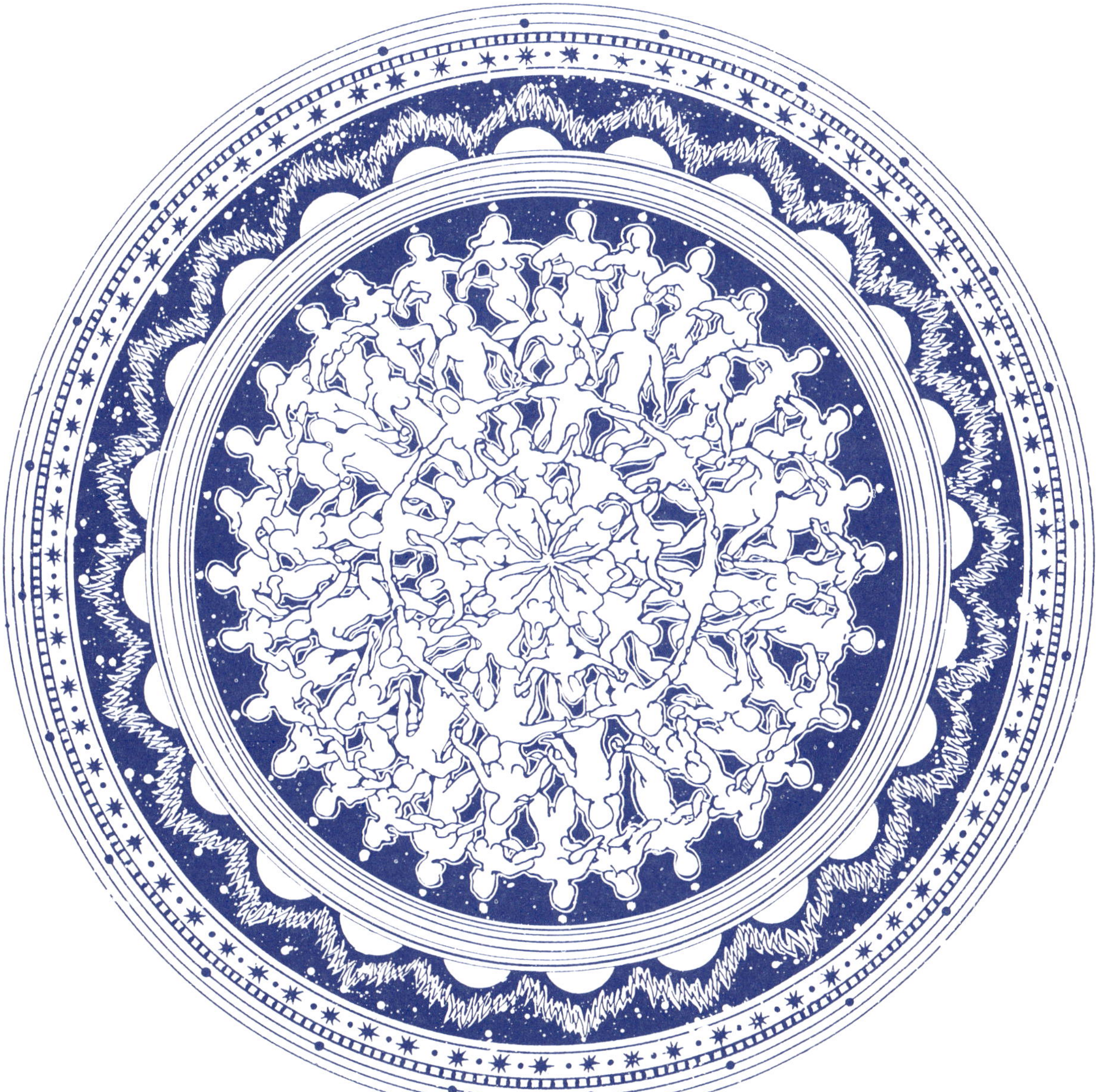

Die Magie des Mandala rührt her von seiner Übereinstimmung mit den schöpferischen Kräften, wie sie sich im Gefüge des täglichen Lebens ausdrücken und verkörpern: durch das Mandala lebt der Mensch als kosmischer Weltenbürger.
Jose und Miriam Argüelles (213)

Nach der Auflösung und dem Zerfall nun das neue Leben. Der Wendepunkt der Geschichte wurde im Grunde schon überschritten, und vollkommen in sich ruhend in seinem Mittelpunkt dreht sich das große Mandala der Geschichte weiter, verändert seine Struktur und Farbe, nimmt neue Formen an, entwickelt neue Traditionen und Techniken und sprudelt über vor überschäumendem Leben. Jeder Mensch und Alles-Was-Es-Gibt *ist* dieses große, unüberschaubare, unendliche Mandala, und jeder gibt seinen Beitrag zu diesem erstaunlichen Kunstwerk.

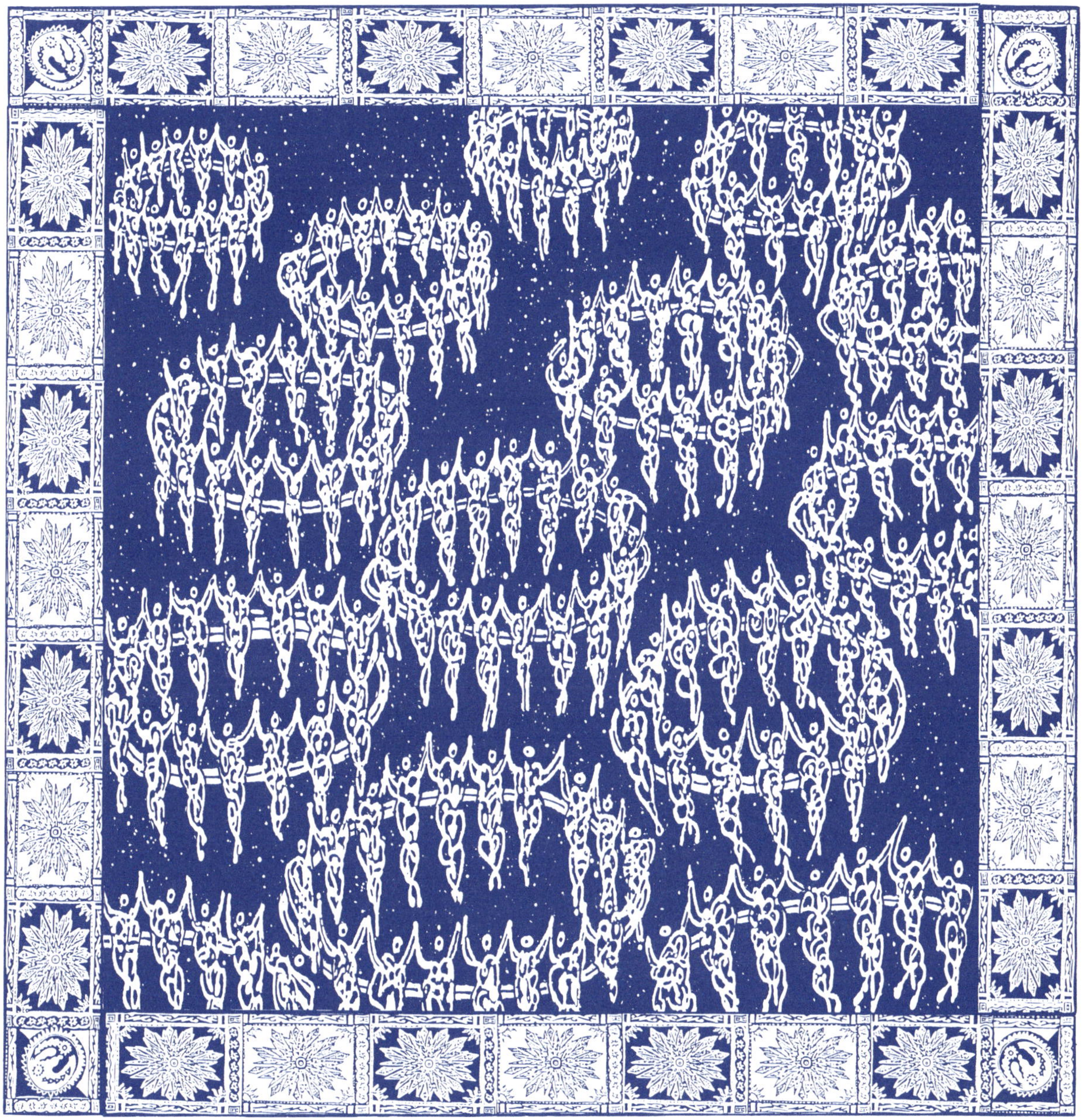

Das Arbeiten mit Mandalas: Kurze Selbstdarstellung

Jochen Niemuth

Am 23. 4. 1958 wurde ich in Würzburg geboren, das nur etwa 25 km von Karlstadt entfernt liegt, wo ich meine Kindheit verbrachte. Jedoch ist Würzburg stets ein wichtiger Ort für mich geblieben. Dort besuchte ich das Gymnasium und begann 1976 mit dem Studium der Biologie, das ich mit einer Promotion in Biologie/Philosophie abschloß. Auslandsreisen nach Indien, Amerika, China, Korea, Japan, Indonesien und verschiedenen europäischen Ländern haben dazu beigetragen, mein Erstaunen und meine Freude über die unterschiedlichen Kulturen unserer Erde zu erwecken. Auf meinem spirituellen Weg wurde ich von vielen Seiten inspiriert. Tief beeindruckt hat mich die Freiheit und Spontaneität des östlichen Geistes; aber auch der Mystik des Abendlandes verdanke ich viele wertvolle Impulse. Seit 1982 widme ich mich dem Studium des Zen.

Zur Zeit lebe und arbeite ich freiberuflich hauptsächlich in Karlstadt und Würzburg. Mein Interesse gilt in besonderer Weise dem Versuch, das ordnende rationale Denken der Wissenschaften mit dem spontanen, unberechenbaren und intuitiven Ansatz der Kunst und der Meditation in Verbindung zu bringen. In Seminaren, Meditationskursen und Vorträgen versuche ich dieses Thema zu erarbeiten und zu vertiefen. Dabei scheint mir die Dimension der Kreativität und des Gespräches von grundlegender Bedeutung zu sein. Wie kann der Mensch - in Gemeinschaft mit der Natur - eine wirklich lebenswerte, sich kreativ weiterentwickelnde Welt gestalten? Diese Frage erscheint mir heute sowohl auf der persönlichen wie auch auf der gesellschaftlichen Ebene von größter Relevanz zu sein. Die Grundstruktur des Mandala hat mir hier viele wertvolle und wichtige Impulse und Anregungen gegeben.

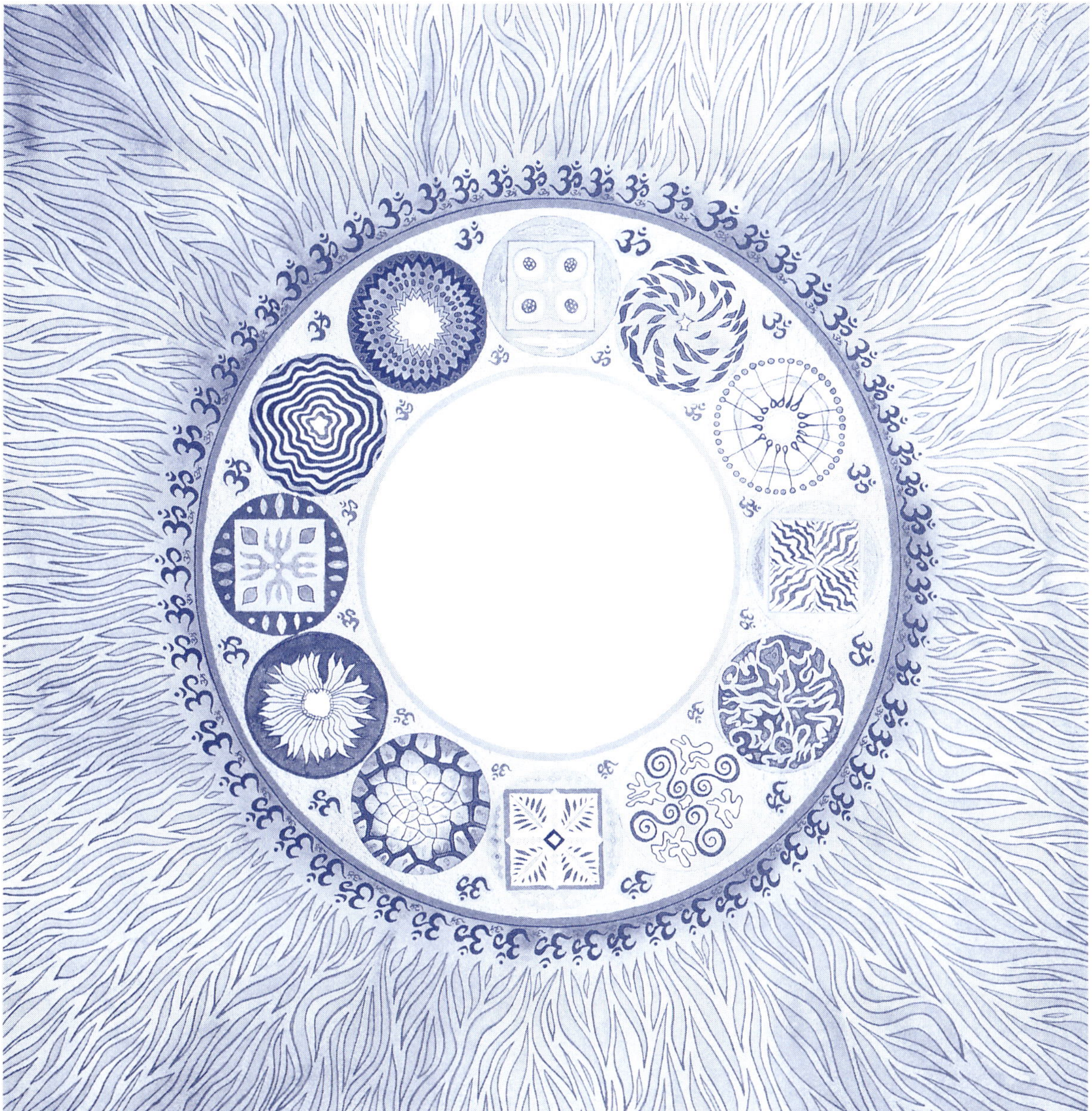

Der Archetyp des Mandala fasziniert mich schon, seit ich mich erinnern kann. Überall bin ich auf Mandalas gestoßen, ob es nun die Weihnachtssterne und Blumen der Kindheit waren oder die zauberhaften Radiolarien, Kieselalgen, Pflanzenstengelquerschnitte und Kristallstrukturen, die ich während meines Studiums unter dem Mikroskop untersuchen konnte. Auch die Vorstellung Platons von der Welt als einem Ideenkosmos mit der Zentralidee des "Guten" erinnerte mich an ein geordnetes Mandala, und in der Kunst der Völker schien die Gestalt des Zauberkreises eine herausragende Stellung zu besitzen. Sie vermittelt einen Zugang zur Spiritualität ebenso wie zum alltäglichen Leben. Die heilende und klärende Wirkung der Mandalas konnte ich schließlich gewissermaßen am eigenen Leib erfahren, als ich begann, selbst Mandalas zu malen. Ich erfuhr, wie sich mein Bewußtsein beim Zeichnen oder Malen beruhigte und ordnete und gleichzeitig freier und unbelasteter wurde. Tatsächlich - so kommt es mir heute vor - habe ich durch das Mandala gelernt, klarer zu denken und die Welt deutlicher, schöner und reicher zu erfahren. Zudem ist es immer wieder erstaunlich und beglückend für mich, durch das Malen eine Wirklichkeit hervorzubringen bzw. neue Dimensionen der Wirklichkeit zu erforschen und sichtbar zu machen. Das Gestalten von Mandalas ist daher nun seit vielen Jahren schon ein fester Bestandteil meines Lebens.

Kontaktadresse:
  Dr. Jochen Niemuth
  Eußenheimerstraße 52 a
  D - 97753 Karlstadt

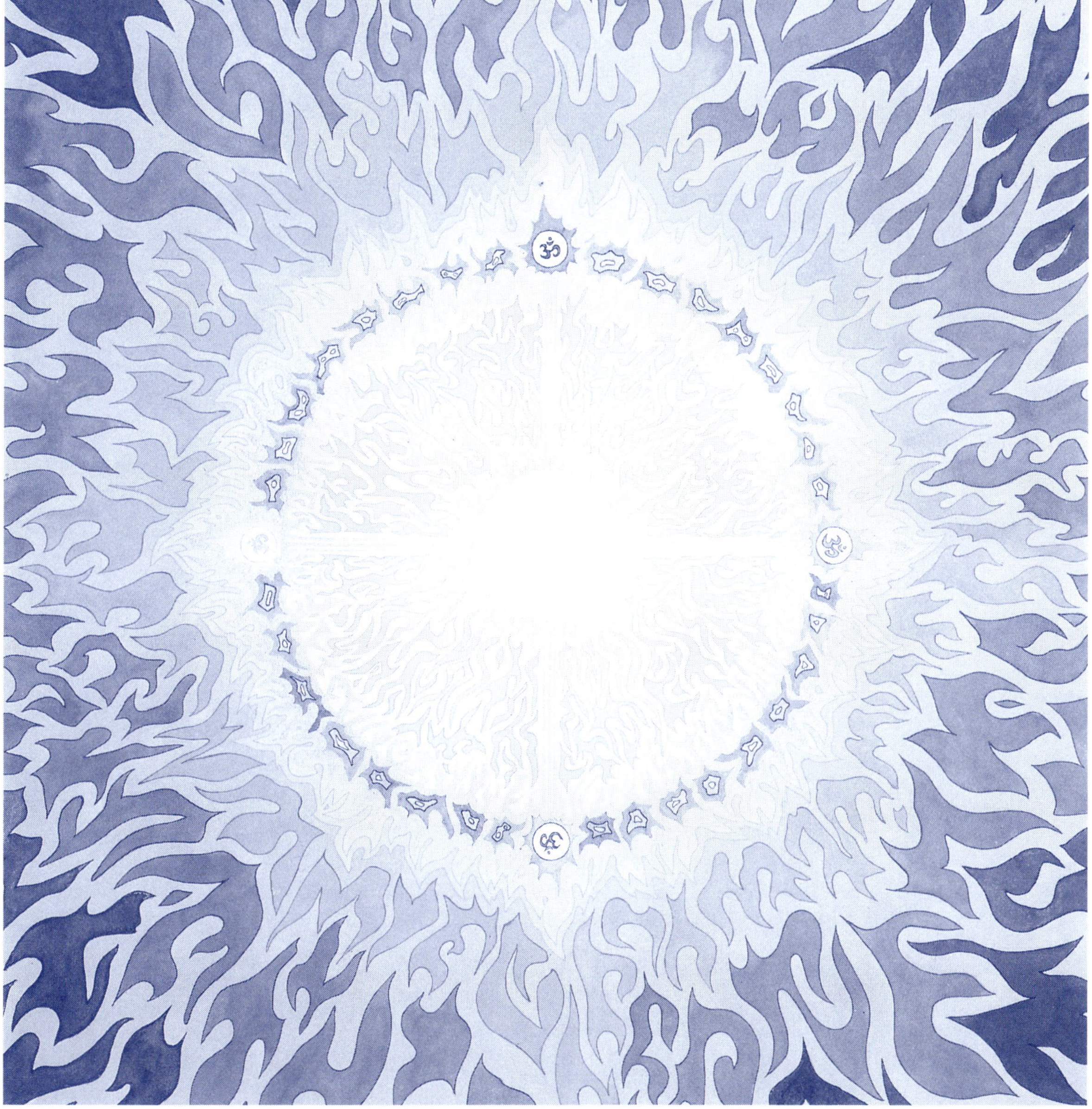

Klaus Holitzka

Meine erste Begegnung mit einem Mandala liegt weit zurück. Damals war ich ein junger Maler, der in altmeisterlicher Lasurtechnik zeitkritischen Symbolimus malte. Es waren die wilden psychedelischen Aufbruchjahre Ende der Sechziger, und aus dem fernen Osten strömten unbekannte religionsphilosophische Weltansichten und Denkmodelle in unsere materialistische westliche Welt, mit deren Erklärungen von Sein und Werden wir zutiefst unzufrieden waren, weil sie uns irgendwie unzureichend und zu oberflächlich schienen für unser Gefühl von Leben: Sie reichten gerade aus, den Status quo zu sichern, doch sie taugten nicht für die Bewältigung der sich abzeichnenden Probleme in Umwelt und Gesellschaft. Wir fühlten uns eingezwängt in überholte Hierarchien und Vorstellungen, die einer anderen Zeit anzugehören schienen. Mit den neuen Ideen einer andersartigen Weltsicht rückten auch deren alte religiöse Bildsymbole ins Blickfeld.

Mein erstes bewußt wahrgenommenes Mandala war ein tibetisches Tempelrollbild im Schaufenster einer Buchhandlung. Ich war fasziniert. Wie kein anderes Bild zuvor schien es mir mehr über mich, die Welt und ihr geistiges Umfeld mitzuteilen – intuitiv, jenseits von Worten und Erklärungen. Ich begann mich mit östlichen Philosophien und Religionen zu beschäftigen. Buddhismus, Lamaismus und schließlich Zen begeisterten mich, veränderten mein Bild der Welt nachhaltig und beeinflußten mein Leben und meine Arbeit. Auf die bunten, von Dämonen, Tieren, Menschen und Göttern bevölkerten Himalaja-Mandalas folgten die Heilmandalas der Indianer, und schließlich fand ich mich bei den schlichten schwarzen Tuschkreisen des Zen wieder. In all diesen Mandalas fand ich die gleiche Kraft. Jenseits der unterschiedlichsten Zivilisationen, Religionen und über lange Zeitperioden hindurch scheint diesem Zeichen eine Gültigkeit innezuwohnen, die ein grundlegendes Wissen veranschaulicht.

Mein Auge entdeckte nun überall Mandalas. Langsam erkannte ich, daß im Grunde in allen Kulturen, bei allen Lebewesen und in der gesamten Schöpfung ein einziges Leben ist, das sich durch einen

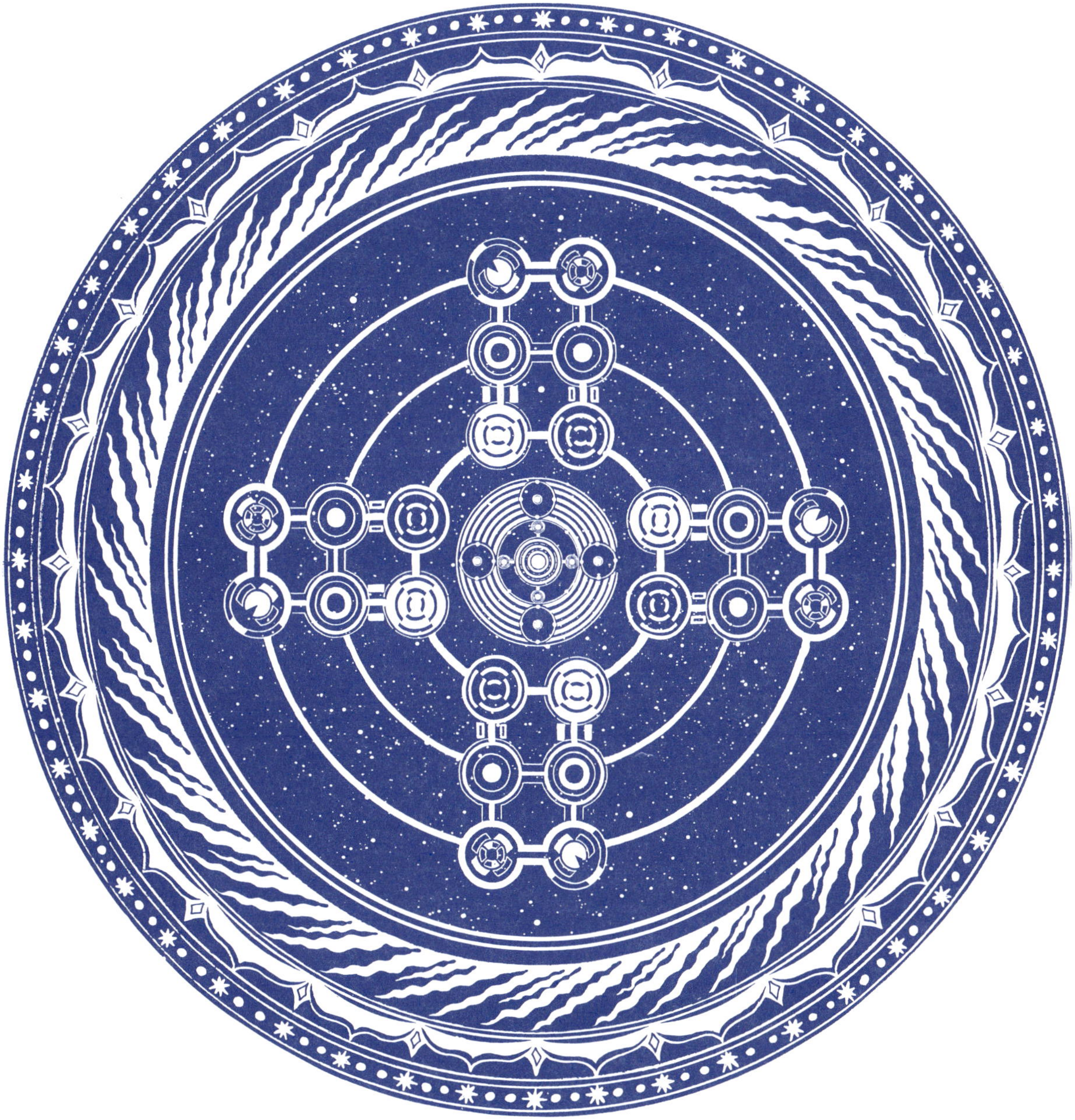

schöpferischen Geist in den denkbar unterschiedlichsten Erscheinungen offenbart, aber niemals getrennt voneinander existiert. Wir nennen diese Kraft Schöpfer, Gott, Geist, Leere oder Nichts, finden viele unterschiedliche Namen für etwas, das jenseits von Worten für eine Energie steht, die wir sind.

Für dieses Unerklärliche, Unfaßbare, Unnennbare wurde der Kreis zum Symbol. Durch alle Zeitläufe hindurch blieb der Kreis ein kollektives und individuelles Zeichen für die tiefe Weisheit: kein Anfang – kein Ende.

Alle Dualität ist nur scheinbar; hervorgerufen durch unsere begrenzte Wahrnehmung des Ganzen, reduziert durch unsere Sinne, Erfahrungen und Glaubenssysteme, die den äußeren Kreis darstellen – das Dahinter verschließt sich unserem gegenwärtigen Bewußtsein.

Das ganze Universum scheint grundsätzlich schöpferisch zu sein, mit der Tendenz, ständig über sich hinauszuwachsen. An diesem evolutionären Tanz nimmt alles und jedes teil, ausgehend von seinem inneren Wesenskern, expandierend bis zur äußersten Grenze seiner Möglichkeiten. Dazwischen kreiert jeder sein persönliches, einmaliges Leben, erlebt sich eingebunden in ein unglaublich vielfältiges Netzwerk von Wahrscheinlichkeiten, Möglichkeiten und daraus resultierenden Erfahrungen.

Nach meiner langjährigen Beschäftigung mit Mandalas erlebe ich immer öfter ihre subtile Kraft. Gedanken, Gefühle und noch im Entstehen begriffene Erkenntnisse verwandeln sich vor meinem inneren Auge in Mandalas.

Dieses spontane Visualisieren hilft mir, scheinbares Chaos in Struktur umzuformen, einzelne Elemente in ein harmonisches Ganzes einzugliedern. Aus so mancher Unordnung entstand so ein konstruktives Ganzes. Anschließend kann ich den Teilen wieder erlauben, neue Verbindungen einzugehen, sich kaleidoskopartig zu neuen Formen zusammenzusetzen, sich in ein wirbelndes Durcheinander aufzulösen und doch Teil einer Gesamtordnung zu bleiben. Ich erlebe mich als aktiven Gestalter in diesem selbst entworfenen reichhaltigen Szenario im Geiste wie im Leben. Ich beginne nicht mehr nur der Erfahrung

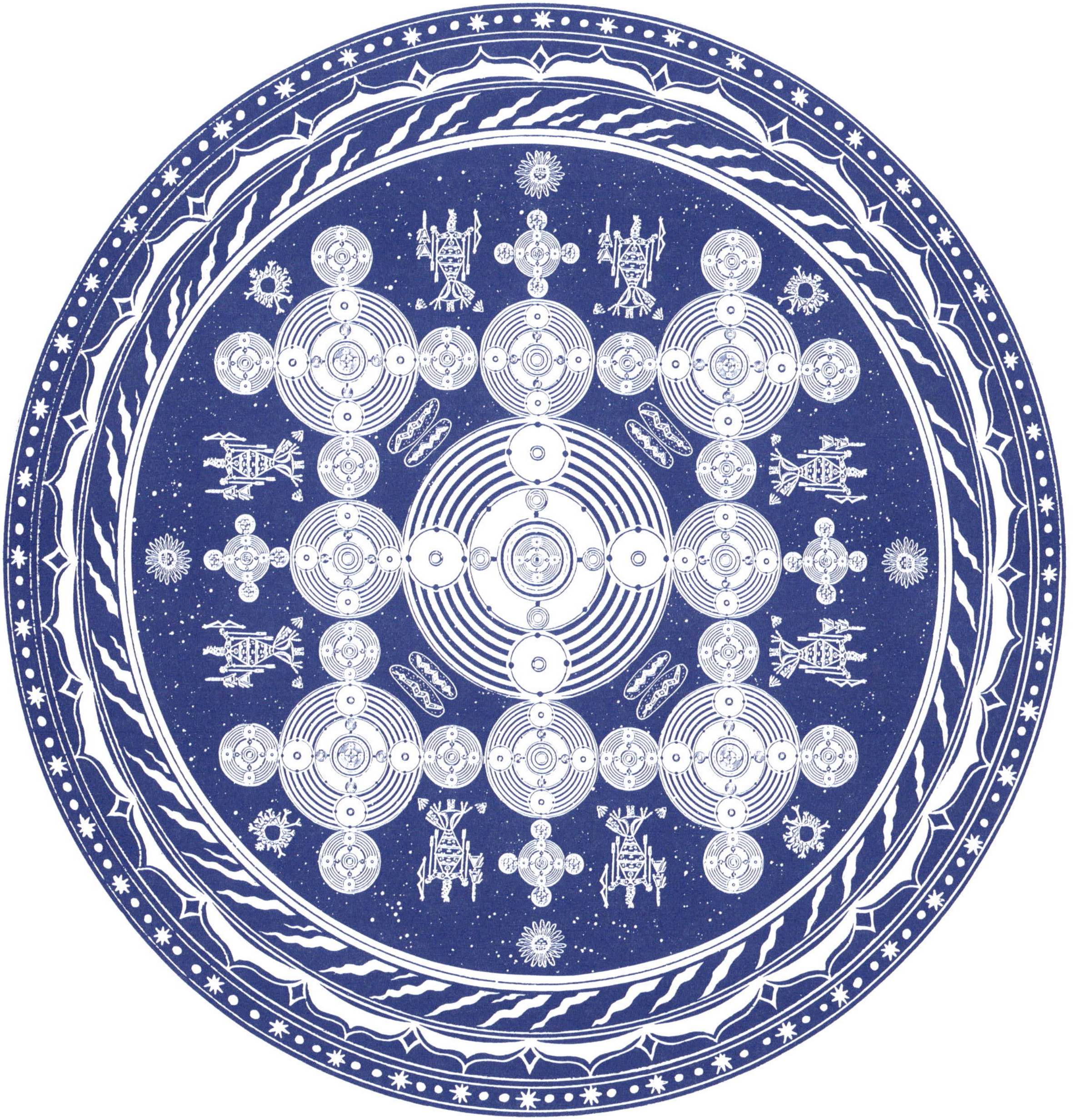

daß intellektuell zu wissen, sondern zu erleben, daß Geist Materie erzeugt und diese Materie, so fest sie auch scheinen mag, ständiger Veränderung unterliegt. Eingebettet in den äußeren Rahmen, den uns unser Verständnis von Wirklichkeit setzt, erleben wir das Dasein als einen ständigen Wandel des inneren und äußeren Menschen in einer sich fortlaufend verändernden Umwelt. Immer und immer wieder müssen überholte Strukturen abgelegt und durch neue Inhalte ergänzt oder ersetzt werden. Uralte kollektive Symbole passen sich veränderten Bewußtseinsinhalten an, müssen neu verknüpft werden und ändern oft genug ihren Sinn – ein alltäglicher Prozeß.

Mehr Bewußtsein über unseren inneren Wesenskern, mehr Verantwortung dem Ganzen gegenüber bei mehr spielerischem Umgang mit den vorhandenen Elementen und deren unendlichen Möglichkeiten, das ist es, was das Mandala für mich ausdrückt. Es ist das Sinnbild einer geistigen Welt: ausgehend vom Zentrum, dem Selbst, über die geschäftige materielle Welt des inneren Kreises in die unbekannte grenzenlose Weite des Unbegreiflichen jenseits des äußeren Kreises.

In diesem uns alle so fesselnden Spiel des Lebens erschaffen wir aus uns selbst heraus täglich aufs neue unsere Welt. Letztlich liegt es an jedem einzelnen von uns, ob diese persönliche und gemeinsame Welt düster und schattig, voller Haß und Gewalt ist, oder ob wir uns dem "Wahren, Schönen, Guten" zuwenden und unser Leben entsprechend wünschen und gestalten. Denn die zukünftige Welt wird nur so schön, so gut und erfreulich werden, wie wir sie heute denken, fühlen und glauben.

Von den zeitkritischen Bildern meiner früheren Malperiode habe ich mich inzwischen weit entfernt. Dabei bin ich nicht unkritischer geworden, sehe heute die Hintergünde und Verflechtungen deutlicher, weiß, daß wir uns in vielem an den Rand eines Abgrundes manövriert haben. Daher will ich diesem globalen Wahnsinn nicht noch mehr destruktives Material in Form von düsteren, wüsten Symbolen hinzufügen. Ganz bewußt wende ich mich dem zu, was Hoffnung zuläßt, Veränderungen und Erkenntnisse im Innern auslösen kann und zu der Erfahrung hinführen will, daß wir in jedem Moment unser zukünftiges

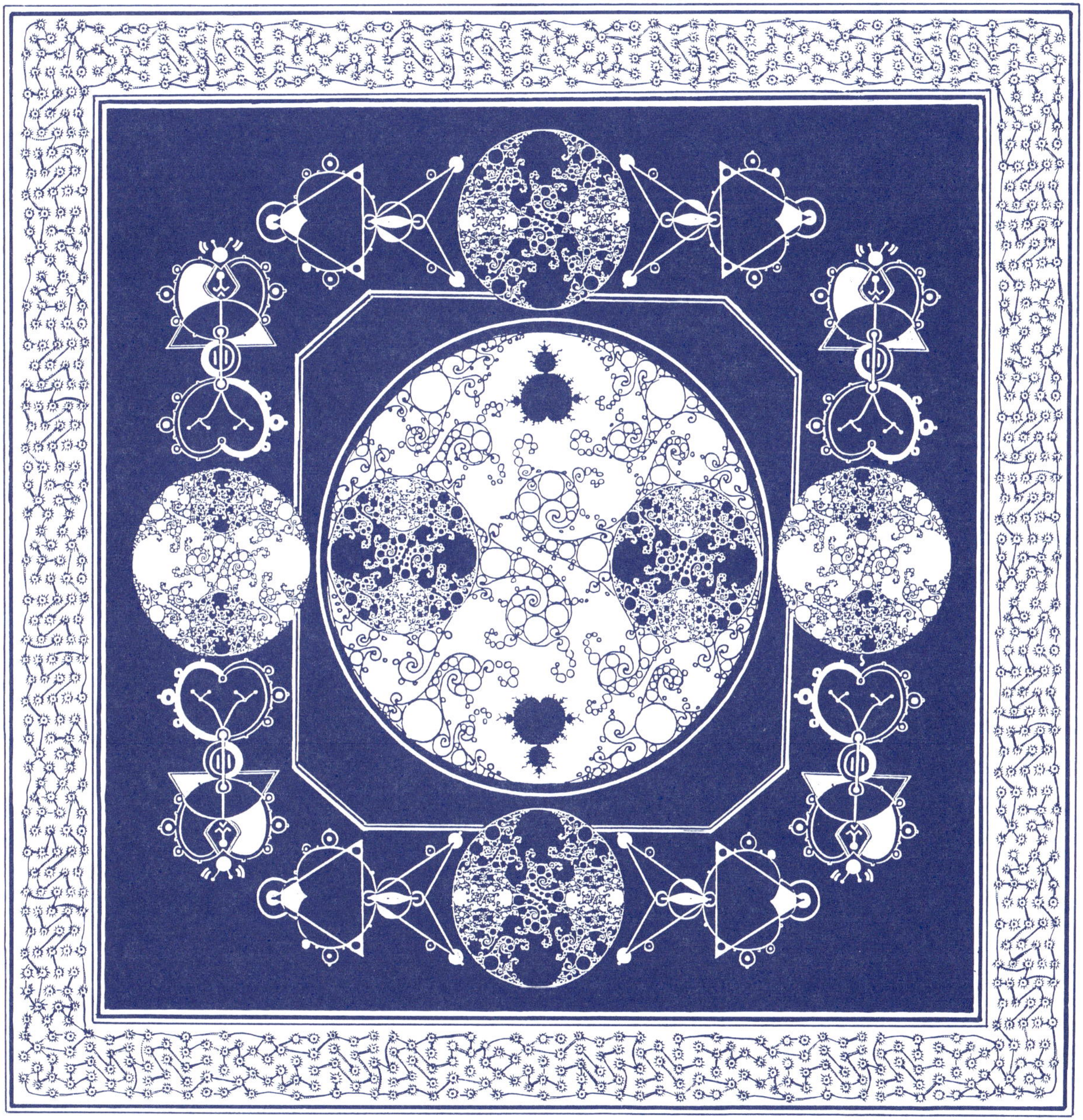

Sein erschaffen. Jeder trifft für sich und gleichzeitig für die gesamte Existenz eine Wahl unter unendlich vielen Wahrscheinlichkeiten. Wenn wir begreifen, daß kein unabwendbares Schicksal, kein persönlicher, allgewaltiger Gott – gleich welchen Namens – für unser Leben und den Zustand der Welt verantwortlich ist, sondern ich und du, können wir erkennen, daß unser schöpferischer Geist zu weit mehr in der Lage ist, als wir ihm bisher zugetraut haben.

Es ist nun an der Zeit, Verantwortung zu übernehmen. Dabei helfen keine Schuldzuweisungen und keine getrennten Bewertungen von Gut und Böse, sondern der feste Glaube, das Ersehnte auch erschaffen zu können. Alles, was wir dazu brauchen, finden wir in uns selbst verborgen. Es geht darum, diese Essenz in uns zu suchen und zu finden, ihr Wesen zu erkennen und daraus neue Realitäten zu gestalten. Diesen geistigen Prozeß empfinde ich als das wahre Abenteuer des heutigen Menschen.

Personen, die ähnlich denken und fühlen, treffe ich inzwischen überall. Längst sind nicht mehr nur spirituelle Sucher und einzelne Künstler auf diesem Weg, sondern Menschen aus allen Gesellschafts- und Berufsgruppen. Wissenschaftler beginnen unser festgefügtes Bild der gegebenen Realität anzuzweifeln und neu zusammenzusetzen. Quantenphysiker müssen sich plötzlich mit der Erkenntnis auseinandersetzen, daß die subatomaren Teilchen, aus denen sich unsere Materie zusammensetzt, eine eigenartige Existenz zwischen Möglichkeiten und Wirklichkeit aufweisen. Auf dieser Ebene gibt es keine festen, konstanten Körper, und doch wird auf unserer Wahrnehmungsebene zum Beispiel ein kompakter Stein daraus. In diesen subatomaren Dimensionen findet ein wirbelnder, nie zur Ruhe kommender Elementarteilchentanz statt, in dem jedes Teil mit allen anderen Teilen verbunden ist, die sich gegenseitig duchdringen. Aus diesem unfaßbaren Netzwerk von Möglichkeiten erschafft unser Geist auf geheimnisvolle Art Wirklichkeit – nicht außerhalb von uns, sondern durch uns. Unser Glaube, unsere Vorstellung der Existenz, wird zur Realität.

Trägt nicht jeder von uns das stille Wissen in sich, das Heute und Morgen ins Leben zu rufen, Mitgestalter an einem vielschichtigen, bunten

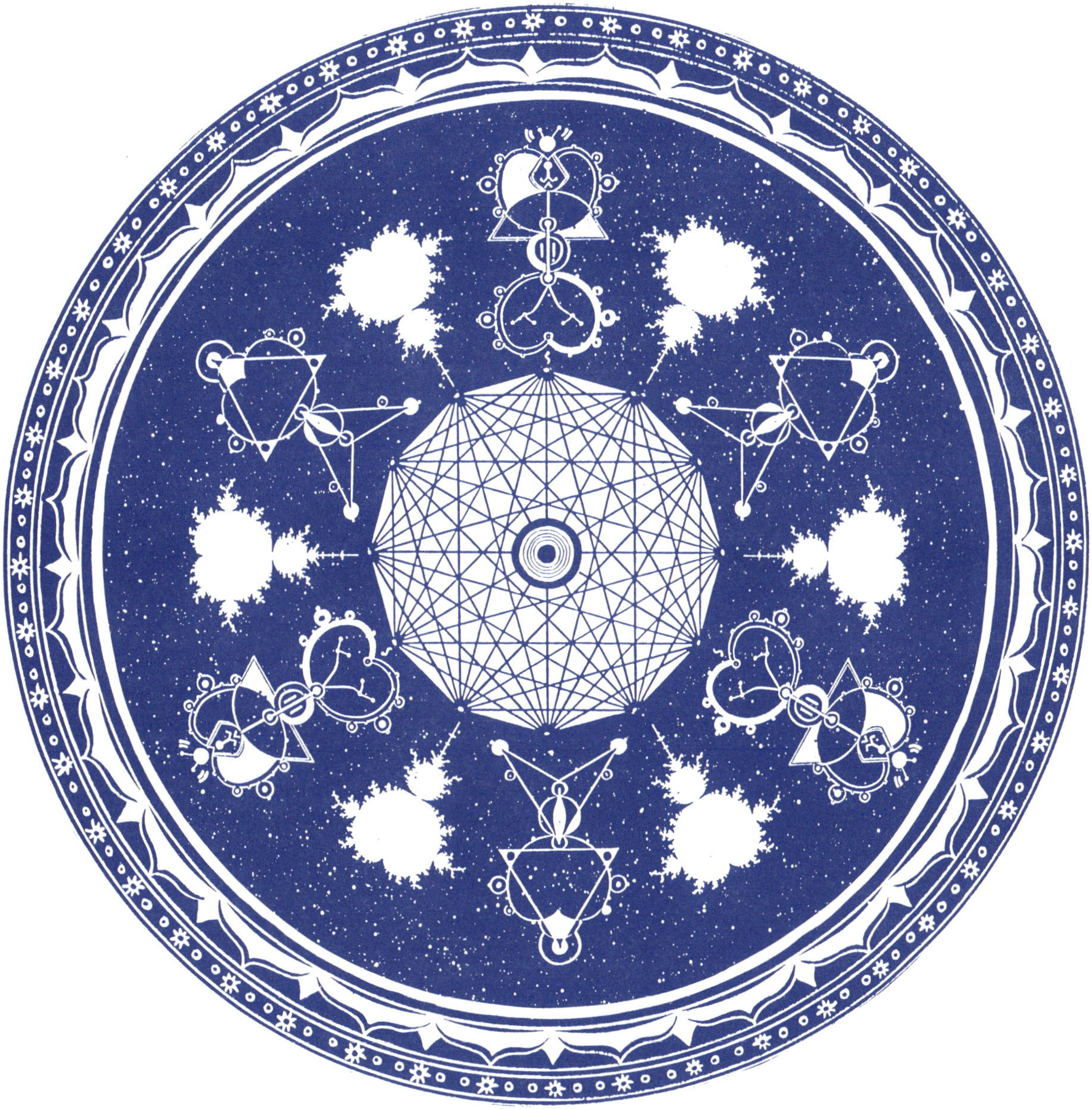

Mandala zu sein, das wir Leben nennen? Und wenn ich mitgestalte, liegt es dann nicht an mir, aus einer bedrückenden Realität positive Wahrscheinlichkeiten herauszukristallisieren? Im Mandala wie im täglichen Leben ist das lichtvolle oder dunkle Zentrum zentraler Antrieb für unser subjektives Erleben. In einer scheinbar paradoxen, vielgestaltigen, vieldimensionalen Welt drängt sich mir immer deutlicher die Erkenntnis auf: Das wahre Wesen hinter all den Unterschieden ist die Einheit. Je mehr ich diese Welt als mir zugehörig betrachte, desto weniger kann ich zulassen, irgend etwas als von mir getrennt zu betrachten. Ich und wir alle nehmen an einem kollektiven, virtuellen Spiel teil, dessen Spielregeln wir täglich neu bestimmen.

Das Netzwerk des Lebens bietet uns unendliche Möglichkeiten, unser persönliches Mandala im großen Mandala zu erfinden – ohne Anfang – ohne Ende.

Kontaktadresse: Klaus Holitzka
Neudorf 3
D-64756 Mossautal

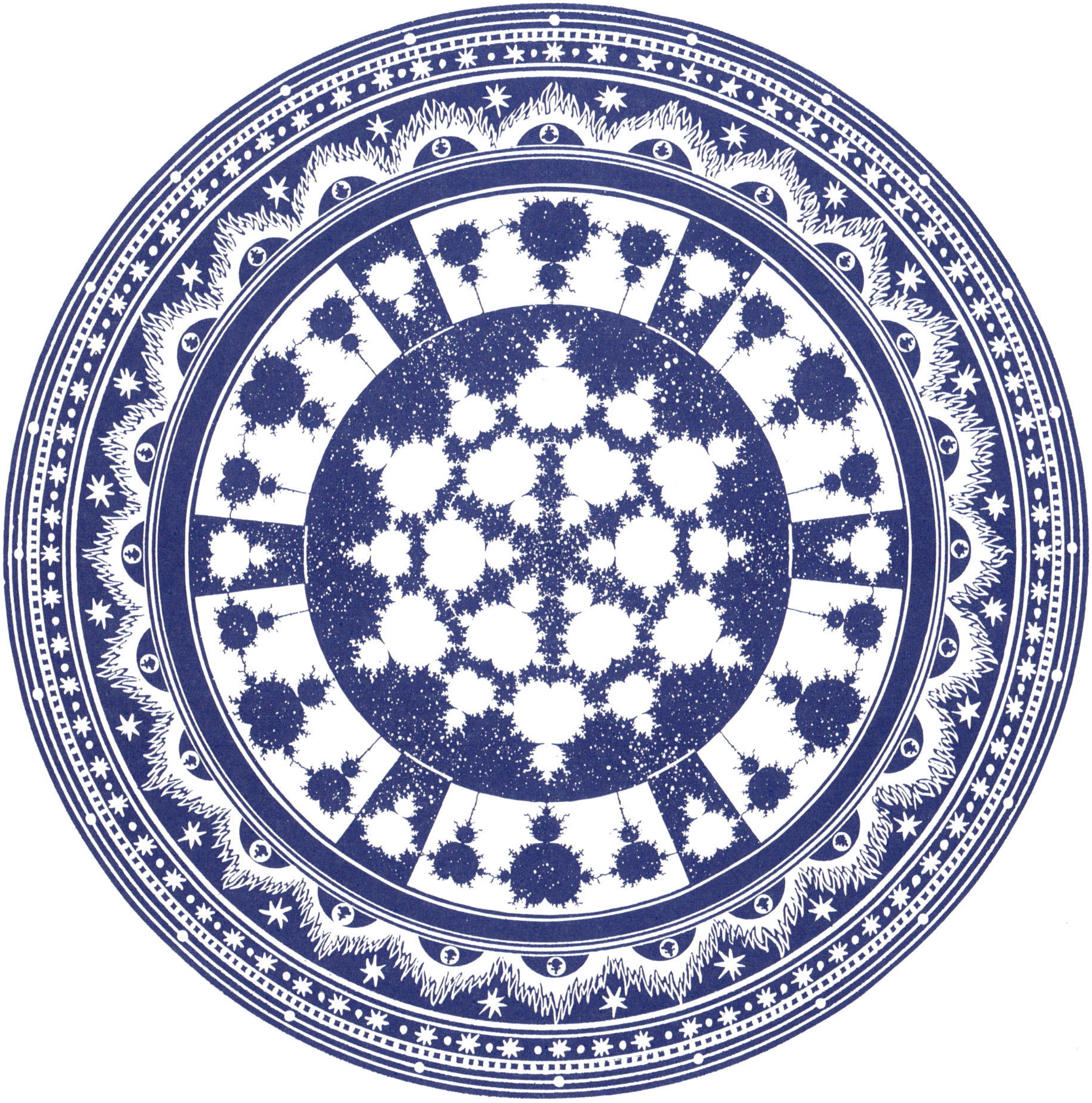

Danksagung

Wir bedanken uns herzlich bei unseren Künstlerkollegen, die uns ihre Arbeiten für dieses Buch zur Verfügung gestellt haben.
Nachstehend ihre eigenen Publikationen zum Thema Mandala nebst Bezugsquellen:

Aya Star-Wheel Mandalas 500 N. Guadalupe Suite # 528 Santa Fe NM 87501, USA	"Das Sternrad-Mandala Malbuch" Ch. Falk-Verlag, D-83370 Seeon Postkartenserie im gleichen Verlag
Heita Copony Oberes Griesfeld 46 D-83646 Bad Tölz	"Das Mysterium des Mandalas" Aquamarin Verlag, D-85567 Grafing Postkartenserie im Selbstverlag

(Heita Copony bietet Seminare zum Thema "Mandala-Malen" an, die wir an dieser Stelle besonders empfehlen.)

Gabi Fladda Bremhofer Weg 3 D-64720 Michelstadt-Vielbrunn	
Johannes Frischknecht Dsambala International- Mandala Gallery P.B. 221 CH-8030 Zürich	Postkartenserie im Selbstverlag "Mandalas von Johannes Frischknecht" Noah Verlag, Schitterstr. 7a, CH-9413 Oberegg "Mandala-Kalender 1994" (wird fortgesetzt) Windpferd Verlag, D-87648 Aitrang
Vinzent Liebig Eschbergstr. 56 D-79117 Freiburg	"Unterwegs zum eigenen Zentrum" Aurum Verlag, D-Braunschweig Postkartenserie bei Leporello GmbH, D-79110 Freiburg

Jos van Wunnik "13 Torma's"- Selbstverlag
Eindstraat 58 Postkartenserie bei Aurora Produktion
NL-6451 A.E. Schinveld NL-1825 DZ Alkmaar

Publikationen der Autoren:

Dr. Jochen Niemuth Postkartenserie bei Lichtschatz Design,
Eußenheimer Str. 52a Göckelmannweg 13
D-97753 Karlstadt D-88316 Isny

Klaus Holitzka "Mandalas zum Ausmalen",
Neudorf 3 Malblock mit 70 Motiven
D-64756 Mossautal Ch. Falk-Verlag, D-83370 Seeon

Seidl/Holitzka, "Die Leere des Zen",
Diederichs, D-80048 München

"I-GING Kartenset", AG Müller,
CH-8212 Neuhausen

Tegtmeier/Holitzka "Runen Kartenset",
Urania Verlags AG,
CH-8212 Neuhausen

Postkartenserie und Kunstdrucke
"The Art of Mandala",
Lichtschatz Design
D-88316 Isny

Anmerkungen und Literaturverzeichnis

(1) C. G. Jung - Geleitwort und psychologischer Kommentar zum Bardo Thödol. In: "Das Tibetanische Totenbuch" - Hrsg.: von W. Y. Evans Wentz - Olten, 1972 (siehe auch: Martin Brauen - "Das Mandala - Der Heilige Kreis im tantrischen Buddhismus" - DuMont Buchverlag Köln, 1992 - S.122)

(2) Rainer Maria Rilke - "Das Stunden-Buch" (Erstes Buch - Das Buch vom mönchischen Leben) - Insel Verlag - Frankfurt am Main, 1981 - S.11

(3) Michael Vetter - "Seinserfahrungen" - Edition Esotera, Bauer Verlag - Freiburg im Breisgau, 1988 - S.108

(4) Jose und Miriam Argüelles - "Das große Mandala-Buch" - Aurum-Verlag - Freiburg im Breisgau, 1974 - S. 33; (Orig.: "Mandala" - Shambala Publications, Berkeley, 1972)

(5) Alan Watts - "Das große Mandala" aus : "Was hält das Zeug" - Zero - Rheinberg, 1983 - S.103 - (Original: Does ist matter?)

(6) Jacques Monod in einem BBC-Interview Juli 1970; zitiert aus: "Beyond Chance and Necessity: A Critical Inqiry into Professor Jacques Monod's Chance and Necessity; hrsg. von John Lewis (London: Teilhard Centre for the Future, 1974) - S. ix - (siehe auch: R. Augros, G. Stanciu - "Die Neue Biologie" - Scherz - Bern, München, Wien, 1987 - S.32)

(7) Arthur Eddington - "The Nature of the Physical World" - London: Dent, 1935

(8) Max Planck - 1944 in einem Vortrag in Florenz zum Thema "Das Wesen der Materie" (Zeitschrift Erfahrungsheilkunde, Heft 12/1990, S. 807)

(9) Rupert Sheldrake - aus: Renee Weber - "Wissenschaftler und Weise" - Aquamarin-Verlag - Grafing, 1987 - S. 117

(10) David Bohm - aus: "Towards a Theoretical Biology", Hrsg. v. C.H. Waddington - Chicago: Aldine, 1969 - S. 50

(11) Alan Watts - The Essence of Alan Watts - Celestial Arts, California USA, 1974

(12) Charles Darwin hat als Begründer des sogenannten Darwinismus 1859 die Theorie vom "Kampf ums Überleben" ("Struggle for Survival") in der Biologie aufgestellt (Ch. Darwin - Die Entstehung der Arten durch natürliche Zuchtwahl, Reclam Verlag Stuttgart, 1963 - S. 102 f.): "*So muß auf jeden Fall ein Kampf ums Dasein stattfinden, entweder zwischen Individuen derselben oder verschiedenen Arten oder zwischen Individuen und äußeren Lebensbedingungen.*"

(13) Über die Mandalastruktur von Schneekristallen und anderen Naturphänomenen siehe: György Doczi - "Die Kraft der Grenzen" - Trikont Verlag München // Capricon Verl. 1987, Postfach 34, 8019 Glom) - (Orig. "The Power of Limits" 1981 - Shambala, Boulder Colorado)

(14) Chladni war ein deutscher Physiker, der um das Ende des achtzehnten Jahrhunderts lebte und sein Schaffen hauptsächlich der Erforschung der Schall- und Klangwirkungen widmete.

(15) siehe dazu: Fritz-Albert Popp - Biokommunikation ("Labor 2000" - 1987); F.-A. Popp - "Die Biologie des Lichts" - Paul-Parey Verlag - Berlin-Hamburg, 1984

(16) Ralph Metzner und Timothy Leary - "On Programming Psychedelic Experience" - Psychedelic Review, No. 9, 1967, S. 4-19

(17) C. G. Jung (aus "Zugang zum Unbewußten - Über den Einfluß der Träume" - in: "Der Mensch und seine Symbole" - Walter-Verlag - Olten, 1968 - S. 23)

(18) Alan Watts - Kosmologie der Freude - 1972 - Melzer Verlag - Darmstadt, 1972 - S. 45 - (Original: "The Joyous Cosmologie" - 1962 - Pantheon Books)

(19) Lao Tse - Tao Te King - Übersetzung von Richard Wilhelm (Diedrichs-Verlag - München; 1978 - S. 41)

(20) Meister Eckhart - entnommen aus: Meister Eckhart - "Laß Gott in dir wirken" - Butzon und Bercker Verlag - Kevelaer, 1977

(21) Nikolaus Cusanus (Nikolaus von Kues) - Vom Nichtanderen (De li non aliud), Felix Meiner Verlag, Hamburg, 1987 - S. 90

(22) Der Vers stammt aus einem der wichtigsten grundlegenden buddhistischen Lehrgedichte, dem sogenannten "Herz-Sutra" (Prajnaparamita-Sutra, "Sutra von der befreienden Weisheit"), einem Text, der auf Shakyamuni Buddha selbst zurückgeführt wird.

(23) zitiert aus einem Zen-Lehrgedicht : "Der Ochs und sein Hirte"

(24) C. G. Jung - (in einem Kommentar zum chinesischen Buch "Das Geheimnis der Goldenen Blüte" - übertragen von Richard Wilhelm - Walter Verlag - Olten und Freiburg i. Br. - 1971)

(25) Marie-Luise von Franz (aus "Der Individuationsprozeß - Die Beziehung zum Selbst" - in: C. G. Jung - "Der Mensch und seine Symbole" - Walter-Verlag - Olten 1968 - S. 213)

Weiterhin schreibt Marie-Luise von Franz (aus "Der Individuationsprozeß - Die Struktur des seelischen Reifungsprozesses" - in: C. G. Jung - "Der Mensch und seine Symbole" - Walter-Verlag - Olten 1968 - S. 161):

Das seelische Zentrum .... scheint eine Art von "Kernatom" der Seele zu sein. Man könnte es auch den Erfinder und Anordner unserer Träume nennen. Jung hat dieses Zentrum als das Selbst bezeichnet. Es stellt die Ganzheit unserer Psyche dar, im Gegensatz zum Ich, das nur einen kleinen Teil unseres seelischen Lebensbereiches ausmacht.

Seit Urzeiten hatte die Menschheit eine Ahnung von der Existenz dieses Seelenkerns: die Griechen nannten ihn den inneren Daimon, die Ägypter die stern- oder vogelgestaltige Ba-Seele, die Römer verehrten ihn als den "Genius" des einzelnen Menschen. Viele primitive Völker dachten sich ihn als einen Schutzgeist in Tiergestalt oder als einen in einem Fetisch wohnenden Helfer.

*Besonders unverfälscht findet sich dieses Symbol in der Vorstellungswelt gewisser Eingeborener der Labradorhalbinsel, bei den sogenannten Naskapi-Indianern. Diese Waldjäger leben so einsam in kleinen Familiengruppen, daß sie keine Stammesbräuche und religiöse Anschauungen oder Riten entwickeln konnten. Daher verlassen sich die Naskapi-Jäger nur auf ihre inneren Eingebungen und Träume. Sie lehren, daß die Seele des Menschen nichts anderes sei als ein innerer Gefährte, den sie als "*mein Freund*" oder als "*Mista'peo*" = "*Großer Mann*" bezeichnen. Er wohnt im Herzen des einzelnen und ist unsterblich. ....*

Ich erwähne diese ursprünglichen, einfachen Menschen hier deshalb, weil sie unbeeinflußt von unserer Zivilisation sind und dadurch noch eine eigene unverdorbene, natürliche Kenntnis von dem Seelenkern zu besitzen scheinen, den Jung als das Selbst bezeichnet hat.

(26) Alan Watts - "Kosmologie der Freude" - 1972 - Melzer Verlag - Darmstadt, 1972 - S. 70 - (Original: "The Joyous Cosmologie" - 1962 - Pantheon Books)

(27) In den Naturwissenschaften geht man heute davon aus, daß sich "Leben" nur in einem Zwischenbereich zwischen den beiden Extremen "Ordnung" und "Chaos" ereignen kann. Dieser "Sandwich-Bereich" ist der Ort der Evolution. Hier treten die sogenannten "dissipativen Strukturen" auf, die sowohl eine kreative Dynamik wie auch eine komplexe Ordnung beinhalten. Siehe hierzu: Ilya Prigogine, Isabelle Stengers - "Dialog mit der Natur - Neue Wege naturwissenschaftlichen Denkens" - Piper und Co - München, 1981

(28) Der Ausspruch stammt aus dem "Hekigan-Roku" ("Bi-Yän-Lu", Meister Yüan Wu's Niederschrift von der Smaragdenen Felswand), einer klassischen Sammlung von ZEN-Koans.

(29) Walt Whitman - "Grashalme" ("Gesang von der freien Straße") - Reclam Verlag - Stuttgart, 1968 - S. 145 f.

(30) Alan Watts - Kosmologie der Freude - 1972 - Melzer Verlag - Darmstadt, 1972 - S. 44 - (Original: "The Joyous Cosmologie" - 1962 - Pantheon Books)

(31) Jose und Miriam Argüelles - Das große Mandala-Buch - Aurum-Verlag - Freiburg im Breisgau, 1974 - S. 34 ; (Orig.: "Mandala" - Shambala Publica-tions, Berkeley, 1972)

(32) C. G. Jung (aus "Zugang zum Unbewußten - Über den Einfluß der Träume" - in: "Der Mensch und seine Symbole" - Walter-Verlag - Olten, 1968 - S. 20 f.)

(33) Aniela Jaffé (aus "Bildende Kunst als Symbol - Das Symbol des Runden in der Kunst" - in: C. G. Jung - "Der Mensch und seine Symbole" - Walter-Verlag - Olten 1968 - S. 240)

(34) Michael Vetter - "Seinserfahrungen" ("Reben") - Edition Esotera, Bauer Verlag - Freiburg im Breisgau, 1988 - S.124

(35) Adrian Frutiger - "Der Mensch und seine Zeichen" - (Textbearbeitung Horst Heiderhoff) - Weiss Verlag GmbH, Dreieich / Fourier Verlag Wiesbaden, 1991 - S. 45 ; (Orig.: A. Frutiger - Paris - 1978)

(36) Nikolaus von Kues - Studienausgabe III - S. 133

(37) Heinrich Rombach - "Leben des Geistes" - Herder Verlag - Freiburg im Breisgau, 1977 - S.140

(38) Susanne F. Fincher - "Mandala-Malen - Der Weg zum eigenen Zentrum" - Aurum Verlag - Braunschweig 1992 - S.166 - (Orig.: "Creating Mandalas" - Shambala Publications, Boston)

(39) Das Wort "Kosmos" stammt aus dem Griechischen und bedeutet "Ordnung".

(40) C. G. Jung - "Psychological Commentary on Kundalini Yoga". Spring: An Annual of Archetypal Psychology and Jungian Thought, S. 1-34; siehe auch: Susanne F. Fincher - "Mandala-Malen - Der Weg zum eigenen Zentrum" - Aurum Verlag - Braunschweig, 1992 (Orig.: "Creating Mandalas" - Shambala Publications, Boston)

(41) Adrian Frutiger - "Der Mensch und seine Zeichen" - (Textbearbeitung Horst Heiderhoff) - Weiss Verlag GmbH, Dreieich / Fourier Verlag Wiesbaden, 1991 - S. 276 - (Orig.: A. Frutiger - Paris - 1978)

(42) Jose und Miriam Argüelles - Das große Mandala-Buch - Aurum-Verlag, Freiburg im Breisgau, 1974 - S. 40 ; (Orig.: "Mandala" - Shambala Publications, Berkeley, 1972)

(43) David Villasenor - "Mandalas im Sand; vom Wesen indianischer Sandmalerei" - Iris Verlag - Oberhain/Ts. 1974 - (zitiert aus:Jose und Miriam Argüelles - Das große Mandala-Buch - Aurum-Verlag, Freiburg im Breisgau, 1974 - S. 40; (Orig.: "Mandala" - Shambala Publications, Berkeley, 1972)

(44) Aniela Jaffé (aus "Bildende Kunst als Symbol - Das Symbol des Runden in der Kunst" - in: C. G. Jung - "Der Mensch und seine Symbole" - Walter-Verlag - Olten, 1968 - S. 249)

(45) siehe: C.G. Jung - Gesammelte Werke, Bd. 9/I. - Walter Verlag Olten Freiburg

(46) siehe: Susanne F. Fincher - "Mandala-Malen - Der Weg zum eigenen Zentrum" - Aurum Verlag - Braunschweig, 1992 - S. 137 ff. - (Orig.: "Creating Mandalas" - Shambala Publications, Boston)

(47) siehe hierzu: Horst E. Miers - "Lexikon des Geheimwissens" - Goldmann Verlag - München, 1976 - S. 313 f. - (Originalausgabe beim Bauer Verlag, Freiburg i. Br.)

(48) Kostas - zitiert aus "Feuer des Herzens - Heiler, Weise und Mystiker" von Kyriacos Markides - Droemersche Verlagsanstalt Th. Knaur Nachf. - München, 1991 - S.98

weiterhin zum Pentagramm-Schutz (S.99):
... Kostas stand immer noch am Meer und dem aufgehenden Mond zugewandt. Dann spreizte er die Beine etwas, während er seinen linken Arm nach links und den rechten nach oben streckte. Er hielt sich in dieser Position einige Augenblicke und wartete darauf, daß wir seine Bewegungen nachmachten. "Nun beginnt mit dem oberen Punkt über eurem rechten Arm. Zieht die Linie, die diesen Punkt geradewegs mit der Ferse eures rechten Beins verbindet ... Nun zieht die Linie von dem Punkt hinter eurem Bein und bringt sie in Gedanken zur Spitze eurer linken Hand. Jetzt zieht die Linie von hier zur Spitze eurer rechten Hand und haltet beide Hände ausgestreckt. Nun müßt ihr die Linie von der Spitze eurer rechten Hand bis zum Ende eures linken Beines ziehen und dann die Linie ganz hinauf bis zu dem Punkt oberhalb eures Kopfes führen, von wo ihr angefangen habt."

(49) siehe: Adrian Frutiger - "Der Mensch und seine Zeichen" - (Textbearbeitung Horst Heiderhoff) - Weiss Verlag GmbH, Dreieich / Fourier Verlag Wiesbaden, 1991 - S.282 f - (Orig.: A. Frutiger - Paris - 1978)

(50) siehe hierzu: Horst E. Miers - Lexikon des Geheimwissens - Goldmann Verlag - München, 1976 - S. 193 - (Originalausgabe beim Bauer Verlag, Freiburg i. Br.)

(51) siehe: Susanne F. Fincher - "Mandala-Malen - Der Weg zum eigenen Zentrum" - Aurum Verlag - Braunschweig, 1992 - S. 187 ff - (Orig.: "Creating Mandalas" - Shambala Publications, Boston)

(52) siehe: Dhyani Ywahoo - "Voices of Our Ancestors: Cherocee Teaching from the Wisdom Fire" - Shambala Publications - Boston, 1987

(53) siehe: Susanne F. Fincher - "Mandala-Malen - Der Weg zum eigenen Zentrum" - Aurum Verlag - Braunschweig, 1992 - S.187 - (Orig.: "Creating Mandalas" - Shambala Publications, Boston)

(54) siehe: C.G. Jung - Gesammelte Werke, Bd. 9/I. - Walter Verlag - Olten Freiburg - S. 405

(55) Susanne F. Fincher - "Mandala-Malen - Der Weg zum eigenen Zentrum" - Aurum Verlag - Braunschweig, 1992 - S.187 - (Orig.: "Creating Mandalas" - Shambala Publications, Boston)

(56) siehe hierzu: Horst E. Miers - "Lexikon des Geheimwissens" - Goldmann Verlag - München, 1976 - S.375 - (Originalausgabe beim Bauer Verlag, Frbg. i. Br.)

(57) siehe hierzu: Horst E. Miers - "Lexikon des Geheimwissens" - Goldmann Verlag - München, 1976 - S. 374 f. - (Originalausgabe beim Bauer Verlag, Frbg. i. Br.)

(58) Heinrich Rombach - "Leben des Geistes" - Herder Verlag - Freiburg im Breisgau, 1977 - S. 168

(59) J. E. Cirlot - "A Dictionary of Symbols" - Philosophical Library - New York, 1962 - S.104

(60) Dschelaladdin Rumi - aus : Annemarie Schimmel - "Rumi - Ich bin Wind und du bist Feuer" - Eugen Diedrichs Verlag - Düsseldorf Köln, 1980

(61) Heinrich Rombach - "Strukturontologie - Eine Phänomenologie der Freiheit" - Verlag Karl Alber - Freiburg/München, 1971 - S. 272 f.

(62) Das Mäander-Muster hat seinen Namen von einem stark gewundenen Fluß, der in der heutigen Türkei fließt .

(63) Heinrich Rombach - "Strukturontologie - Eine Phänomenologie der Freiheit" - Verlag Karl Alber - Freiburg/München, 1971 - S. 273 f.

(64) siehe dazu: Sig Lonegren - "Labyrinthe" - Zweitausendeinsverlag - Frankfurt, 1993 - S. 63 (Orig.: Layrinths, Ancient Myths & Modern Uses - Gothic Image Publications, Glastonbury)

(65) Heinrich Rombach - "Strukturontologie - Eine Phänomenologie der Freiheit" - Verlag Karl Alber - Freiburg/München, 1971 - S.282

(66) siehe Jeff Saward - Vorwort zu dem Buch: "Labyrinthe" - Sig Lonegren - Zweitausendeinsverlag - Frankfurt, 1993 - (Orig.: Layrinths, Ancient Myths & Modern Uses - Gothic Image Publications, Glastonbury)

(67) Theseus erhielt in der Sage den Leitfaden ins Innere des Labyrinths von einer Frau, von Ariadne. Das Wollknäuel, das sie ihm reichte, zeigte ihm den Weg nach innen und auch wieder hinaus (es rollte von selbst ins Zentrum, und Theseus mußte ihm nur folgen. Nach dem Kampf zeigte ihm der "Ariadnefaden" den Weg zurück ans Tageslicht). Theseus hat sein Unbewußtes einfach erobern wollen indem er den Stiermenschen tötete. Dadurch ergaben sich jedoch gewisse Unausgeglichenheiten in seinem Charakter, die - trotz (oder gerade wegen) seiner überschäumenden Heldenhaftigkeit - fatale Wirkung hatten. Die Legende erzählt schließlich, daß er Ariadne auf der Insel Naxos einfach zurückließ, obwohl sie ihm den Faden gegeben und ihm zuliebe mit ihrer Familie gebrochen hatte. Bei seiner Heimkehr stürzte sich sein Vater Aigeus vor Gram ins Meer, da Theseus "vergessen" hatte, die unheilverkündenden schwarzen Segel gegen die weißen, die Sieg bedeuteten, auszutauschen.

(68) Sig Lonegren - "Labyrinthe" - Zweitausendeinsverlag - Ffm, 1993 - S. 59 - (Orig.: Labyrinths, Ancient Myths & Modern Uses - Gothic Image Publications, Glastonbury)

(69) siehe dazu: Sig Lonegren - "Labyrinthe" - Zweitausendeinsverlag - Frankfurt, 1993 - S. 49 - (Orig.: Labyrinths, Ancient Myths & Modern Uses - Gothic Image Publications, Glastonbury)

(70) siehe dazu: Sig Lonegren - "Labyrinthe" - Zweitausendeinsverlag - Frankfurt, 1993 - S. 52 - (Orig.: Labyrinths, Ancient Myths & Modern Uses - Gothic Image Publications, Glastonbury)

(71) siehe dazu: Sig Lonegren - "Labyrinthe" - Zweitausendeinsverlag - Ffm, 1993 - S. 19 ff. - (Orig.: Labyrinths, Ancient Myths & Modern Uses - Gothic Image Publications, Glastonbury)

(72) In der Literatur werden in der Regel beide Möglichkeiten AUM und OM erwähnt und beschrieben, wobei für den Buddhismus nach Govinda (Lama Anagarika Govinda - "Schöpferische Meditation und Multidimensionales Bewußtsein" - Aurum Verlag - Freiburg im Breisgau, 1982 - S.94) nur die Schreib- und Sprechweise OM Gültigkeit besitzt.

(73) siehe hierzu: Horst E. Miers - "Lexikon des Geheimwissens" - Goldmann Verlag - München, 1976 - S.56 - (Originalausgabe beim Bauer Verlag, Freiburg i. Br.)

(74) Bibelzitate soweit nicht anders vermerkt aus der Einheitsübersetzung der Bibel

(75) Patanjali - Yoga Sutras 25 und 27 - aus: Patanjali - "Die Wurzeln des Yoga" (Hrsg.: von Bettina Bäumer) - Scherzverlag Bern, München, Wien für den Otto Willhelm Barth Verlag - 1976

(76) aus der Chandogya-Upanishad (2.23.4) - aus: "Upanischaden - Ausgewählte Stücke" - Unesco-Sammlung repräsentativer Werke / Asiatische Reihe - Reclam Verlag - Stuttgart, 1974

(77) Alan Watts - "OM - Kreative Meditation" - Rowohlt Taschenbuch Verlag GmbH - Reinbek bei Hamburg, 1984 - S.45

(78) Jose und Miriam Argüelles - Das große Mandala-Buch - Aurum-Verlag - Freiburg im Breisgau, 1974 - S.77 ; (Orig.: "Mandala" - Shambala Publications, Berkeley, 1972)

(79) siehe hierzu: "GEO - Das neue Bild der Erde - Experimentelle Mathematik: Die unendliche Reise" - Nr.6/ Juni 1984 - Verlag Gruner und Jahr AG & Co - Hamburg, 1984

(80) Es mag in diesem Zusammenhang interessant sein, daß die Computergraphiken der Mandelbrotmengen ebenfalls deutliche Mäandergestalten aufweisen, die aus "kleineren" Mäandern aufgebaut sind. Die Mathematiker haben diese Strukturen hier "Seepferdchenstrukturen" genannt (siehe: "GEO - Das neue Bild der Erde - Experimentelle Mathematik: Die unendliche Reise" - Nr.6/ Juni 1984 - Verlag Gruner und Jahr AG & Co - Hamburg, 1984).

(81) Lama Anagarika Govinda - "Schöpferische Meditation und Multidimensionales Bewußtsein" - Aurum Verlag - Freiburg im Breisgau, 1982 - S.94 f

(82) Stanislav und Christina Grof - "Jenseits des Todes" (An den Toren des Bewußtseins) - Kösel Verlag - München, 1984 - S.16

(83) Stanislav und Christina Grof - "Jenseits des Todes" (An den Toren des Bewußtseins) - Kösel Verlag - München, 1984 - S.18

(84) C. W. Leadbeater - "Die Chakras" - Bauer Verlag - Frbg. i. Br., 1988 - S.4

(85) "Die Erfahrung der Goldenen Blüte - Kreisen des Lichts" - Hrsg.: Mokusen Miyuki - O. W. Barth Verlag - Scherz Verlag - Bern München Wien, 1984 - S.112 f

(86) Susanne F. Fincher - "Mandala-Malen - Der Weg zum eigenen Zentrum" - Aurum Verlag - Braunschweig, 1992 - S.58 - (Orig.: "Creating Mandalas" - Shambala Publications, Boston)

(87) siehe: Johannes Pawlik - "GOETHE Farbenlehre" - DuMont Dokumente - Schauberg, Köln, 1990 - S.125

(88) Jose und Miriam Argüelles - "Das große Mandala-Buch" - Aurum-Verlag - Freiburg im Breisgau, 1974 ; (Orig.: "Mandala" - Shambala Publications, Berkeley, 1972)

(89) Heinrich Rombach - "Leben des Geistes" - Herder Verlag - Freiburg im Breisgau, 1977 - S.110

(90) Aniela Jaffé (aus "Bildende Kunst als Symbol - Das Symbol des Runden in der Kunst" - in: C. G. Jung - "Der Mensch und seine Symbole" - Walter-Verlag - Olten 1968 - S.241)

(91) Heita Copony - "Das Mysterium des Mandalas" - Aquamarin Verlag - Grafing, 1988 - S.9

(92) Lancelot Lengyel - "Das geheime Wissen der Kelten" - Bauer Verlag - Freiburg im Breisgau, 1991 - S.23; (Orig.: Le Secret des Celtes / 1969 by Robert M. Editeur)

(93) siehe: Lancelot Lengyel - "Das geheime Wissen der Kelten" - Bauer Verlag - Freiburg im Breisgau, 1991 - S.22 ff.; (Orig.: Le Secret des Celtes / 1969 by Robert M. Editeur)

(94) Lancelot Lengyel - "Das geheime Wissen der Kelten" - Bauer Verlag - Freiburg im Breisgau, 1991 - S.162; (Orig.: Le Secret des Celtes / 1969 by Robert M. Editeur)

(95) siehe: Lancelot Lengyel - "Das geheime Wissen der Kelten" - Bauer Verlag - Freiburg im Breisgau, 1991 - S.252 ff.; (Orig.: Le Secret des Celtes / 1969 by Robert M. Editeur)

(96) Ralph Tegtmeier - "Runen - Alphabet der Erkenntnis" - Urania Verlags AG - Neuhausen 1988 - S. 18

(97) siehe: Ralph Tegtmeier - "Runen - Alphabet der Erkenntnis" - Urania Verlags AG - Neuhausen 1988 - S. 25 ff

(98) Alle Zeichen und Symbole können auch mißbraucht werden. Zusammen mit den Swastika-Zeichen wurden vor allem die Runen im Dritten Reich in einer vollkommen ungültigen und entstellenden Weise eingesetzt. Wahrscheinlich wollte man durch die Verwendung mancher alter Runenzeichen eine Verbindung der damaligen Politik zu den alten germanischen Wurzeln vortäuschen und sich so eine Legitimation aus der Tradition verschaffen. Der Mißbrauch alter "heiliger" Zeichen ist jedoch letztlich immer nur ein Armutszeugnis für den Verwender, denn er versucht damit seine eigene Inkompetenz und seine womöglich unlauteren Absichten zu verschleiern.

(99) Das Wort "Futhark" gibt zunächst nur die Zusammenfassung der ersten Buchstaben des Runenalphabets wieder: f, u, th, a, r und k. Das Ältere Futhark kennt 24 Stäbe. Aus ihm entwickelte sich im 7. Jahrhundert das Jüngere oder Nordische Futhark mit 16 Stäben. Auch andere Futharks mit unterschiedlichen Buchstabenzahlen haben sich im Laufe der Zeit herausgebildet. Siehe dazu: Ralph Tegtmeier - "Runen - Alphabet der Erkenntnis" - Urania Verlags AG - Neuhausen 1988 - S.15 ff.

(100) Holger Kalweit - "Traumzeit und innerer Raum: Die Welt der Schamanen" - Scherz Verlag - Bern, München, Wien für das O. W. Barth Programm - 1984 - S. 7

(101) Holger Kalweit - "Traumzeit und innerer Raum: Die Welt der Schamanen" - Scherz Verlag - Bern, München, Wien für das O. W. Barth Programm - 1984 - S.264

(102) Holger Kalweit - "Traumzeit und innerer Raum: Die Welt der Schamanen" - Scherz Verlag - Bern, München, Wien für das O. W. Barth Programm - 1984 - S.265 f.

(103) aus: Gerhard Kunze - "Ihr baut die Windmühlen - den Wind rufen wir. Alternative Technik und Stammestradition" - München 1982 - S. 88

(104) aus Knud Rasmussen - "Rasmussens Thulefahrt: Zwei Jahre im Schlitten durch unerforschtes Eskimoland" - hrsg. von F. Sieburg - Frankfurt, 1926

(105) J. M. Vastocas - "The Shamanic Tree of Life". Artscanda, Nos. 184-187. Thirtieth Anniversary Issue, Stones, Bones and Skin: Ritual and Shamanic Art: 125-149, 1973/1974

(106) Heita Copony - "Das Mysterium des Mandalas" - Aquamarin Verlag Grafing, 1988 - S.10

(107) siehe: Miloslav Stingl - "Kunst der Indianer und Eskimos Nordamerikas" - E. A. Seemann Buch und Kunstverlag - Leipzig, 1990 - S.168 ff.

(108) Miloslav Stingl - "Kunst der Indianer und Eskimos Nordamerikas" - E. A. Seemann Buch und Kunstverlag - Leipzig, 1990 - S.169 f.

(109) siehe: A. Buschenreiter - "Mit der Erde für das Leben - Der Hopi-Weg der Hoffnung" - Edition Pax /Verlag Herman Bauer - Freiburg im Breisgau, 1989 - S.139

(110) A. Buschenreiter - "Mit der Erde für das Leben - Der Hopi-Weg der Hoffnung" - Edition Pax /Verlag Herman Bauer - Freiburg im Breisgau, 1989 - S.123

(111) F.Waters - "Das Buch der Hopi." (Nach den Berichten der Stammesältesten aufgezeichnet von Kacha Honaw <Weißer Bär>) - Diedrichs-Verlag - Düsseldorf Köln, 1980

(112) Michael Harner - "Der Weg des Schamanen" - Rowohlt Taschenbuch Verl. - Reinbek bei Hamburg, 1986 - S.55 - (Ansata Verlag Interlaken 1982); (Orig: "The Way of the Shaman" - Harper & Row - New York, 1980)

(113) Michael Harner - "Der Weg des Schamanen" - Rowohlt Taschenbuch Verl. - Reinbek bei Hamburg, 1986 - S.54 - (Ansata Verlag Interlaken 1982); (Orig: "The Way of the Shaman" - Harper & Row - New York, 1980)

(114) Jose und Miriam Argüelles - "Das große Mandala-Buch" - Aurum-Verlag - Freiburg im Breisgau, 1974 - S.36 ; (Orig.: "Mandala" - Shambala Publications - Berkeley, 1972)

(115) Aniela Jaffé(aus "Bildende Kunst als Symbol - Das Symbol des Runden in der Kunst" - in: C. G. Jung - "Der Mensch und seine Symbole" - Walter-Verlag - Olten, 1968 - S.240)

(116) siehe: P. Grimal (Hrsg.) - "Mythen der Völker", Bd I, S.89 - Frankfurt 1979

(117) Theodor Seifert - "Weltentstehung - Die Kraft von tausend Feuern" - Kreuz Verlag - Zürich, 1986 - S.111

(118) Aniela Jaffé (aus "Bildende Kunst als Symbol - Das Symbol des Runden in der Kunst" - in: C. G. Jung - "Der Mensch und seine Symbole" - Walter-Verlag - Olten, 1968 - S.240f)

(119) zitiert aus: Bede Griffith - "Die Neue Wirklichkeit" - Aquamarin Verlag - Grafing, 1990 - S.85 f.

(120) Bede Griffith - "Die Neue Wirklichkeit" - Aquamarin Verlag - Grafing, 1990 - S.85

(121) siehe: Bede Griffith - "Die Neue Wirklichkeit" - Aquamarin Verlag - Grafing, 1990 - S.85

(122) zitiert aus: Bede Griffith - "Die Neue Wirklichkeit" - Aquamarin Verlag - Grafing, 1990 - S.86

(123) zitiert aus: Bede Griffith - "Die Neue Wirklichkeit" - Aquamarin Verlag - Grafing, 1990 - S.94 ff.

(124) Skanda Purana - Textauszüge und Beschreibung siehe: Titus Burckhardt - "Spiegel der Weisheit" (Texte zu Wissenschaft, Mythos, Religion und Kunst) - Hrsg. von Irene Hoening - Diedrichs - München, 1992 - S.133 ff

(125) Die zwölf Eigenschaften sind: Unsterblichkeit (amrita), Glückseligkeit (ananda), Wachstum (pushti), Heil (tushti), Gedeihen (pusha), Freude (rati), Beständigkeit (dhriti), Mondesglanz (shashini), Erleuchtung (candrika), heller Schein (kanti), himmlisches Licht (jyoti), Reichtum (shri). Diese Pratiharinis, welche die Tore hüten, sind sämtlich sehr jung und schön. -- siehe : Titus Burckhardt - "Spiegel der Weisheit" (Texte zu Wissenschaft, Mythos, Religion und Kunst) - Hrsg. von Irene Hoening - Diedrichs - München, 1992 - S.132 ff

(126) Titus Burckhardt konnte in seinem Buch "Spiegel der Weisheit" (Texte zu Wissenschaft, Mythos, Religion und Kunst - Hrsg. von Irene Hoening - Diedrichs - München, 1992) eine außerordentliche Nähe der hinduistischen Paradiesbeschreibung (Paradies von Vaikuntha) zu der christlichen Beschreibung des "Neuen Jerusalems" in der Apokalypse aufzeigen (Kapitel: Das Himmlische Jerusalem und das Paradies von Vaikuntha - S.128ff). Die Geometrie und Aufteilung der beiden himmlischen Wohnorte ist dabei z.T. vollkommen identisch.

(127) Skanda Purana - Textauszüge und Beschreibung siehe: Titus Burckhardt - "Spiegel der Weisheit" (Texte zu Wissenschaft, Mythos, Religion und Kunst) - Hrsg. von Irene Hoening - Diedrichs - München, 1992 - S.133 ff

(128) Aniela Jaffé (aus "Bildende Kunst als Symbol - Das Symbol des Runden in der Kunst" - in: C. G. Jung - "Der Mensch und seine Symbole" - Walter-Verlag - Olten 1968 - S.240)

(129) Die Stadt Gaya erhielt schließlich die Bezeichnung Bodhgaya, und der Baum, unter dem Buddha seine Erleuchtung fand, wird gemeinhin als Bodhi-Baum (Baum der Erleuchtung) bezeichnet.
Buddha selbst ist eine Ehrenbezeichnung und bedeutet sinngemäß : der Erwachte; der Erleuchtete; derjenige, der Einsicht erlangte.

(130) Im Text des Dhammapada, eine der ältesten Überlieferungen der buddhistischen Lehre, die sich noch direkt auf Shakyamuni Buddha beruft, wird im besonderen auf die "Achtsamkeit" als buddhistische Qualität aufmerksam gemacht. Dabei spielt die Art und Richtung unseres Denkens, die sich der Mensch bewußt machen sollte, eine entscheidende Rolle. Einer der Kernsätze des Dhammapada lautet: "Alles, was wir sind, ist das Ergebnis unserer Gedanken."

(131) Im Hinduismus wird der Berg Kailash als Wohnort Shivas verehrt. Shiva gilt als das Prinzip des höchsten Bewußtseins.

(132) siehe: Manfred Gerner - "Architekturen im Himalaja" (Mandalas, Tschörten und Pagoden) - Deutsche Verlagsanstalt - Stuttgart, 1987 - S.48

(133) Manfred Gerner - "Architekturen im Himalaja" - Deutsche Verlagsanstalt - Stuttgart, 1987 - S.49 f.

(134) siehe: Chögyam Trungpa - "Born in Tibet" - Shambala Publications - Boston 1977 (Originally published: Boulder, Colo.: Shambala 1977/c1966) - S.141

(135) Manfred Gerner - "Architekturen im Himalaja" - Deutsche Verlagsanstalt - Stuttgart, 1987 - S.51

(136) siehe auch: Lama Anagarika Govinda - "Schöpferische Meditation und Multidimensionales Bewußtsein" - Aurum Verlag - Freiburg im Breisgau, 1982

(137) Das Kalachakra-Mandala zeigt Schwarz im Osten, Rot im Süden, Gelb im Westen und Weiß im Norden.

(138) siehe: "Geshe Rabten" - Hrsg.: A. Alan Wallace - Papyrus Verlag GmbH - Hamburg, 1981 - S.138 ff.

(139) "Geshe Rabten" - Hrsg.: A. Alan Wallace - Papyrus Verlag GmbH - Hamburg, 1981 - S.139

(140) Manfred Gerner - "Architekturen im Himalaja" - Deutsche Verlagsanstalt - Stuttgart, 1987 - S.55

(141) siehe: Helmut von Glasenapp - "Buddhistische Mysterien" - Stuttgart, 1940

(142) siehe: Robert Heine-Geldern - "Weltbild und Bauform in Südostasien." - In: Acta Ethnologica et Linguistica, Nr. 55 - Wien-Föhrenau, 1982

(143) Martin Brauen - "Das Mandala - Der Heilige Kreis im tantrischen Buddhismus" - DuMont Buchverlag - Köln, 1992 - S.30

(144) Chögyam Trungpa beschreibt hierzu drei Formen des Mandala, die essentiell für den tantrischen Buddhismus sind: das "äußere Mandala", das "innere Mandala" und das "geheime Mandala" ("Feuer trinken, Erde atmen - Die Magie des Tantra" - Rowohlt Taschenbuch Verl. - Reinbek bei Hamburg, 1989 - S.48 ff.):

.... Die Grundlehre des äußeren Mandala liegt in der Möglichkeit, sich auf eine Situation als ein zusammenhängendes Gefüge zu beziehen. Einige Situationen sind unangenehm, zerstörerisch und nicht in den Griff zu bekommen. Andere sind schöpferisch, formbar und angenehm. Mandalas sind die allgemeinen Muster, ob angenehm oder unangenehm, die uns mit dem Rest der Welt verbinden, die in jedem Fall unsere Welt und unsere Schöpfung ist.
Wenn wir mit der Wirklichkeit richtig zu arbeiten beginnen, findet eine enorme Beziehung, ein Kontakt zwischen uns und der Außenwelt statt. Dieser Kontakt findet ständig statt, wie eine Art von Netz oder ein System von Beziehungen. Es ist so, als ob etwas zirkuliert.........
.... Die zweite Art Welt ist der Körper, der als das innere Mandala bezeichnet wird. Dieses Mandala hängt mit der Art und Weise zusammen, wie wir mit unserem Körper in bezug auf unser Gewahrsein, unser Wahrnehmen der Wirklichkeit umgehen. Gewahrsein zu entwickeln ist etwas völlig Bewußtes....
.... Die dritte Welt ist das geheime Mandala oder das Mandala des heiligen Bereichs. Die Heiligkeit und die Verborgenheit dieses Mandala gründet sich nicht darauf, daß wir hochentwickelt sind und folglich auf das äußere und innere Mandala herabblicken. Vielmehr besteht das geheime Mandala aus der Vereinfachung unseres psychologischen Verhaltens, unseres meditativen Verhaltens, hin zu dem Gefühl von Gewahrsein und Offenheit, in dem wir im Umgang mit unseren Emotionen in überhaupt keiner Weise zögern.
Im geheimen Mandala sind alle Emotionen miteinander verflochten und verbunden. .....
.... Wir müssen alle drei Mandala-Prinzipien gleichzeitig in unserer Erfahrung vereinigen. Wir können sie nicht trennen; wir können sie nicht getrennt, zu verschiedenen Zeiten, praktizieren. Wir müssen es auf einmal tun. Auf diese Weise werden die Dinge viel wirklicher.
Die Mandalas <u>sind</u> Wirklichkeit. Es ist so einfach. Wirklichkeit ist natürlich wirklich,

aber unser Kontakt mit der Wirklichkeit geschieht durch unsere Sinneswahrnehmung, unseren Körper und unsere Emotionen - die drei Mandalas. Die drei Mandalas sind das, was Wirklichkeit betrifft oder sie mit ihr vereinigt. .....

(145) Der Tantrische Buddhismus spricht von mehreren Körpern, die alle zum Wesen des Menschen gehören, welche jedoch verschiedene Aspekte des Menschen ansprechen (siehe: Lama Anagarika Govinda - "Grundlagen tibetischer Mystik" - Fischer Taschenbuchverlag - Frankfurt am Main, 1975):

Dharmakaya - UniversellerKörper (Universelles Prinzip allen Bewußtseins; Erlebnis der Ganzheit)
Sambhogakaya - Körper der Entzückung (Seelisches Bewußtsein; geistiger oder ideeller Charakter eines Buddha)
Nirmanakaya - Verwandlungskörper (Allesverwandelnder Geist; die Inspiration tritt in sichtbare Erscheinungs und wird zur Tat; menschliche Verkörperung oder Individualität eines Erleuchteten)
Vajrakaya - Transzendenter Körper (Integrierung und gleichzeitige Bewußtwerdung aller drei oben genannten Körper)

(146) Timothy Leary - "Gebete - Psychedelische Gebete nach dem Tao-Te-King" - Gods Press - Amsterdam-Kathmandu, 1975 - S.37

(147) Chögyam Trungpa - Shambala - Das Buch vom meditativen Leben - Rowohlt Verlag - Reinbek bei Hamburg, 1991 - S.148; (Orig.: "Shambala - The Sacred Path of the Warrior", 1984)

(148) Jose und Miriam Argüelles - "Das große Mandala-Buch" - Aurum-Verlag - Freiburg im Breisgau, 1974 - S.54 ; (Orig.: "Mandala" - Shambala Publications - Berkeley, 1972)

(149) Jose und Miriam Argüelles - "Das große Mandala-Buch" - Aurum-Verlag - Freiburg im Breisgau, 1974 - S.55 ff.; (Orig.: "Mandala" - Shambala Publications - Berkeley, 1972)

(150) Richard Wilhelm - "I Ging" - Diedrichs-Verlag - Düsseldorf Köln, 1950

(151) Lao Tse - "Tao Te King" - Übersetzung von Richard Wilhelm - Diedrichs-Verlag - München, 1978 - S.41

(152) Die Symbolik des Sterns als sich umarmendes mythisches Paar in der Bundeslade erinnert auch an die indische Deutung des Sri-Yantra-Symbols (siehe Abschnitt über Hinduismus), bei dem die sich gegenseitig durchdringenden Dreiecke ebenfalls die Vereinigung eines Liebespaares versinnbildlichen.

(153) Susanne F. Fincher - "Mandala-Malen - Der Weg zum eigenen Zentrum" - Aurum Verlag - Braunschweig, 1992 - S.192 - (Orig.: "Creating Mandalas" - Shambala Publications, Boston)

(154) Weisheit kann auch als die Überwindung des dualistischen Denkens betrachtet werden. Die beiden dualistischen Konzepte, die im Davidstern zur Einheit gebracht werden, sind durch die zwei sich überschneidenden Dreiecke dargestellt.

(155) siehe dazu: Huston Smith - "Eine Wahrheit - Viele Wege" - H. Bauer KG - Freiburg im Breisgau, 1993 - S.373 ; (Orig: The World's Religions - Harper Collins Publishers - New York 1991)

(156) Huston Smith - "Eine Wahrheit - Viele Wege" - H. Bauer KG - Freiburg im Breisgau, 1993 - S.373 ; (Orig: The World's Religions - Harper Collins Publishers - New York, 1991)

(157) siehe: Adrian Frutiger - "Der Mensch und seine Zeichen" - (Textbearbeitung Horst Heiderhoff) - Weiss Verlag GmbH, Dreieich / Fourier Verlag Wiesbaden, 1991 - S. 302 ff - (Orig.: A. Frutiger, Paris - 1978)

(158) siehe: Adrian Frutiger - "Der Mensch und seine Zeichen" - (Textbearbeitung Horst Heiderhoff) - Weiss Verlag GmbH, Dreieich / Fourier Verlag Wiesbaden, 1991 - S. 303 - (Orig.: A. Frutiger - Paris, 1978)

(159) Meister Eckhart - entnommen aus: "Meister Eckhart - Laß Gott in dir wirken" - Butzon und Bercker Verlag - Kevelaer, 1977

(160) siehe: Günter Spitzing - "Lexikon byzantinischer Symbole" - Diedrichs - München, 1989 - S.196

(161) siehe: Günter Spitzing - "Lexikon byzantinischer Symbole" - Diedrichs - München, 1989 - S.196

(162) Aniela Jaffé (aus "Bildende Kunst als Symbol - Das Symbol des Runden in der Kunst" - in: C. G. Jung - "Der Mensch und seine Symbole" - Walter-Verlag - Olten, 1968 - S.243 f)

(163) siehe: Günter Spitzing - "Lexikon byzantinischer Symbole" - Diedrichs - München, 1989 - S.196

(164) siehe: Günter Spitzing - "Lexikon byzantinischer Symbole" - Diedrichs - München, 1989 - S.196

(165) siehe: Günter Spitzing - "Lexikon byzantinischer Symbole" - Diedrichs - München, 1989 - S.199

(166) siehe: Günter Spitzing - "Lexikon byzantinischer Symbole" - Diedrichs - München, 1989 - S.199

(167) siehe: Günter Spitzing - "Lexikon byzantinischer Symbole" - Diedrichs - München, 1989 - S.199

(168) Aniela Jaffé (aus "Bildende Kunst als Symbol - Das Symbol des Runden in der Kunst" - in: C. G. Jung - Der Mensch und seine Symbole - Walter-Verlag - Olten, 1968 - S.241)

(169) Jose und Miriam Argüelles - "Das große Mandala-Buch" - Aurum-Verlag - Freiburg im Breisgau, 1974 - S. 44 ; (Orig.: "Mandala" - Shambala Publications - Berkeley, 1972)

(170) White Eagle - "Mit White Eagle durch das Jahr" - Aquamarin Verlag - Grafing, 1990 - S.125

(171) Die Erzählungen vom Neuen Jerusalem im Christentum zeigen einige Parallelen mit den Legenden vom heiligen Land Shambala oder vom "Reinen Land" im Buddhismus. Im Hinduismus wird vom Vaikuntha-Paradies berichtet. In all diesen Fällen wird oft in einer Art visionärer Schau von einem vollkommenen Ort gesprochen, in dem ein heiliges Leben ohne jeden Makel möglich ist. Mystiker weisen manchmal darauf hin, daß dieser Ort vollkommen real im Menschen selbst existiert. Bei der mystischen Suche geht es nun darum, diesen verborgenen Ort zu finden und in ihm zu leben.

(172) Aniela Jaffé (aus "Bildende Kunst als Symbol - Das Symbol des Runden in der Kunst" - in: C. G. Jung - Der Mensch und seine Symbole - Walter-Verlag - Olten, 1968 - S.242 f.)

(173) Aniela Jaffé ("Bildende Kunst als Symbol - Das Symbol des Runden in der Kunst" - in: C. G. Jung - Der Mensch und seine Symbole - Walter-Verlag - Olten, 1968 - S.240 ff.)

(174) Wie Plutarch (46-120 n. Ch.) beschreibt, wurde Rom nach den klassischen Mandalaprinzipien als heilige Stadt gegründet. Romulus läßt hierzu Männer aus Etrurien kommen, die wie bei Mysterien alles nach gewissen heiligen Gebräuchen und Vorschriften anordnen mußten. Auf dem jetzigen Comitium wurde eine runde Grube ausgehoben. Eine solche Grube heißt bei den Römern ebenso wie das ganze Weltgebäude *Mundus*. Hierauf zeichnete man um sie, wie um einen Mittelpunkt eines Kreises, den Umfang der Stadt. Rom hat also die Form eines Kreises, was zunächst im Widerspruch zu der alten und berühmten Bezeichnung Roms als "urbs quadrata", als quadratische, viereckige Stadt steht. Nach einer Theorie soll das Wort "quadrata" als "viergeteilt" verstanden werden, wobei die runde Stadt durch zwei Hauptstraßen von Norden nach Süden und von Westen nach Osten geteilt wird. Der Kreuzungspunkt fiele mit dem Mundus zusammen. Nach einer anderen Theorie ist der Widerspruch als Symbol zu verstehen, nämlich als bildliche Veranschaulichung der "quadratura circuli", welche schon die alten Griechen beschäftigt hatte. Auch Plutarch spricht von "Roma quadrata". Rom war für ihn also Kreis und Quadrat in einem, woraus sich die Form eines echten Mandala ergibt. Dazu schreibt Aniela Jaffé ("Bildende Kunst als Symbol - Das Symbol des Runden in der Kunst" - in: C. G. Jung - "Der Mensch und seine Symbole" - Walter-Verlag - Olten, 1968 - S.242):

Die Mandalaform hebt die Stadt, und damit auch ihre Bewohner, aus dem Bereich des Profanen heraus, und das wird durch das Zentrum, den <u>Mundus</u>, noch betont. Er stellt die Verbindung zu einem "jenseitigen" Bezirk, zum Land der Ahnengeister, her; denn er war bedeckt von einem großen Stein, dem "Seelenstein", der an bestimmten Festtagen abgehoben wurde, und es hieß, daß dann dem Schacht die Geister der Verstorbenen entstiegen.

(175) Aniela Jaffé (aus "Bildende Kunst als Symbol - Das Symbol des Runden in der Kunst" - in: C. G. Jung - "Der Mensch und seine Symbole" - Walter-Verlag - Olten, 1968 - S.246)

(176) siehe: "Arabische Malerei" - Text von Richard Ettinghausen - in der Reihe: Die Kunstschätze Asiens - Editions d'Albert Skira S.A. - Geneve, 1979 - S.13

(177) siehe: Al-Halladsch - "O Leute, rettet mich vor Gott" - Ausgewählt, übersetzt und eingeleitet von Annemarie Schimmel - Herder - Freiburg im Breisgau, 1985 - S.7 ff

(178) Essie Sakhai - "Die Geschichte des Orientteppichs" - K. Müller Verlag - Erlangen, 1994 - S.60

(179) Essie Sakhai - "Die Geschichte des Orientteppichs" - K. Müller Verlag - Erlangen, 1994 - S.69

(180) "Arabische Malerei" - Text von Richard Ettinghausen - in der Reihe: Die Kunstschätze Asiens - Editions d'Albert Skira S.A. - Geneve, 1979 - S.173 ff

(181) siehe: Huston Smith - "Eine Wahrheit - Viele Wege" - H. Bauer KG - Freiburg im Breisgau, 1993 ; (Orig: The World's Religions - Harper Collins Publishers - New York, 1991)

(182) Maria-Gabriele Wosien - "Sakraler Tanz" - Kösel - München, 1988 - S.41

(183) Dschelaladdin Rumi - aus : Annemarie Schimmel - "Rumi - Ich bin Wind und du bist Feuer" - Eugen Diedrichs Verlag - Düsseldorf Köln, 1980

(184) Eileen Caddy - "Herzenstüren öffnen" - Greuth Hof Verlag - Gutach i. Br., 1989 - 28.12. ; (Orig.: Opening Doors Within - 1986)

(185) Robert E. L. Masters, Jean Houston - "Psychedelische Kunst" - Droemer Knaur - München/Zürich, 1969 - S.5 ; (Orig. 1968 Balance House)

(186) In Robert E. L. Masters und Jean Houstons Buch "Psychedelische Kunst" (Droemer Knaur - München/Zürich, 1969 - S.78) ist eine Beschreibung einer Mandalavision aufgenommen, die bei einer psychedelischen Sitzung unter LSD von einer jungen Frau empfangen wurde:

"Gleich von Beginn an sah ich alles durch ein filigranes Lichtgitter, das einem äußerst feinen und symmetrischen Spitzenschleier glich. Ich war mir klar, daß die Vision, die

ich von sich selbst aufbauenden Energiepartikeln zu haben schien, nicht mit Hilfe des Sehens mit den Augen oder des normalen Bewußtseins zustande kam. Während der ganzen Dauer des Erlebnisses begannen Lichtpunkte jene archetypischen Muster nachzuzeichnen, die der überlieferten Kunst der Menschheit zugrunde liegen. Das alte Dreiecksmuster wurde aus schneeflockenähnlichen Kristallen zuerst in Vierer-, dann in Fünferformation gebildet. Diese Pentagramme begannen zu kreisen, und ich fühlte mich an Leonardo da Vincis Zeichnung der Milchsternlilie erinnert. Überall formierten sich diese 'Seesterne' zu winzigen Spiralen oder Trichtern. Als dann die Wirkung des LSD intensiver wurde, erschien mir die Kombination der übereinandergelagerten, durcheinanderwirbelnden Kristalle in der dominanten Form der Spirale. Anfangs glich das Gitter einem vergrößerten Wolfram-Atom, das sich von dem Muster, das der Regen auf einer Wasseroberfläche bildet, kaum unterscheidet ... Dieses Gittermuster wurde dann in kürzester Zeit immer komplexer und sah bald wie ein Seeigel ohne Stacheln oder wie Michelangelos Kuppel der Sakristei von San Lorenzo aus. Bald sah ich alles in Form von Fensterrosetten oder besser durch Rosetten von unendlicher, wunderschöner Vielfalt. Zum erstenmal war das Mandala verständlich. Zuweilen schien es mir wie die sich überschneidenden Kreis- oder Kegelbewegungen, die W. B. Yeats in seiner 'Vision' beschreibt. Das Zentrum des Mandala erschien mir wie der Ort, den man aufsucht, wenn man sich einen Wechsel zu einer anderen Schwingungs- oder Bewußtseinsebene wünscht. Noch der kleinste Bereich des Mandala schien mir darüber hinaus wie ein Trichter jenseits dieser Ebene des Lebens zu sein."

(187) Robert E. L. Masters, Jean Houston - "Psychedelische Kunst" - Droemer Knaur - München/Zürich, 1969 - S.190; (Orig. 1968 Balance House)

(188) Robert E. L. Masters, Jean Houston - "Psychedelische Kunst" - Droemer Knaur - München/Zürich, 1969 - S.192; (Orig. 1968 Balance House)

(189) Heita Copony - "Das Mysterium des Mandalas" - Aquamarin Verlag - Grafing, 1988 - S.6

(190) Solara - "Die Sterngeborenen" - Ch. Falk Verlag - Seeon, 1991 - S.58 ff. ; (Orig: Solara Antara Amaa-Ra - The Star-Borne 1989)

(191) siehe dazu: Aniela Jaffé ("Bildende Kunst als Symbol - Das Symbol des Runden in der Kunst" - in: C. G. Jung - "Der Mensch und seine Symbole" - Walter-Verlag - Olten, 1968 - S.240 ff.) und C. G. Jung in seinem Buch. "Ein moderner Mythus von Dingen, die am Himmel gesehen werden"

(192) Michael Hesemann schreibt dazu in seinem Buch "Botschaften aus dem Kosmos" - Silberschnur-Verlag - Neuwied, 1993 - S.51:
Dieses Zeichen wurde am 13. August von dem Piloten Steven Cherry-Downes auf einem Weizenfeld in Ickleton bei Cambridge entdeckt. Zwei Tage später erschien ein Foto des unglaublich harmonischen und ästhetischen Gebildes in der Lokalzeitung "Cambridge Evening News". Es erregte die Aufmerksamkeit von Mathematikern und Naturwissenschaftlern der Universität Cambridge, die seine Bedeutung sofort erkannten: Es war ein riesiges "Mandelbrot-Diagramm". Das "Mandelbrot-Set", in der Umgangssprache der Mathematiker auch "Apfelmännchen" genannt, ist ein wichtiges Element der Chaostheorie, das nach seinem Entdecker, dem französischen Mathematiker Benoit Mandelbrot benannt wurde, der seit einigen Jahren in Cambridge lehrt.
Während die Presse daraufhin einen Studentenulk vermutete, wiesen Mandelbrots Kollegen diese Möglichkeit entschieden zurück, denn ein Mandelbrotbäumchen könne nicht einfach wie ein normales geometrisches Muster aufgezeichnet und berechnet werden, man muß es Punkt für Punkt aufbauen. Und auch dann ist es fast ausgeschlossen, daß es so sauber und genau wird, wie dieses 56 Meter große Piktogramm auf dem Kornfeld.
So mußte selbst das britische Wissenschaftsmagazin "New Scientist" zugeben, daß es eigentlich unmöglich ist, ein solches Diagramm ohne einen Computer auch nur zu zeichnen, geschweige denn in einem Weizenfeld anzulegen. ....

(193) Sun Bear aus: Michael Hesemann - "Botschaften aus dem Kosmos" - Silberschnur-Verlag - Neuwied, 1993 - S.163

(194) Kabir - "Im Garten der Gottesliebe" - Hermes Verlag - Heidelberg, 1984 - S.21

(195) Taiko Yamasaki - "SHINGON Der Esoterische Buddhismus in Japan" - Theseus Verlag - Zürich München, 1990 - S.131

(196) Als Hilfsmittel für die Meditation müssen auch die Mandalas an einem bestimmten Punkt zurückgelassen werden, nämlich genau dann, wenn sie beginnen, der eigentlichen Meditationserfahrung im Wege zu stehen. Buddha selbst gab seinen Schülern zu bedenken, daß ein Boot sinnvoll ist, wenn man einen Fluß überqueren will. Hat man aber das andere Ufer erreicht, so wäre es dumm, dieses Boot nun weiterhin mit sich herumtragen zu wollen. Es würde zu einer hinderlichen Last werden.

(197) Aber auch hier kann man wiederum sagen, daß durch eine ernsthafte Meditation auf ein Mandala gerade die innere Freiheit und Flexibilität des Betrachters

deutlich erhöht werden. Ein spielerischer Umgang mit Farben, Formen und Symbolen wird hier den Zugang sehr erleichtern.

(198) Lama Anagarika Govinda - "Grundlagen tibetischer Mystik" - Fischer Taschenbuchverlag - Frankfurt am Main, 1975 - S.213

(199) Jose und Miriam Argüelles - "Das große Mandala-Buch" - Aurum-Verlag - Freiburg im Breisgau, 1974 - S.20; (Orig.: "Mandala" - Shambala Publications - Berkeley, 1972)

(200) Jose und Miriam Argüelles - "Das große Mandala-Buch" - Aurum-Verlag - Freiburg im Breisgau, 1974 - S.17; (Orig.: "Mandala" - Shambala Publications - Berkeley, 1972)

(201) Die heilenden Qualitäten der Farben werden vor allem in der alten indischen Farbtherapie des Ayurveda genutzt. Hier wurde auf eine wissenschaftliche Weise, unterstützt durch jahrhundertealte Erfahrung und intuitive Erkenntnis, ein Heilsystem entwickelt, das dem behandelnden Arzt erlaubt, viele Krankheiten - körperliche wie psychische - vollkommen ohne stoffliche Medizin alleine durch die Schwingungsqualitäten der einzelnen Farben zu behandeln und zu heilen.

(202) Jose und Miriam Argüelles - "Das große Mandala-Buch" - Aurum-Verlag - Freiburg im Breisgau, 1974 - S.19; (Orig.: "Mandala" - Shambala Publications - Berkeley, 1972)

(203) Heita Copony - "Das Mysterium des Mandalas" - Aquamarin Verlag - Grafing, 1988 - S.14 f.

(204) C. G. Jung - Ges. Werke Bd 9/1 - Walter Verlag - Olten-Freiburg - S.413

(205) Jung beschreibt auch, wie bei Menschen in besonderen Krisensituationen ganz spontan heilende Mandalagestalten im Geist (in den Träumen oder auch in Tagträumen) auftauchen. Diese Visionen werden zumeist von einem überwältigenden Glücksgefühl begleitet.

(206) Henry Miller - "Bilder und Texte - Malen ist lieben" - Limes Verlag - 1988, Berlin - S.21; (Orig: The Paintings of Henry Miller - Paint as you like and die happy - Chronicle Books - San Francisco, 1981)

(207) Henry Miller - "Bilder und Texte - Malen ist lieben" - Limes Verlag - 1988, Berlin - S.33; (Orig: The Paintings of Henry Miller - Paint as you like and die happy - Chronicle Books - San Francisco, 1981)

(208) Heita Copony - "Das Mysterium des Mandalas" - Aquamarin Verlag Grafing, 1988 - S.13 f.

(209) C. G. Jung - "Erinnerungen, Träume, Gedanken" - (Hrsg. Aniela Jaffé) - Walter Verlag - Olten-Freiburg, 1971 - S.199

(210) siehe: Jose und Miriam Argüelles - "Das große Mandala-Buch" - Aurum-Verlag - Freiburg im Breisgau, 1974 - S.44 ff.; (Orig.: "Mandala" - Shambala Publications - Berkeley, 1972)

(211) Jose und Miriam Argüelles - "Das große Mandala-Buch" - Aurum-Verlag - Freiburg im Breisgau, 1974 - S.44; (Orig.: "Mandala" - Shambala Publications - Berkeley, 1972)

(212) Jose und Miriam Argüelles - "Das große Mandala-Buch" - Aurum-Verlag - Freiburg im Breisgau, 1974 - S.47; (Orig.: "Mandala" - Shambala Publications - Berkeley, 1972)

(213) Jose und Miriam Argüelles - "Das große Mandala-Buch" - Aurum-Verlag - Freiburg im Breisgau, 1974 - S.44; (Orig.: "Mandala" - Shambala Publications - Berkeley, 1972)

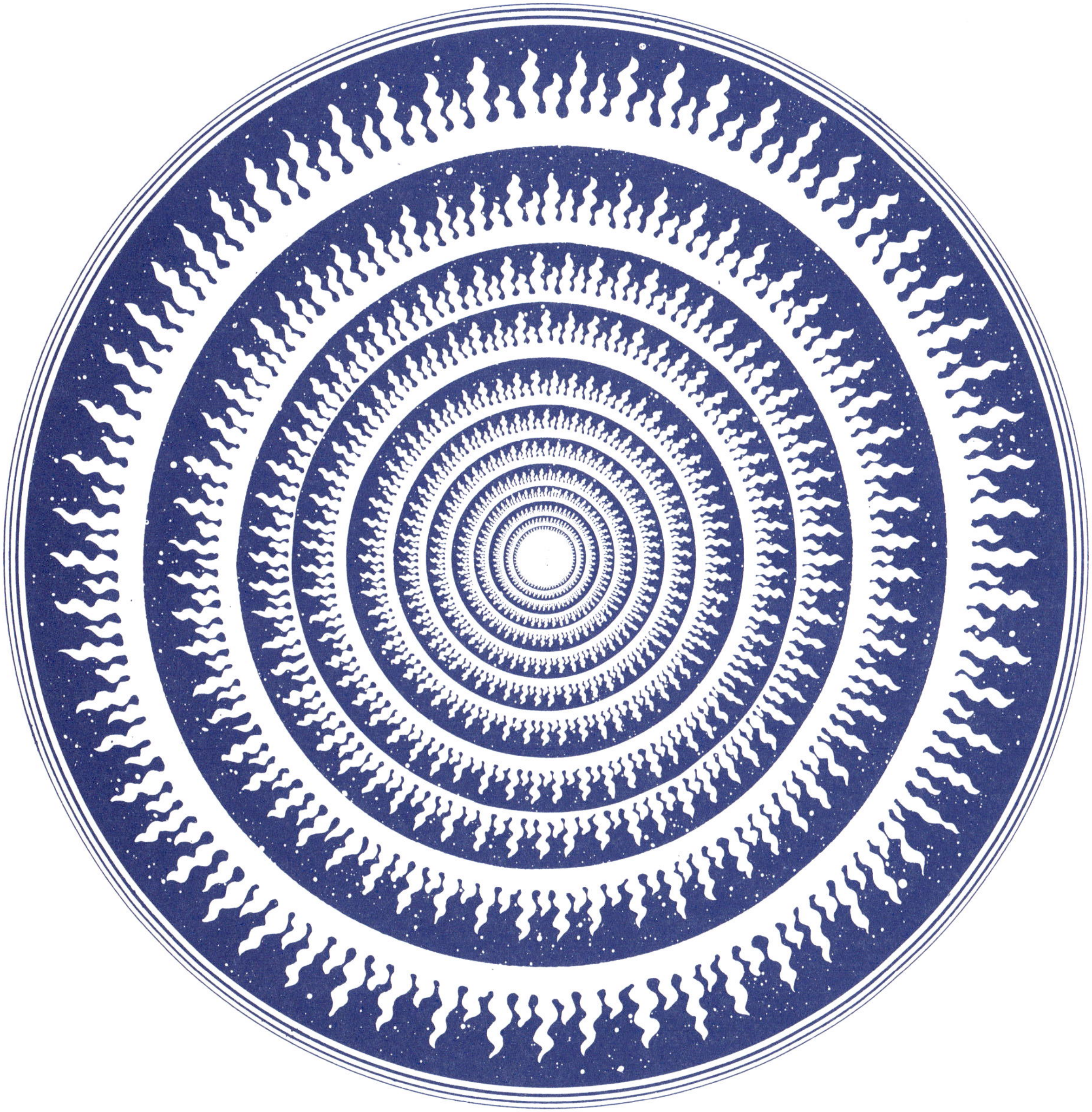